河南省"十四五"普通高等教育规划教材

小学语文课程标准与教学设计

(第二版)

主　编　房艳梅
副主编　陈　琛
参　编　张照洋　丁敬伟

南京大学出版社

图书在版编目(CIP)数据

小学语文课程标准与教学设计 / 房艳梅主编. -- 2版. -- 南京：南京大学出版社，2023.7(2025.1重印)
ISBN 978-7-305-27179-3

Ⅰ.①小… Ⅱ.①房… Ⅲ.①小学语文课－课程标准 ②小学语文课－教学设计 Ⅳ.①G623.202

中国国家版本馆CIP数据核字(2023)第136321号

出版发行	南京大学出版社
社　　址	南京市汉口路22号　邮　编　210093
书　　名	**小学语文课程标准与教学设计** XIAOXUE YUWEN KECHENG BIAOZHUN YU JIAOXUE SHEJI
主　　编	房艳梅
责任编辑	曹　森　　　　　编辑热线　025-83686756
照　　排	南京南琳图文制作有限公司
印　　刷	南京百花彩色印刷广告制作有限责任公司
开　　本	787 mm×1092 mm　1/16　印张 14.25　字数 329千
版　　次	2023年7月第2版　2025年1月第3次印刷
ISBN 978-7-305-27179-3	
定　　价	49.00元

网　址：http://www.njupco.com
官方微博：http://weibo.com/njupco
官方微信号：njupress
销售咨询热线：(025) 83594756

* 版权所有，侵权必究
* 凡购买南大版图书，如有印装质量问题，请与所购
　图书销售部门联系调换

编 委 会

编委会主任	刘济良（郑州师范学院）
总 主 编	陈冬花（郑州师范学院）　李跃进（郑州师范学院）
	刘会强（河南财政金融学院）　李社亮（河南师范大学）
副总主编	段宝霞（河南师范大学）　李文田（信阳师范大学）
	晋银峰（洛阳师范学院）　郭翠菊（安阳师范学院）
	井祥贵（商丘师范学院）　丁新胜（南阳师范学院）
	田学岭（周口师范学院）　侯宏业（郑州师范学院）
	聂慧丽（焦作师范高等专科学校）
编　　委	（以姓氏笔画为序）

丁青山	马福全	王　立	王　娜	王铭礼
王德才	王　璟	田建伟	冯建瑞	权玉萍
刘雨燕	闫　冉	李文田	肖国刚	吴　宏
宋光辉	张杨阳	张厚萍	张浩正	张海芹
张鸿军	周硕林	房艳梅	孟宪乐	赵丹妮
赵文霞	赵玉青	荆怀福	袁洪哲	贾海婷
徐艳伟	郭利强	郭　玲	黄宝权	黄思记
董建春	薛微微			

前言

党的二十大报告强调要"推进文化自信自强""增强中华文明传播力影响力""坚守中华文化立场,提炼展示中华文明的精神标识和文化精髓,加快构建中国话语和中国叙事体系,讲好中国故事、传播好中国声音,展现可信、可爱、可敬的中国形象"。《义务教育语文课程标准(2022年版)》聚焦学生核心素养的发展,将"热爱国家通用语言文字,感受语言文字及作品的独特价值,认识中华文化的丰厚博大,汲取智慧,弘扬社会主义先进文化、革命文化、中华优秀传统文化,建立文化自信"等作为课程目标的重要组成部分,在课程理念、课程目标、课程内容等方面对小学语文教学提出了新的要求。《小学语文课程标准与教学设计》是小学教育专业学生及小学语文教师学习小学语文课程与教学的基本理念、提高教学实践能力的重要凭借。为了引领小学教育专业学生及小学语文教师深入认识新课标的变化并主动适应这一变化,运用新的理念指导教学实践,有效提升学生的核心素养,教材编写组对本书进行了改版。

修订此教材的目的,一是增强小学教育专业学生对语文课程标准与教材的认识。《义务教育语文课程标准(2022年版)》是编写语文教材的重要依据,也是语文教师实施教学的重要依据,正确解读课程标准,深入理解语文课程的性质、理念、目标、内容,系统了解小学语文教材,才能有效地实施小学语文教学。二是培养小学教育专业学生的教学设计、教学实施与教学评价能力。对小学语文课程中的识字与写字、阅读与鉴赏表达与交流、梳理与探究等领域的教学目标、教学理念、教学内容、教学方法及教学过程的深入理解,有利于小学教育专业学生系统掌握语文教学设计的理论及方法,有效开展小学语文教学,全面提高小学生的核心素养。

本书的编写力图体现理论性、时代性、实践性等特点。通过系统阐述小学语文课程与教材的基本理论及小学语文教学设计的主要内容与方法,使小学教育专业的学生对小学语文课程、教材及教学形成整体认识,体现出较强的理论性。紧密结合《义务教育语文课程标准(2022年版)》的课程理念以及教育部统编小学语文教材的编写特点,指导小学教育专业学生运用新课程的理念,根据新教材的编写特点进行教学设计,体现出较强的时代性。紧密结合语文教学中的实际案例,从识字与写字、阅读与

鉴赏、表达与交流、梳理与探究等领域有针对性地指导小学教育专业的学生掌握教学方法，形成教学设计、教学实施与教学评价能力，则体现出较强的实践性。

本书主要内容共八章。第一章，义务教育语文课程标准；第二章，小学语文教材分析；第三章，小学语文教学设计；第四章，识字与写字教学；第五章，阅读与鉴赏教学；第六章，习作教学；第七章，口语交际教学；第八章，梳理与探究教学。在四至八章的第三节都提供了相应的案例及视频资源供学习者拓展学习。

本书由安阳师范学院房艳梅老师担任主编，全书的编写由河南省师范院校的几位教师合作完成，编写者均长期从事小学语文课程标准与教学设计课程的教学与研究，有着丰富的教学经验与科研积淀。编写分工如下：第一章、第二章由洛阳师范学院的陈琛老师编写；第三章、第八章由洛阳师范学院的丁敬伟老师编写；第四章、第五章由安阳师范学院的房艳梅老师编写；第六章、第七章由周口师范学院的张照洋老师编写。

本书在编写过程中参考了大量的相关论著和教材，借鉴了很多专家、学者的研究成果，采用了很多小学语文教师的优秀教学案例，同时也得到了南京大学出版社曹森老师的耐心指导与热情帮助，在此致以深深的谢意！

由于编者的研究水平有限，在编写中难免会存在各种问题与不足，敬请各位专家和广大读者批评指正，提出宝贵意见，在此表示衷心感谢！

编　者

2023 年 6 月

目 录

第一章　义务教育语文课程标准 ······························· 1
　　第一节　语文课程的性质与基本理念 ····················· 2
　　第二节　语文课程目标 ································· 7
　　第三节　语文课程内容 ································ 13

第二章　小学语文教材分析 ·································· 25
　　第一节　小学语文教材的功能与基本编排方式 ············· 25
　　第二节　小学语文教材的编排特点 ······················ 29
　　第三节　小学语文教材的内容 ·························· 33

第三章　小学语文教学设计 ·································· 43
　　第一节　小学语文教学设计概述 ························ 43
　　第二节　小学语文教学目标设计 ························ 48
　　第三节　小学语文课堂导入与提问设计 ·················· 50
　　第四节　小学语文课堂板书与练习设计 ·················· 59

第四章　识字与写字教学 ···································· 67
　　第一节　识字与写字教学概述 ·························· 67
　　第二节　识字与写字教学设计 ·························· 73
　　第三节　识字与写字教学设计案例赏析 ·················· 92

第五章　阅读与鉴赏教学 ································· 101
第一节　阅读与鉴赏教学概述 ······················· 101
第二节　阅读与鉴赏教学设计 ······················· 111
第三节　阅读与鉴赏教学设计案例赏析 ··············· 130

第六章　习作教学 ····································· 140
第一节　习作教学概述 ····························· 140
第二节　习作教学设计 ····························· 144
第三节　习作教学设计案例赏析 ····················· 165

第七章　口语交际教学 ································· 174
第一节　口语交际教学概述 ························· 174
第二节　口语交际教学设计 ························· 178
第三节　口语交际教学设计案例赏析 ················· 191

第八章　梳理与探究教学 ······························· 200
第一节　梳理与探究概述 ··························· 200
第二节　梳理与探究教学设计 ······················· 206
第三节　梳理与探究教学设计案例赏析 ··············· 212

第一章
义务教育语文课程标准

[内容提要]

　　义务教育语文课程标准对小学语文课程的性质、理念、目标、内容都做出了指导性说明。《义务教育语文课程标准（2022年版）》立足于学生核心素养的培育，以立德树人为总体育人宗旨，对语文课程的性质有了更加具体的阐述，对课程理念进行了更新，分"识字与写字""阅读与鉴赏""表达与交流""梳理与探究"四个模块对学段教学目标提出了要求，以3类6大学习任务群为载体对语文课程内容进行了结构化重组。

[学习目标]

1. 明确现行小学语文课程标准的性质与基本理念。
2. 了解小学语文课程目标的内容与特点。
3. 清楚小学语文课程的内容。

　　语文课程标准是国家对语文课程教育的基本规范和质量要求，体现了国家对不同阶段学生在语文素养方面的基本要求，因此，它对语文教学、教材编研、学业评价、课程资源开发等具有重要的指导意义。其一，小学语文教材研究的基本依据。以对统编教材的研究为例，研究者或以教学者为切入点开展教材研究，如《用语文教儿童——统编本小学语文教材的教学要义》，或从学习者角度分析教材，如《国家统编小学语文教科书的特色与学习适用性分析》，或从社会文化发展视角讨论教材，如《统编版小学语文教材中民族文化的构建与实现》，但在本质上，仍然与语文课程标准"立足学生核心素养发展""发挥语文课程育人功能"的基本理念相一致。其二，教学设计与实施的基本依据。小学语文教师在课堂教学中确定的教学目标、选择的教学内容、采用的教学方法、应用的教学组织形式、开展的教学过程都必须受到规范的制约，都必须依据科学的理论且要能够接受规范标准的评价，这里的基本规范与标准，就是小学语文课程标准。其三，学生学业评价的基本依据。义务教育阶段的语文教育以"发展学生核心素养"为重要目标。小学生的学业水平是衡量学生语文学习效果、教师教学效果的关键标尺。小学生的语文学业水平该如何测评呢？语文课程标准中的学习质量评价部分，以"文化自信""语言运用""思维能力""审美创造"为主要维度，按照日常

生活、文学体验、跨学科学习三类语言文字运用情境,整合识字与写字、阅读与鉴赏、表达与交流、梳理与探究等语文实践活动,阐述每个学段结束时学生核心素养应达到的水平,为学生核心素养评价提供基本依据。单以跨学科学习这一语文实践情境为例,小学低段学生要能"观察、提问""用自己喜欢的方式呈现学习所得",中段学生要能"参与简单的活动策划、组织工作""用照片、图表、视频、文字等展示学习成果",高段学生要能"在简单的调查、访谈中记录真实生活""记录探究的过程及结论,写简单的研究报告"。可以见得,每个阶段的小学生在跨学科学习活动中需要掌握的探究方式,呈现学习结果的形式随阶段的变化而不断提升。

《义务教育语文课程标准(2022年版)》(以下简称《课标》)在继承2001版课标的理念和2011版课标的基础上,更加具体地阐述了语文课程的性质,强化了育人导向,优化了课程内容结构,给出了更加具有操作性的评价与考试命题建议,为当下语文教育教学改革指明了方向。

第一节 语文课程的性质与基本理念

一、语文课程的性质

语文课程的性质是语文课程区别于其他课程的根本属性,也是决定语文教学目的、内容与方法的根本依据。中华人民共和国成立以来,学术界关于语文课程性质的争论,持续了半个世纪之久,仅见报章的说法就有"思想性""文学性""工具性""实践性""文化性""社会性""模糊性""综合性"等多种观点。

《课标》对语文课程性质的表述为:

语言文字是人类社会最重要的交际工具和信息载体,是人类文化的重要组成部分。语言文字的运用,包括生活、工作和学习中的听说读写活动以及文学活动,存在于人类社会的各个领域。

语文课程是一门学习国家通用语言文字运用的综合性、实践性课程。工具性与人文性的统一,是语文课程的基本特点。语文课程应引导学生热爱国家通用语言文字,在真实的语言运用情境中,通过积极的语言实践,积累语言经验,体会语言文字的特点和运用规律,培养语言文字运用能力;同时,发展思维能力,提升思维品质,形成自觉的审美意识,培养高雅的审美情趣,积淀丰厚的文化底蕴,继承和弘扬中华优秀传统文化、革命文化、社会主义先进文化,增强对习近平新时代中国特色社会主义思想的理解和认识,全面提升核心素养。

语文课程致力于全体学生核心素养的形成与发展,为学生学好其他课程打下基础;为学生形成正确的世界观、人生观、价值观,形成良好个性和健全人格打下基础;为培养学生求真创新的精神、实践能力和合作交流能力,促进德智体美劳全面发展及学生的终身发展打下基础。语文课程在推广普及国家通用语言文字、增强凝聚力、铸牢中华民族共同体意识,建立文化自信,培育时代新人,实现中华民族伟大复兴等方面具有不可替代的优势。语文课程的多重功能和奠基作用,决定了它在九年义务教育中的重要地位。

(一) 综合性

内容的综合性。一方面,语文学科本身的内容具有综合性,识字与写字、阅读与鉴赏、表达与交流、梳理与探究之间相互支撑、相互渗透。以识字与写字为例,单独的集中识字课文,要与简短的情境阅读相融合;随阅读课文识字,是低学段阅读教学的重点;在识字与写字活动中,学生要不断地进行梳理与总结,探索汉字的规律,方能形成独立识字的能力。另一方面,语文课程学习经常涉及文学、历史、科学、美术、等多个学科的内容。《课标》中强调的"跨学科学习"任务群,就是语文课程这一特点的体现。

活动方式的综合性。语文学习的过程,通常包含听、说、读、写多种活动。阅读中强调的"读写结合",口语交际中强调的"倾听与表达",习作练习中常用到的"说一说""写一写"等活动,都要整合两种以上活动方式。

运用领域的综合性。语言文字的运用,存在于人类社会的各个领域。个体成长的各个时期,学习的多个阶段,家庭、学校、社会生活的每个角落,教育、商业、医疗各个行业的工作,都需要运用语言文字进行信息存储和交流。

(二) 实践性

从学习过程看,在课堂上,学生要通过听、说、读、写等语文实践活动,方能掌握知识、习得能力、体验情感、发展思维;课堂之外,语文学习还需要与日常生活相联系,让学生在观察生活、解决生活问题的过程中习得语言知识与能力,丰富语言经历,提升语言运用能力。《课标》指出要"在真实的语言运用情境中,通过积极的语言实践,积累语言经验,体会语言文字的特点和运用规律,培养语言文字运用能力"。语文教育过程中,语文教师应该注重真实情境的创设,让学生产生"为用而学"的动力,体验"学以致用"的成就感。

从学习结果看,语文学习的成果要应用于各类实践活动。语文学习习得的听说读写能力等,可以应用于多学科的阅读、表达、交流活动,如数学信息的阅读、科学实验方案的撰写等。最终,语文学习的结果将服务于社会生活实践,如人际交往、广告宣传、科学研究等。

(三) 工具性与人文性的统一

《课标》明确指出:工具性与人文性的统一,是语文课程的基本特点。

语文课程的"工具性",强调语文课程的实用功能。如《课标》中提到,语言文字是人类社会最重要的交际工具和信息载体,具体可体现为三个方面。首先,语言文字是小学生个体表达的工具。毛诗序中有言"在心为志,发言为诗,情动于中形于言",借助语言,情感能够得到更充分地纾解,思想才能够得以彰显。小学生本身积累了一定量的口头语言,掌握丰富的语言文字,不仅能够丰富其口语表达的内容与准确度,还能够帮助他们学会使用书面语言表达个人的情感与思想。其次,语文课程为小学生社会生活提供基本工具。完成小学阶段的语文学习后,小学生要具备说明文、应用文

等多种文体的阅读能力,要能够进行书信、假条、通知等多种应用文体的规范写作,学会在不同场合使用礼貌用语等。语言文字是重要的"信息载体",语言文字是现代信息技术背景下传递的重要媒介。语文课程为小学生适应未来的社会生活、创造未来社会生活提供了基础条件。再次,语文还是祖国优秀文化传承和创新的工具,是社会政治、道德以及审美观传播的工具。

语文课程的"人文性"。何谓人文?中国文化元典《易·贲》载有:"文明以止,人文也。观乎天文,以察时变;观乎人文,以化成天下。"这里"人文"指人类社会的各种文化现象。朱永新教授将人文与语文教育联系起来谈人文性:"所谓人文性,即关心人、关心文、关心人类、关心人类文化。"《课标》中提道:"语言文字是人类文化的重要组成部分。"具体可从三个方面解读。首先,汉字汉语、文学本身就是文化的一部分。语文教材是语文教学的依托,每一篇课文都是作者主观感受的表达,是内心情感的流露,是个人见解和智慧的展现,无不积淀着丰富的文化内涵和人文精神。统编小学语文教材中,识字部分先呈现"日月水火"等象形文字,后又出现"看""灭""众"等会意字,以及"清""情""晴"等形声字。汉字的形成过程,包含了民族的思维习惯、行为方式、文化传统。从汉字的形成历史中,我们可以窥见古代中国人民善于联想、迁移和创造的思维特征。神话传说、寓言故事、古诗诗歌等文学作品是人类智慧的积淀与反映,是历代人民文化心理的记录,是祖国优秀文化的组成部分。其次,语文教育强调文化的吸收与创新。以汉字的学习为例,低学段学生要能够"按笔顺规则用硬笔写字,注意间架结构,初步感受汉字的形体美",高学段学生要达到"能用毛笔书写楷书,在书写中体会汉字的优美"的水平,这里关注的不是汉字表情达意的工具性,而是汉字本身所蕴藏的人文审美价值,要让学生认识到中华文化的丰厚博大,汲取民族文化智慧;同时小学生学习书写规范的汉文字,可逐步形成具有个人独特风格的书写方式。再次,语文教育关注人与文化的共生,重在培养健全的"人",即教师在教学过程中对生命个体——学生的关注,又可称为"人文关怀"。语文教育注重让小学生关注自然世界,尊重自然界的多元化生命个体,体验他人的生命世界,理解同类生命的境遇和情感,树立个体对生命的美好认知与追求,提升自我的生命高度和质量,这是语文为"人"而教的直接体现。语文教育,要充分发挥师生双方在教学中的主动性和创造性,逐步培养学生的人文个性和人文精神,在教学中鼓励学生敢于坚持自己的独到见解,敢于说前人没说过的话,敢于向书本的"定论"提出挑战,敢于对不合时宜的权威解释说"不",敢于坚持独立思考和积极的争论,突出语文教学以"人"为"本"。

语文课程标准强调语文课程是工具性与人文性的统一。工具性不仅强调语文本身是表达、交流、倾听、适应社会的工具,还强调语文课程的外在目的,核心是培养人的工具理性、科学思维。人文性不仅强调了传承优秀精神文化的重要性,同时也强调语文课程对于促进人审美能力、创造能力的提升,实现人的理想、价值和追求的意义,其核心是体现人文精神。共同支撑起人的理性工具思维和感性人文精神完整性,这也是工具性和人文性统一的客观基础。因此,我们在强调语文是工具时,要看到它是融合了人文性的工具,而它的人文性赋予的使命也只有负载在语文这个工具上的时候才能真正实现。如果只重视工具性,小学语文教学将陷入唯科学主义的泥坑;如果只重视人文性,小学语文教学将陷入唯人本主义的幻觉,唯有将两者有机地统一起来,才能更准确地把握小学语文课程的本质,才能更好地指导小学语文教学实践。

那么,在语文教学中如何实现工具性与人文性的有机统一呢?首先,要把工具性与人文性作为一个整体来考虑,不能只偏重于某个方面,不能认为人文性是工具性的补充,或者工具性是人文性的辅助,而应将语言形式和它负载的思想、情感、文化等内容结合起来教学,做到认知与情感、工具与精神、知识与能力、过程与方法、情感态度与价值观的协调发展。其次,努力提高教学艺术,创设和谐的课堂人文环境,蕴人文性于工具性之中,实现工具性的人文化。也就是说,教学中应结合教材内容,根据学生实际去创设与课文内容相吻合的情境:或设身处地与课文角色同悲同喜,或渲染气氛把学生带入特定的情景中,或借助游戏竞赛等丰富的形式让学生一路伴随生命主体的体验。教师要以细致入微的心去发现和捕捉课堂上每个新生成的人文教育点,润物无声地去引导学生感悟,做到熏陶、渗透、潜移默化。

(四) 基础性

《课标》在课程性质中增加了这样一段描述:语文课程致力于全体学生核心素养的形成与发展,为学生学好其他课程打下基础;为学生形成正确的世界观、人生观、价值观,形成良好个性和健全人格打下基础;为培养学生求真创新的精神、实践能力和合作交流能力,促进德智体美劳全面发展及学生的终身发展打下基础。语文课程在推广普及国家通用语言文字、增强凝聚力、铸牢中华民族共同体意识、建立文化自信、培育时代新人,实现中华民族伟大复兴等方面具有不可替代的优势。语文课程的多重功能和奠基作用,决定了它在九年义务教育中的重要地位。

《课标》从三个方面强调了语文课程的基础性。一是学生核心素养发展,语文是其他学科发挥育人功能的基础;二是学生个性和人格发展,语文课程的学习为学生提供三观养成的基石;三是学生终身发展。语文课程为学生全面发展、终身发展奠定工具基础、精神基础。

二、语文课程理念

《课标》将2011版中的"课程基本理念"改为"课程理念",删除了2011版课标中的"课程设计思路",并作为单独的一部分进行呈现。事实上,这是课程理念与设计思路的整合,具体包括课程目标、课程结构、课程内容、课程实施、课程评价五个方面。

1. 立足学生核心素养发展,充分发挥语文课程育人功能
2. 构建语文学习任务群,注重课程的阶段性与发展性
3. 突出课程内容的时代性和典范性,加强课程内容整合
4. 增强课程实施的情境性和实践性,促进学习方式变革
5. 倡导课程评价的过程性和整体性,重视评价的导向作用

第一,明确语文课程的基本目标,即"培养什么样的人""如何培养人"这一问题。《课标》将"立德树人"作为语文课程的根本任务,把促进学生核心素养发展作为课程的基本目的,构建素养型课程目标体系。语文课程要发挥德育、启智、美育、文化传承等多项功能,培养德智体美劳全面发展、有文化自信、有表达与交流能力、有独立思考

能力、有审美创造力的"人"。

第二，遵循学生素养形成规律，设计语文学习任务群。《课标》将语文课程内容进行了结构化的整合，不再单单以"识字与写字""阅读""写话习作""口语交际""综合性学习"五大领域的形式呈现内容，而是将原来的五大领域内容整合为"识字与写字""阅读与鉴赏""表达与交流""梳理与探究"四大板块的内容，又将四大板块的内容与学习方法、资源等相融合，用学习任务群的形式呈现语文课程结构，以突出不同学段学生核心素养的需求。

学习任务群是"谁"的任务群？为什么要以"任务"呈现课程内容？"群"又指向什么理念？学习任务群有哪些"任务"内容呢？厘清这些问题，才能理解《课标》结构中蕴含的理念。既然是"学习"任务群，主体当然指向学生，也就是说，任务群的设计是以学生为中心的，如课标所言，任务是"遵循学生身心发展规律和核心素养形成的内在逻辑"设计的。"任务"属于内容，却是有更强问题导向、目标导向的内容。《课标》强调语文教育要以语文实践活动为主线，创设真实的任务情境，激发学生的学习动力。"群"是"个体"的"集合"、分散内容的整合，学习任务群是语文学习内容、学习情境、学习方法、资源等要素的整合。《课标》整合了学习内容、情境方法和资源等，设计了3类学习任务群：基础型学习任务群、发展型学习任务群和拓展型学习任务群。三大任务群由相互关联的系列6大学习任务组成，共同指向学生核心素养发展，具有"情境性""实践性""综合性"。

第三，创新与传承并重，强调课程内容的时代性和典范性。《课标》要求我们一方面"充分吸收语言、文学研究新成果，关注数字时代语言生活的新发展，体现学习资源的新变化"，同时要"强调内容的典范性，精选文质兼美的作品，重视对学生思想情感的熏陶感染作用，重视价值取向，突出社会主义先进文化、革命文化、中华优秀传统文化"。语文教育要关注学生的当下生活，关心数字信息对语言生活的影响，在语文课程教学中融合体现时代生活的资源，是语文课程的实践性与综合性的体现与要求。在语文教学中，可将近期新闻时政、热点话题、流行问题引入课堂，引发学生对社会新现象、文化新元素、语言新形式、价值新动向的思考与交流，发挥语文课程的育人功能，让学生学会在海量信息中思考、甄别。

第四，课程实施聚焦情境性和实践性，促进学习方式变革。《课标》要求，要在课程实施的过程中，从学生语文生活实际出发，创设丰富多样的学习情境，设计富有挑战的学习任务，激发学生的好奇心和求知欲，促进学生学习方式的变革。语文课程实施的"情境性"和"实践性"要相互融合，创设的情境要与学生真实生活密切相关，体现语文解决真实生活问题的价值，也体现语文学习过程与学习结果的实践性。2011版课标对学习方式变革的要求为"倡导自主、合作、探究的学习方式"，《课标》仍然倡导自主、合作、探究的学习方式。所不同的是，《课标》增加了变革学习方式的具体路径，包括重视积累、勤于思考、乐于实践、勇于探索、尝试自主阅读与表达、提升阅读品味、运用现代信息技术等。

第五，推动评价观念转变，开展促进学生学习的评价。《课标》强调"语文课程评价要有利于促进学生学习，改进教师教学，全面落实语文课程目标"，将促进学生学习

放在了首要位置。评价的价值取向方面,强化实践过程的评价,从关注对学习结果的客观评定到重视学习者的学习效能,突出对学习过程的描述及其真实学习表现的呈现。譬如,语言实践活动的过程性评价,指向运用语言文字解决实际问题时所呈现的复杂、动态表现;思维认知过程的呈现与评价,以评价任务鼓励学生深入思考,围绕问题展开交流讨论,使其获得对学习内容更广、更深地认识和理解。评价的内容与时机方面,《课标》强调要"抓住关键,强调重点"。所谓关键环节,是指完成任务、解决问题所必须经历的、不可或缺的步骤。教师在语文实践活动中不需要关注学生所有方面的表现,而应选取任务中的关键环节,将评价的点聚焦于学生在这些环节中的具体认知表现。这些步骤既是体现学生思维发展与思维深度的重要环节,也是促进学生迈向更深入的学习、实现更深入的理解的"落脚点"。围绕这些重要环节设置具有开放性的问题与任务,引导学生综合调用多种认知能力,呈现丰富的学习表现,以此推测学生核心素养发展的真实水平。截取评价任务中关键环节的关键表现,在一定程度上增强了评价任务的整合性,避免任务过于细碎化,也使收集到的学生证据更具代表性和信息密度,有效避免细枝末节的、与学生思维发展无关的信息的干扰。

第二节 语文课程目标

一、核心素养

(一)核心素养定位

正确把握学科课程目标与核心素养发展的关系是制定学科课程标准的重要前提。《课标》指出:

核心素养是学生通过课程学习逐步形成的正确价值观、必备品格和关键能力,是课程育人价值的集中体现。

义务教育语文课程培养的核心素养,是学生在积极的语文实践活动中积累、建构并在真实的语言运用情境中表现出来的,是文化自信和语言运用、思维能力、审美创造的综合体现。

在讨论语文课程目标时,"语文学科核心素养""语文课程核心素养""语文核心素养"这几个概念均见有学者使用,虽然它们的中心词都是核心素养,但因所用修饰语不同,其内涵及所指也有一定差异。在教育部印发的《普通高中课程方案(2017年版)》对学科课程标准指定的指导建议中,强调"凝练学科核心素养",那么,具体到语文学科这"一种"课程里,其全称应该是"语文学科核心素养",与它并列的是数学学科核心素养、历史学科核心素养等。《义务教育课程方案(2022年版)》指出:"聚焦中国学生发展核心素养,培养学生适应未来发展的正确价值观、必备品格和关键能力,引导学生明确人生发展方向,成长为德智体美劳全面发展的社会主义建设者和接班人。"两相对照,2022年课程方案有一个引人注目的变化,即核心素养概念前不再加"学科"限定词,这意味着其内涵也发生了一定倾斜。其一,该核心素养是从学生的角

度表述的,是学生素养或人的素养,不是学科或课程素养;其二,该核心素养的发展是所有学科课程的共同目标,不是某学科的单一目标,即核心素养的内涵具有唯一性。这一调整使语文学科与整个义务教育阶段课程方案中所用的核心素养概念得以统一,有利于消除学科中心的误解,帮助人们把握核心素养真谛。①

不加学科限定,直接用核心素养描述语文课程目标,也带来了另外的疑惑:其一,既然各门学科课程都以同一套核心素养为课程目标,而没有自己专属的目标,那么这些课程独特的育人价值何在? 其二,如果不从学科角度描述核心素养,则培养正确价值观、必备知识、关键能力这些比较抽象的目标如何与语文学科内容建立联系,才不至于让语文学习虚化? 问题的关键在于如何理解基于核心素养的语文课程目标与传统课程意义上语文课程目标的关系。传统意义上的学科课程目标是在单学科课程目标观下进行设置的,即每个学科都自成一体,学科学习活动都有各自对应的目标,"语文表达与写作""数的概念""历史发展的基本线索"分属于语文、数学、历史学科,不交叉、不重叠。2022 版课程方案的课程目标是以"人"的发展为中心的目标观,认为不同学科培养的价值观、关键能力和品格是存在交叉和重叠的,各学科目标与核心素养目标是多维映射关系,每一项核心素养的养成也都不专门依赖某一专门学科,其关系可呈现如下(表 1-1)。所以 2022 版各学科的课程标准中的"核心素养"所指向的内涵都是统一的。

表 1-1 学科学习与学生核心素养之间的关系

中国学生核心素养			学科学习
文化基础	人文底蕴		语文
	科学精神		
社会参与	学会学习		数学
	健康生活		
自主发展	责任担当		历史
	实践创新		

注:线条越粗,代表二者关联性越强。此为示例,未画出部分不代表课程与这方面的素养没有关系。

从《课标》的具体内容设置和表述上也可窥知当下的课程目标观。首先,课程标准虽然将核心素养放在"课程目标"一章中,却另设一节,单独将其置于"总目标"和"学段要求"之前,意为核心素养只是课程目标制定的依据和方向,而不是目标本身。其次,课程标准用了"义务教育语文课程培养的核心素养"的表述,而没有用"语文课程核心素养",意为语文课程虽然有重点指向的核心素养,但它们却不是语文课程专

---

① 郑桂华. 义务教育课程标准中"核心素养"之名与实辨析:以语文课程标准为例[J]. 中国教育学刊,2023(2):24-29.

有的,而是与其他学科共有的。再次,"课程目标"部分的第一句说"语文课程围绕核心素养……确立课程目标",而不说"以核心素养为课程目标",意为培养核心素养并不是语文学科学习的直接目标,而是确立语文课程目标的依据以及衡量其目标价值的尺度。因此,与其说核心素养是语文课程目标,不如说是一种确立课程目标的取向,或是"把握教育目标的一种方式"。

(二) 核心素养表现

义务教育语文课程培养的核心素养,综合体现为文化自信、语言运用、思维能力和审美创造。

1. 文化自信

《课标》指出:

文化自信是指学生认同中华文化,对中华文化的生命力有坚定信心。通过语文学习,热爱国家通用语言文字,热爱中华文化,继承和弘扬中华优秀传统文化、革命文化、社会主义先进文化,关注和参与当代文化生活,初步了解和借鉴人类文明优秀成果,具有比较开阔的文化视野和一定的文化底蕴。

从内容上看,这里的文化不是泛指的、普适意义上的文化,而是特指"中华文化",具体包括中华优秀传统文化、革命文化、社会主义先进文化。中华优秀传统文化是中华文化的根本,凝聚了中华民族几千年来的民族智慧、精神、思想理念、价值观等,具体表现在具有中华特色的文学、礼仪、建筑、节日、服饰、交往方式等与日常实践活动密切相关的资源中。革命文化是中国人民在中国共产党领导下的革命中形成,并在改革建设中不断创新的物质与精神文化总和。社会主义先进文化是中国人民以马克思主义为指导,继承和弘扬中华优秀传统文化和革命文化,吸收借鉴世界优秀文化成果,在新的历史条件下所追求的文化。

从文化自信的形成过程上看,主要包括文化认同、文化积累、文化参与、文化理解。语文学习是文化积累的主要方式。在丰富的语言实践活动中,学习语言文字、品味经典文学作品,持之以恒,积累丰富的文化知识。文化参与则要超越课堂学习,密切关注社会文化生活,并参与其中,在社会中感受语言文字、文化信息的传播与应用,了解中华文明的优秀成果,提升文化荣誉感和文化传播的使命感。文化理解,需要以文化积累和文化参与为基础和途径,理解中华文化的博大精深,理解中华文化的强大生命力,并初步了解人类文明的优秀成果,即对多民族、多地域、多国家的文化都要有所了解,能够包容和尊重多元文化。文化认同是长期的过程,是在文化积累与应用、理解的基础上进行独立思考之后形成的思想信念,也是坚定文化自信的关键步骤。

2. 语言运用

《课标》指出:

语言运用是指学生在丰富的语言实践中,通过主动的积累、梳理和整合,初步具有良好语感;了解国家通用语言文字的特点和运用规律,形成个体语言经验;具有正确、规范运用语言文字的意识和能力,能在具体语言情境中有效交流沟通;感受语言文字的丰富内涵,对国家通用语言文字具有深厚感情。

梳理课标内容可发现,语言运用主要包括语料积累、语感建构、语理掌握和语用

习得四个方面。语料积累，是指通过听、说、读、写、观察、梳理等丰富的语言实践活动，积累丰富的语言材料，包括足量的汉字，新鲜的词语，优美的语段，文质兼美的作品等。语感建构，是指语言的直觉和感受，是在感觉层面进行言语活动的能力，需要以大量的语言材料积累为基础，表现为自动化的语言输出行为模式，如较强的阅读能力、个性化的写作和演说才能。语理掌握，具体指语言文字的特点和运用规律的把握。语用习得则指学生通过积累语言运用经验，形成在具体情境中运用语言的能力。

3. 思维能力

《课标》指出：

思维能力是指学生在语文学习过程中的联想想象、分析比较、归纳判断等认知表现，主要包括直觉思维、形象思维、逻辑思维、辩证思维和创造思维。思维具有一定的敏捷性、灵活性、深刻性、独创性、批判性。有好奇心、求知欲，崇尚真知，勇于探索创新，养成积极思考的习惯。

思维能力在语文学习中非常重要，主要在于语言和思维的相互作用关系。语言是思维成果的表现，语言的准确性以思维的明晰性为前提，语言的逻辑性以思维的条理性为基础，语言的生动性以思维的形象性为基石。思维需要通过语言获取信息，积累思考材料，又需要通过语言输出。

思维能力的培养主要包括几个方面，思维方法的掌握、多种思维形式的综合运用、思维品质的提升和思考习惯的养成。在语文学习中，通常用到联想、想象、分析、比较、归纳、判断、推理等多种方法。

思维类型主要包括形象思维、逻辑思维和辩证思维。第一学段的学生以形象思维为主，所以语文学习中经常用图片、实物等直观实物帮助学生识字、阅读，新教材中增加了童话单元和选文数量，旨在激发学生的想象力。第二学段到第三学段，开始让学生运用预测、猜想等策略进行阅读，实质上是在锻炼学生的逻辑思维能力。而《课标》中的思辨性阅读任务群就明确指向学生的辩证思维养成方面。

思维品质。《课标》指出，良好的思维品质包括思维的敏捷性、灵活性、深刻性、独创性、批判性。思维的敏捷性表现为思维速度和思维准确性的统一。思维的灵活性表现为良好的迁移能力、解决问题方法的多样性等。思维的深刻性主要表现为思维活动的难度、广度与深度。思维的独创性主要表现为解决问题视角的独特性和新异性。思维的批判性主要表现为能用理性思维分析辨别他人呈现的现象、观点，与思维的独创性和深刻性密切相关。

思考习惯。《课标》中把提升思维能力的习惯分为三类：一是感性的，包括好奇心和求知欲；二是理性精神层面的，包括崇尚真知，勇于探索创新的精神；三是习惯层面，即积极思考的习惯。小学语文教学过程中，要注意激发学生的好奇心和求知欲，逐步培养学生尚真探索的精神和积极思考的习惯。

4. 审美创造

《课标》指出：

审美创造是指学生通过感受、理解、欣赏、评价语言文字及作品，获得较为丰富的审美经验,具有初步的感受美、发现美和运用语言文字表现美、创造美的能力;涵养高雅情趣,具备健康的审美意识和正确的审美观念。

审美创造主要包括审美感受、审美理解、审美鉴赏、审美表现等几个方面。

审美感受,即感受美,是审美创造的基础,在语文学习中,主要表现为学生对语言的音乐美(声调、韵律、节奏、停连)、内涵美(风景、人物、文化)等多种美的感受。

审美理解,是审美创造的核心。学生通过丰富的联想与想象,将语言美的画面在头脑中加工并把握其意义,获得审美享受。在表达过程中,学生经常用"……写出了……"的句式,其实就是审美理解的结果。

审美鉴赏。学生以独特的审美价值观对语言文字的内涵和特征做出价值判断的过程。在语言文字的理解过程中,学生将自己的价值观融入其中,对文本的道德性、真理性、独创性等做出价值判断。

审美表现。主要是学生在原有文本的启发下,对文本中的信息进行假设、推想、创造的过程。

二、语文课程目标

《课标》的目标设置模式基本不变,仍然采用九年一贯的整体设计,分为总目标和学段目标两个部分。总目标是对学生从小学到初中语文课程学习的总体要求。学段要求是四个学段学生语文学习的阶段性要求。

(一) 总目标

(1) 在语文学习过程中,培养爱国主义、集体主义、社会主义思想道德,逐步形成正确的世界观、人生观、价值观。

(2) 热爱国家通用语言文字,感受语言文字及作品的独特价值,认识中华文化的丰厚博大,汲取智慧,弘扬社会主义先进文化、革命文化、中华优秀传统文化,建立文化自信。

(3) 关心社会文化生活,积极参与和组织校园、社区等文化活动,发展交流、合作、探究等实践能力,增强社会责任意识。感受多样文化,吸收人类优秀文化的精华。

(4) 认识和书写常用汉字,学会汉语拼音,能说普通话。主动积累、梳理基本的语言材料和语言经验,逐步形成良好的语感,初步领悟语言文字运用规律。学会使用常用的语文工具书,运用多种媒介学习语文,初步掌握基本的语文学习方法,养成良好的学习习惯。

(5) 学会运用多种阅读方法,具有独立阅读能力。能阅读日常的书报杂志,初步鉴赏文学作品,能借助工具书阅读浅易文言文。学会倾听与表达,初步学会用口头语言文明地进行人际沟通和社会交往。能根据需要,用书面语言具体明确、文从字顺地表达自己的见闻、体验和想法。

(6) 积极观察、感知生活,发展联想和想象,激发创造潜能,丰富语言经验,培养语言直觉,提高语言表现力和创造力,提高形象思维能力。

(7) 乐于探索,勤于思考,初步掌握比较、分析、概括、推理等思维方法,辩证地思考问题,有理有据、负责任地表达自己的观点,养成实事求是、崇尚真知的态度。

（8）感受语言文字的美，感悟作品的思想内涵和艺术价值，能结合自己的经验，理解、欣赏和初步评价语言文字作品，丰富自己的情感体验和精神世界。

（9）能借助不同媒介表达自己的见闻和感受，学习发现美、表现美和创造美，形成健康的审美情趣。

总目标紧紧围绕核心素养，是语文课程对学生核心素养培育的具体化。

表1-2 义务教育语文课程总目标归类

总目标	重点内容	核心素养表现
第1条	立德树人，以文化人	文化自信
第2条	热爱语言，弘扬文化	文化自信，语言运用
第3条	关心社会，参与文化	文化自信
第4条	梳理语料，掌握语理	语言运用
第5条	语用习得，鉴赏文学	语言运用，审美创造
第6条	语感获得，思维发展	语言运用，思维能力
第7条	尚真勤思，锻炼思维	思维能力
第8条	感受语美，涵养情趣	审美创造
第9条	分享表达，发展审美	审美创造

总目标的第1、第2、第3条，主要具体对应"文化自信"。其中，第1条侧重于立德树人，以文化人，提高学生的文化修养；第2条侧重于对中华文化的传承包括"社会主义先进文化""革命文化""中华优秀传统文化"，为建立文化自信奠定基础，同时又强调"热爱国家通用语言文字，感受语言文字及作品的独特价值"，所以又指向祖国语言情感、文字价值的体验，即语言运用；第3条侧重于关心文化，参与文化活动，感受文化多样性，强调文化视野与文化参与。

总目标的第4、第5、第6条，都重点对应了"语言运用"。第4条主要强调对语言文字的积累与梳理，对语言文字运用规律的初步领悟，奠定语言运用的基础；第5条强调在阅读与交流表达中掌握语言规律；第6条强调用多种方式积累语言经验，养成语感，提升语言创造力。其中第5条又涉及"鉴赏文学作品"，即发现语言文字之美，指向"审美创造"能力的发展。

总目标第6条又涉及"联想""想象"两种关键的思维形式，指向"思维能力"的发展。第7条重点对应"思维能力"，重点强调比较、分析、概况、推理等思维方法的掌握，以及崇尚真知的思维态度。

总目标第8条和第9条重点对应"审美创造"。第8条侧重于在语言实践活动中积累审美体验，具体表现为对语言文字美的感受、感悟和鉴赏。第9条侧重于审美创造能力的发展，注重中国形式的审美表达与表现。

（二）学段要求

《义务教育语文课程标准（2011版）》中的"学段目标与内容"部分，《课标》中更改为"学段要求"。学段要求的分类与总目标不同，不再依照语文课程培育的核心素养

分类设定，而是参考语文学习任务群的分类标准，并进行适度归并、简化，将每个学段要求分成"识字与写字""阅读与鉴赏""表达与交流""梳理与探究"四个板块阐述具体要求。所以《课标》的学段要求仍然涵盖了目标与内容两大类内容。《课标》的学段要求具有以下特点。

1. 学段要求是总目标的具体化

以"阅读与鉴赏"板块为例，让学生学会"默读""略读""浏览""圈点""批注"等阅读方法，能够"结合上下文和实际生活了解课文中词句的意思""借助读物中的图画阅读""借助字典、词典和生活积累，理解生词的意义"是对总目标第 5 条中"学会运用多种阅读方法"的具体化；"展开想象，领悟诗文大意""联系上下文，推想课文中有关词句的意思""借助图片理解""辨别地域的感情色彩"，运用了想象、联想、推理、比较等多种思维方式，是对总目标第 6 条和第 7 条中关于思维发展的具体化；在阅读与鉴赏中"感受语言的优美""体会文章表达的思想感情""感受作品中生动的形象和优美的语言"等是对总目标第 8 条"感受语言美，感悟作品的思想内涵和艺术价值"，第 9 条"发现美""表现美"的具体化。

2. 四个板块之间具有高度的关联性

以第一学段为例，"识字与写字"是其他三个板块的基础；"阅读与鉴赏"是对"识字与写字"的巩固和运用，也为"表达与交流"提供了语言素材和经验，又为"梳理与探究"积累了素材；"表达与交流"必须要以"识字与写字"的学习结果为媒介，又是"阅读与鉴赏"的深化，又为"梳理与探究"提供了储备与支撑。四个板块相互关联、相互支撑。

3. 不同学段的要求具有层次性

每个板块的第一学段都处于基础阶段，强调最基本的知识、能力、方法、习惯等；第二、三学段都处于承上启下的阶段，既要对上一学段的要求进行应用和提升，又要为下个学段的要求奠定基础。具体以"识字与写字"板块中对汉字的书写要求为例，第一学段要求学生"掌握汉字的基本笔画和常用的偏旁部首""能按基本的笔顺规则用硬笔写字"；第二学段要求学生"能用硬笔熟练地书写正楷字""用毛笔临摹正楷字帖"；第三学段要求学生"硬笔书写楷书""力求美观，有一定的速度""能用毛笔书写楷书"。

第三节　语文课程内容

义务教育语文课程内容主要以 3 个类型、6 大学习任务群组织与呈现，具体分为"语言文字积累与梳理"1 个基础型学习任务群，"实用性阅读与交流""文学阅读与创意表达""思辨性阅读与表达"3 个发展型学习任务群，"整本书阅读""跨学科学习"2 个拓展型学习任务群。

一、基础型学习任务群

(一) 基础型任务群存在的价值

1. "语言文字积累与梳理"是学生社会生活的基础

首先,语言文字是学生当下与未来生活的基础工具。个体从出生就具备了社会性,本能地开始学习人际交流与交往。从交流的角度出发,掌握足量的语言文字,是为学生进行人际沟通做储备,为顺利沟通提供条件。从生存的角度出发,各行各业都需要语言文字作为媒介才能顺利开展工作。语言文字是学生精神成长的基石。其次,语言文字是文明与文化存在的关键证据,也是文化学习与创新的基础元素。语言文字传达着优秀的思想、情感、价值、精神。学生积累丰富的语言文字,才能理解语言文字、历史文化、文学作品中蕴含的精神内容,才能成长为思想丰富、精神富足的人。

2. "语言文字积累与梳理"是语文学习的必要基础

"语言文字积累与梳理"任务群的"基础型"是其地位和价值的显著体现。首先,"语言文字积累与梳理"是其他任务群开展的基础,为其他任务群的学习提供了可能与保障。有了语言文字作为基础,"实用性阅读与交流""文学阅读与创意表达""思辨性阅读与表达""跨学科学习"才能顺利开展。其次,"语言文字积累与梳理"是其他学科学习的基础,没有语言的积累,数学问题的解决、道德规则的掌握、科学探究活动等都无法顺利进行。

3. "语言文字积累与梳理"是核心素养的具体体现与重要组成部分

表1-3 "语言文字积累与梳理"与"语言运用"的对应

语言文字积累与梳理	语言运用
本学习任务群旨在引导学生在语文实践活动中,积累语言材料和语言经验,形成良好语感;通过观察、分析、整理,发现汉字的构字组词特点,掌握语言文字运用规范,感受汉字的文化内涵,奠定语文基础。	语言运用是指学生在丰富的语言实践中,通过主动的积累、梳理和整合,初步具有良好语感;了解国家通用语言文字的特点和运用规律,形成个体语言经验;具有正确、规范运用语言文字的意识和能力,能在具体语言情境中有效交流沟通;感受语言文字的丰富内涵,对国家通用语言文字具有深厚感情。

对比"语言文字积累与梳理"的整体要求和语文课程核心素养体现之"语言运用"内容,可以发现,"语言文字积累与梳理"展开的基本维度包括语言材料积累、语感培养、汉字特点和运用规律掌握、文化内涵感受,与语言运用完全一致。所不同的是,"语言文字积累与梳理"将"语言运用"中"积累"的内容具体化为"语言材料和语言经验",将"语言运用"中"梳理""整合""了解语言文字的特点"的方式具体化为"观察、分析、整理";对"语言文字的丰富内涵"则具体指向"汉字的文化内涵"这一方面。除此之外,任务群也承担传承文化、帮助学生建立文化自信、培养其思维与审美的功能。所以说,"语言文字积累与梳理"是核心素养的具体体现与重要组成部分。

(二) 基础型任务群的内容与特点

《课标》先呈现课程目标,再呈现课程内容,现用表格展示第一学段的学习要求与基础型任务群内容以直观了解二者的关联。

表1-4　第一学段目标要求与"语言文字积累与梳理"内容

学段要求	课程内容
【识字与写字】 1. 喜欢学习汉字,有主动识字、写字的愿望。认识常用汉字1 600个左右,其中800个左右会写。 2. 学会汉语拼音。能读准声母、韵母、声调和整体认读音节。能准确地拼读音节,正确书写声母、韵母和音节。认识大写字母,熟记《汉语拼音字母表》。 3. 掌握汉字的基本笔画和常用的偏旁部首,能按基本的笔顺规则用硬笔写字,注意间架结构,初步感受汉字的形体美。努力养成良好的写字习惯,写字姿势正确,书写规范、端正、整洁。 4. 学习独立识字。能借助汉语拼音认读汉字,学会用音序检字法和部首检字法查字典。 【阅读与鉴赏】 1. 结合上下文和生活实际了解课文中词句的意思,在阅读中积累词语。 2. 诵读儿歌、儿童诗和浅近的古诗,展开想象,获得初步的情感体验,感受语言的优美。 3. 积累自己喜欢的成语和格言警句。背诵优秀诗文50篇(段)。课外阅读总量不少于5万字。 【梳理与探究】 观察字形,体会汉字部件之间的关系。梳理学过的字,感知汉字与生活的联系。	(1) 认识有关人的身体与行为、天地四方、自然万物等方面的常用字;认识家庭生活、学校生活、社会生活中的常用字;学习书写笔画简单的字,初步体会汉字结构的主要特点。 (2) 先认先写基本字,学习部首检字法,尝试发现汉字的一些规律,初步学习分类整理课内外认识的字;在生活中主动识字,发展独立识字能力。 (3) 认读拼音字母,拼读音节,认识声调,借助汉语拼音认读汉字,学习音序检字法;在日常交际情境中学习汉语拼音和普通话。 (4) 诵读、记录课内外学到的成语、谚语、格言警句、儿歌、短小的古诗等,感受中华优秀传统文化,养成自主积累的习惯。

1. 任务内容与课程目标高度关联

以第一学段为例,就可以看出,任务群内容要求与课程目标高度关联。由表1-4可见,第一学段要求中指出要"认识常用汉字1 600个左右"。任务群内容中指出要"认识有关人的身体与行为、天地四方、自然万物等方面的常用字;认识家庭生活、学校生活、社会生活中的常用字",对常用字的内容有更加具体的描述与指向。整体而言,"语言文字积累与梳理"部分的内容重点指向课程目标中的"识字与写字"部分,同时和"阅读与鉴赏""梳理与研究"板块相关联。虽未明显指出,语言文字的积累也为"表达与交流"奠定了基础。

2. 语言文字积累与梳理的相互支撑

积累的内容为语言材料和语言经验,具体包括阅读与社会生活中的常用汉字,以及课内外的词语、优美的句子、优秀诗文等,即文字的积累、语言文化的积累两大方面。积累是梳理的基础,没有足量的积累,就没有梳理的必要和内容。那么,梳理是积累到一定程度之后必有的过程。没有梳理,积累就是散乱的、冗杂的、难以提取的。经过梳理之后,积累的内容脉络更加清晰,其意义也在梳理的过程中得以升华和重构。所以,语言文字的积累与梳理是相互支撑的。

3. 语言文字知识与文化体验密切结合

"语言文字积累与梳理"是以"汉字"为轴,重点在于学习与汉字有关的基础知识。

但无论是从本任务群的内容，还是从课程目标板块"识字与写字"的要求看，都提及要重视汉字学习过程，要重视其中优秀文化的发掘。本任务群的第一学段，要求学生"感受中华优秀传统文化"；第二学段要求学生"初步认识中华优秀传统文化蕴含的思想"。由此可见，掌握汉字，不仅要能读能写，更要能理解其意蕴，感受其中蕴含的中华优秀文化。

二、发展型学习任务群

（一）实用性阅读与交流

1."实用性阅读与交流"的价值与意义

语文课程工具性与实践性的体现。"实用性阅读与交流"这一任务群旨在引导学生学习当代社会生活中的实用性语文，包括三个方面的内容：一是实用性文本的初步阅读与理解，二是与日常社会、生活需要有关的口头交流，三是与日常社会、生活需要相关的书面表达。通过本任务群的学习，丰富学生的生活经历和情感体验，提高阅读与表达交流的水平，增强适应社会、服务社会的能力。所以，这一任务群是最贴近"生活"，最能展现语文的"工具性""实践性"特征。[①]

语文教学"实用性"的要求。"实用"类文本输出的信息与社会、生活实际密切相关，很多可以直接服务于人们的学习、工作和生活。传统语文教学思维常以文学性思维为主导，设计任务时，不论文体类型，多按照语文知识点的逐步解析、语文技能的逐项训练、主题情感的逐步渗透展开阅读，忽视实用性文体的个性特征，对实用性交流的价值关注更少。为改变这一状况，统编小学语文教材中已增加了"实用"类文本，如六年级上册第三单元的三篇课文，这是一个"有目的阅读"策略单元，语文要素是"根据阅读目的，选用恰当的阅读方法"。这些文本的学习具有鲜明的社会化学习特点。可见，"实用"类文本是有别于文学类文本、论述类文本的。五年级下册第三单元"综合性学习：遨游汉字王国"的语文要素之一是"学写简单的研究报告"，六年级上册第六单元的习作"学写倡议书"，再如六年级下册第二单元的习作"作品梗概"和第六单元"学写策划书"都属于这种。

学生能力提升的客观需要。人的核心素养形成，主要有两个路径：一是汲取间接经验，一般来自文本阅读。二是积累直接经验，主要依赖社会实践。而"实用性阅读与交流"虽然也依赖于文本阅读，但它的实用指向，使它具备了社会化和实践性的特点。"实用性阅读与交流"对学生的阅读能力、思维能力、社会实践能力的提升都具有重要意义。对学生阅读能力而言，实用性的阅读使学生经过小学阶段学习具有实用性阅读的基础知识和形成初步的阅读能力，体现实用性阅读能力在形成学生核心素养过程中的价值；对学生思维能力而言，实用性阅读能提供多样化的文本类型，是学生积累语言实践经验的良好载体，具有提升学生思维品质的重要价值。对学生社会实践能力而言，"实用性阅读与交流"是学生参与当代文化生活、思考社会问题的平

---

① 汪潮.学习任务群"实用性阅读与交流"的解读与建议[J].语文教学通讯，2023(2)：7-10.

台。学习本任务群可以丰富学生的生活经历以及情感体验,增强学生与社会生活的亲密性,提升他们的社会实践能力。例如,统编小学语文教材六年级下册第一单元的文化主题是中国民俗。有《北京的春节》《腊八粥》《藏戏》《古诗三首》,习作题目是《家乡的风俗》。阅读和交流本单元的内容时,可以引导学生亲近社会、走入社会,对学生感受民俗文化、关注社会现象、体验节日生活经历都是颇有裨益的。

2. "实用性阅读与交流"的内容与特点

实用性阅读。实用性阅读的内容丰富,涉猎范围广。从文本形式的不同可以分为标牌、图示、说明书、科普小文、说明文、游记、参观访问记、考察报告等;从文本内容与个人的关系看,可以分为生活类、自然科学类、传统文化类等;从文本的实用功能看,可分为社会交往类、知识读物类、新闻传媒类。实用性阅读强调多角度观察社会生活。实用性阅读不能停留在对文本内容的表层把握上,而应挖掘文本背后所蕴藏的"实用性"社会信息,让学生掌握更多的方法,走进现实、感受生活、认识社会。实用性阅读还强调掌握当代社会常用的实用文本。

实用性交流。实用性交流的内容比较丰富,从生活领域看,包括与亲朋好友的生活交流,与老师同学的文明沟通,与公共场所陌生人的礼貌交流,向他人分享优秀的文化短文与事迹等。交流的方式也比较丰富,主要分为口头和书面两种形式。当然信息化时代的口头与书面交流也可以通过多种媒介开展,可以是面对面的交流,也可以是跨媒介交流。

"实用性阅读"与"实用性交流"紧密结合。在课程内容的表述上,实用性阅读与实用性交流是分不开的,二者以统整的思维将阅读和交流融合在了一起。一般是阅读在前,交流紧随其后,如"学习认识有关标牌、图示、说明书等,了解公共生活规则,学会有礼貌地交流""学习阅读说明、叙写大自然的短文,感受、欣赏大自然的奇妙与美好。学习用日记、观察手记等,展示自己观察自然、探索科学世界的收获""阅读记人叙事的优秀文本,学习通过口头表达、书面叙写,与他人交流身边令人感动、难忘的人和事"等。可见,实用性阅读以输入为主,为实用性交流提供素材和基础,实用性交流是对实用性阅读信息的整合、创新、输出。

"实用性阅读与交流"安排随学段螺旋上升。从阅读与交流的内容看,第一学段仅有生活类(家庭生活、学校生活、社会生活)、传统文化类;第二学段增加了大自然类说明文,传统文化类中增加了革命家、科学家事迹;第三学段的自然类阅读与交流内容从客观自然世界拓展到了科技发明领域。从阅读与交流的文本形式看,年级段越高,形式越丰富,难度也越高。第一学段以图文结合、短文阅读为主,交流以口头讲述为主;第二学段的阅读开始以文字为主,交流的方式增加了留言条、请假条、短信息等应用类书面文体;第三学段的阅读从短文走向叙事文本、小传等连续性文体,书面交流的方式出现了脚本、思维导图、日记等多种形式,对思维的要求更高。

(二) 文学阅读与创意表达

1. "文学阅读与创意表达"的价值与意义

本学习任务群旨在引导学生在语文实践活动中,通过整体感知、联想想象,感受文学语言和形象的独特魅力,获得个性化的审美体验;了解文学作品的基本特点,欣

赏和评价语言文字作品,提高审美品位;观察、感受自然与社会,表达自己独特的体验与思考,尝试创作文学作品。

"文学阅读与创意表达"任务群是新概念,但并非新事物。从价值定位看,"文学阅读与创意表达"学习任务群的关键词是"审美",指向核心素养内涵中的"审美创造"。该学习任务群关注"感知、鉴赏、表达"三个完整的文学学习过程,围绕"审美经验、审美品位、审美表达、审美观念"四个方面来整体设计。可以看出"文学阅读与创意表达"任务群的价值定位暗含着文学教学回归育人功能、关注审美价值意涵,这是对既往在文以载道的文化传统中进行的文学教学常常偏离审美创造的局面的纠偏与完善。

"文学阅读与创意表达"任务群的价值还可从文学活动本身的价值谈起。其一,文学作品具备传承文化的功能。文学作品中包含本民族的文化特质、文化智慧。阅读与欣赏经典文学作品本质上是对民族文化的吸收与传承。其二,文学阅读有拓展社会认知的功能。每个人经历的社会生活内容有限,但是通过阅读文学作品,对社会现象、社会问题等会有更广阔、更深刻的认知。其三,语言教育功能。阅读书面文字,感受文学语言的独特魅力,评价语言文字作品,提高审美品位,明显指向文学作品的语言教育功能。其四,思想启迪功能。很多文学作品尤其是经典的作品中富含了作者的人生经历与人生智慧,能够从文化、历史、哲学、生活等多个方面引发阅读者的哲学思考。其五,审美熏陶功能。阅读经典文学作品的过程,就是感受美、发现美的过程,阅读者的心灵会受到濡染和熏陶。[①]

2."文学阅读与创意表达"的内容与特点

从学习内容看,"文学阅读与创意表达"任务群围绕学习主题、情境任务实现了生活逻辑、学科逻辑和认知逻辑的统整。该任务群在生活逻辑方面,设计了多样化的学习主题,主要包括"春夏秋冬""多彩世界""童心天真""英雄的童年"等;在认知逻辑方面,在主题情境中实现了"阅读""习作""口语交际""识字写字""综合性学习"的统整,有助于文学阅读和创意表达落地;在学科逻辑方面,文学文本类型不断多元化、丰富化。文学性文本,就文类看,包括故事、诗歌、小说、儿歌、童话、散文、小说、传记等;就媒介看,包括纸质文本、媒体文本;就文本篇幅看,既包括单篇文本,又包括整本书等;就文本内容看,包括革命文化类作品、表现自然之美类作品、描绘多姿多彩生活类作品、儿童文学作品及中外经典文学作品。

从学习方式看,"文学阅读与创意表达"任务群更加关注学生的主动探索。该学习任务群以学习主题为引领,以学习任务为载体,基于语言运用的真实情境和真实的语言实践活动,实现情境、内容、方法、资源的整合,引导学生在语言运用的过程中提升核心素养。在教学提示中,该任务群的学习应在主题情境中"开展文学阅读和创意表达活动,引导学生感受文学之美、表达自己的独特感受,促进学生的精神成长";在听说读写的整合中"引导学生综合运用朗读、默读、诵读、复述、评述等方法学习作

[①] 管贤强,徐迎梅,王爱华."文学阅读与创意表达"的内涵理解、实施探索与价值追求[J].江苏教育,2023(14):32-33.

品",关注学生的过程性表现,实现"以评促学"。不难看出,主动学习、主动探究的学习方式与对审美品位、审美创造的追求密不可分,这也改变着既往文学学习注重知识、强调练习而忽略审美鉴赏和审美创造的局面。

从学习理念看,"文学阅读与创意表达"任务群注重张扬个体生命价值。学段要求的具体表述中,"表达自己对美好生活的向往,以及对革命英雄、仁人志士的崇敬之情""结合自己的生活体验,尝试用文学语言表达自己热爱自然、珍爱生命的情感""运用讲述、评析等方式,交流自己的情感体验""用口头或者书面的方式表达对自然的观察与体验,抒发自己的情感""阅读反映少年成长的故事、小说、传记等,交流自己获得的启示""学习运用细节描写等文学表现手法,描述自己成长中的故事",反复强调"自己",包括学生自己的感情、自己的体验、自己的启示、自己的故事等,表现出对学生作为独立生命个体的尊重,对学生个体生命价值的高度关注。

(三)思辨性阅读与表达

杜威指出,思辨,是对任何信念或某种假设的知识形式进行积极、持续和周全考虑的过程。思辨性阅读是以准确理解、合理评判文本及其承载的价值为目标,使阅读者保持独立理性的态度,运用理性思维技能解决文本信息,获得个体独特认知与审美体验的阅读活动,是阅读主体对文本进行独立解读和评价的过程,是理性思辨和感悟人生的统一。

1. "思辨性阅读与表达"的价值与意义

学生未来高质量生活、学习和工作的诉求。在信息化时代,思辨性阅读是探求真知、创新创业、防止欺骗和蒙蔽的重要保障工具。具备了判性思维的技能和素养,在海量信息中,学生才能不被"带节奏",不上当受骗。

批判性思维是核心素养形成的关键要素。核心素养不是我国独有的,批判性思维对核心素养形成的作用也是全世界共同关注的话题。法国学者认为,培养批判精神和独立的态度是教育与培训的使命。美国学者提出,学生要能够惯于运用批判性阅读来甄别今天的纸质或数字化手段呈现的海量信息,能够在处理个人和公民事务时,展现出民主社会里所必须具备的审慎的、负责的、反省性的、令人信服的推理和使用证据的能力。澳大利亚学者鼓励学生对书面的、视觉的、数字化文本的理解、阐释,进行批判性的分析、思考以及鉴赏,以成为更独立的倾听者、思考者和阅读者。

语文教学问题解决的重要路径。语文教学历来重视文学阅读与表达,重视形象思维和直觉思维,对逻辑思维训练是有的,但是一般是无意识、无序列的。单独设置学习任务群,将逻辑思维能力的培养直接作为目标,明确强调语文教学要善于从积累的语言材料和语言经验中反思、梳理、比较、分析,探究规律。

2. "思辨性阅读与表达"的内容与特点

第一学段思辨性阅读与表达任务群的学习内容有三个明显特征。第一,涉及的阅读范围广,具体可以分为"文本阅读"和"生活阅读",即"阅读有趣的文本""发现、思考身边的鸟兽虫鱼、花草树木、家用电器等"。可见,第一学段的任务群阅读,不应拘泥于纸质文本。第二,涵盖的表达方式多,包括"说出自己的想法""请教、讨论""分享自己解决问题的办法"等。可见,第一学段的表达更倾向于多样化的口头表达。第

三,覆盖的学习路径宽。无论是所处的生活空间还是日常与同伴的交往,都是学生学习的路径。其中,专项的学习活动是最主要的学习路径。学生在多样化的路径中开展实践、体验快乐、获得能力的真正提升。

第二学段思辨性阅读与表达任务的学习内容特点。在表达方法上,第二学段较第一学段有了升级,要求以"口头和图文结合"的方式进行表达。此外,通过列提纲、画思维导图等,学习结果的呈现方式更为个性、多样和综合,体现了任务群学习中注重思维的特点。这一学段的学习是有序推进的,强调经过深思熟虑之后再行动的"思—行"实践序列。同时,提出"尤其是中华智慧故事"这一要求,意在让学生更多关注、探究、感受带有中华智慧的建筑、书画、图案、故事等多样化的学习载体,达成学习目标。这样的要求,体现思辨性阅读表达学习任务群对核心素养目标"文化自信"的回应,凸显了语文学习的综合性。

第三学段思辨性阅读与表达任务对学习内容的要求更集中、更专项、更具体,指出了"要做什么",具有集中的针对性、明晰的指向性、层级的提升性等特点。例如,对中华传统美德、社会公德的提示,极具针对性;对中华传统美德、社会公德的提示,有明确的思辨启发;对日常生活中语言现象的讨论,有明确的思辨性问题设置;对哲人故事、寓言故事、成语故事等学习指南,都聚焦在思辨上。在这一学段的学习中,语文新课标提出使用猜想、验证、推理等具体方法,体现出思维能力的螺旋上升,让学生充分感受思维学习的意趣。

纵观三个学段的学习内容,呈现出以下三个阶段发展的趋势。第一,由宽泛到集中。从第一学段针对日常生活以及有趣的短文到第三学段明确指出阅读和探究的方向,学习的方向越发集中。只有集中与聚焦,才能有效促进学习。第二,由感性到理性。从第一学段关注自己的想法、分享个人感受到第三学段注重分析、整理、记录、求证,有理有据地表达,理性程度在逐渐增强,思维层级在不断提升。第三,由封闭到开放。从起初强调学科本位、生活本位到第三学段向历史、文化、社会公德、科技发明等领域的拓展,学习空间更大,学科间的融合、跨界特征更加明显。三个学段的学习内容提示教师,在思辨性阅读与表达任务群学习指导时,要注重让学生探求真知、明辨是非。在学习方式上,要努力拓宽学习通道,让学生从接受式学习到发现式学习,从被动接受结果到主动参与过程,获取答案。在学习过程中,学生要承担更多的责任,进行更充分的实践,这样才能获得更大的提升。

三、拓展型学习任务群

(一)整本书阅读

《全日制义务教育语文课程标准(实验稿)》《义务教育语文课程标准(2011年版)》都在教学建议部分提出:"提倡少做题,多读书,好读书,读好书,读整本的书。"《课标》将"整本书阅读"作为六大任务群之一提出,对整本书阅读的重要性给予肯定,并对阅读内容、方法等提出了具体的要求。

1. 整本书阅读的内涵与特点

从字面意思理解,整本书阅读就是强调以完整的一本书为单位的阅读活动。其

中,"整"既指阅读的对象——"书"以完整的样态,即"单本"或"多本"的方式出现在阅读活动中;与此同时又是对阅读结果的完整性与持续性的强调,既包括对全书脉络的通盘把握,也包括对全书内容的周全思考。作为语文课程的重要组成部分,整本书阅读本质上是通过学习与探寻人类精神文化财富以实现"立德树人"的教育目的的活动。因此,整本书阅读具有明确的育人指向性,是将通过学生的阅读对象限定在特定的整本图书,以提高阅读质量、提升学习能力、吸收人类文化经典的语文学习活动。

阅读内容的完整性。信息加工理论认为,人类短时记忆储存信息的持续时间和数量都十分有限,相较于零散的知识与信息,具有意义且相互联系的信息有更大的概率进入人的长时记忆并留存下来。整本书是学生实现深度学习的优质信息来源,整本书阅读从深度与广度上拓展了学生思维与探究的过程。整本书阅读具有更大的体量,能够容纳更广阔的时代背景与更丰富的情节,更加深刻地阐释主题与思想。整本书为学生提供了大量有意义的信息,为学生提供了可深入思考、探讨、研究的主题。

阅读范式的沉浸性。整本书阅读从客观上延长了读者的阅读时间,对于读者来说,整本书的阅读过程往往需要持续数小时至数天,甚至长达数月之久。对书籍的长时间专注学习,有利于读者产生特定的阅读行为与阅读心理,并在特定的场景中产生出特定的阅读、思考与学习的行为范式,有助于引发想象和思考,引导注意力的长期高度集中,最终形成一种独特的沉浸式阅读范式。该阅读范式有助于读者认知能力与多种优良心理品质的发展。

阅读方式的内在性。整本书阅读的基础阅读方式是默读,是默不作声的、读者对文本进行独立解码的阅读过程。读者将书本上的外部语言转化为自身的内部言语,进行信息的再加工,再转化为特定的场景并形成意义。在读者单调的外在阅读动作下,其思维在进行着丰富多样的内在活动,这个过程涵盖了多种基本阅读能力,包括认读、提取信息、整合信息、推理关联、理解文本观点等。①

阅读思维的整合性。整本书阅读能促进学生思维整合性的发展。整合性思维是指,在对各要素结构理解的基础上,将其内在关系进行有机地、联系地、动态地梳理重构。以整本书为单位进行阅读,意味着读者不仅需要理解整本书内部各个部分的含义,还要从整体上把握书中各部分之间的关系以及组织的秩序。读者需要在一定的范围内将多个信息集合,形成对书籍的整体感知。这种整合性思维有助于读者有意识地搜集信息,将信息有机地联系起来,最终实现从信息到知识、由知识到智慧的认知升级。

2. 整本书阅读的育人价值

真实、自然地获取语言。首先,整本书阅读能使学生在真实的阅读情境中自然地应用语言、获取语言,充分感受语言文字在传递丰富情感、描述精彩场景、刻画人物形象方面展现出的强大表现力与美学价值,或在展现逻辑推理过程,表达传递思想观念时展现出深沉严谨的思辨性。其次,整本书阅读是学生积累丰富语言材料的重要途径。心理学家认为,学会了语言和阅读的人,都有一个心理词典。所谓认识一个词,

---

① 赵凌澜.整本书阅读:内涵、价值及其教学关键问题[J].语文月刊,2023(03):43-44.

就是在心理词典中找到了与这个词相对应的词条,并把它激活达到一定的水平。语料丰富的心理词典是学生良好运用语言的基础,整本书阅读有助于扩充并激活学习者的心理词典,学生能够在其中提取相应的语汇并灵活迁移运用到相似的生活情境中。

培育理性自我,提升思维品质。首先,阅读本身就是一个对话的过程,读者与经验、知识更丰富的同伴通过文本实现间接的对话。整本书由大量线性排列、因果逻辑性排布的书面语言构成,在与整本书对话的过程中,读者逐渐形成与之相应的内部言语,形成一种独立而充满理性的思维,逐渐构建起一种"理性自我"。理性自我的形成又反过来促进学习者独立性与批判性等思维品质的提升。其次,思维是智力的核心要素。全面把握整本书的内容,需要读者积极搜集作者、创作背景等基本信息,梳理书中的人物、情节、观点,总结书籍的主要内容、思想和风格。在抽象与概括的思维活动过程中,学生思维的深刻性、敏捷性、灵活性、批判性和独创性品质同时得到提升。

在持续性的体验中学会学习。当读者面对整本的书籍,单一阅读方法不再能"包打天下",学生需要依据阅读目的选择略读、跳读、搜读和精读等不同的阅读方法处理书中的信息,这有助于学生在阅读实践活动中学习并灵活运用多种学习方法,形成一套高效的学习策略。另外,整本书的阅读需要学生积极地调整学习状态,保证自己注意力长时间地集中在学习任务上,耐心地面对暂时无法解决的困难与疑惑,忍受一定程度的单调乏味,并在坚持的过程中逐渐克服困难,从中体会阅读的乐趣。

丰富精神生活,塑造健全人格。整本书阅读对于培养学生自主阅读意识与良好阅读习惯、优化精神生活方式、遇见更美好的自己具有重大意义。书籍是作者写作的成果,其中必定渗透了作者的情感、人生观、价值观,也包含了丰富的文化元素。首先,在阅读的过程中,读者能够通过同化与顺应的心理机制,将自己现有的情感、态度、价值观与书本所提供的经验与观念进行融合,对自己的行为进行评估改进。在深入作者经验、体会书中情感的过程中,读者同样会受到书中所蕴含的文化元素浸润,产生强烈的文化认同感,提升文化素养。其次,健全的人格是通过在实践活动中与自己或他人的冲突、理解与沟通的途径逐渐发展形成的。读整本的书,尤其是阅读经典作品,有利于学生思维方式、情感、人格等方面的发展,有利于其系统性、深层次的自我认知,有利于学生学会恰当地调节情绪、调整心态,进而塑造健全的人格。

(二)跨学科学习

《课标》在遵循新时代对高质量人才培养要求的基础上,将"三维"目标发展为核心素养。课程内容结构进一步体现出"发挥语文学科的育人价值"的要求。跨学科学习任务群立足于学生的语文实践活动,促进多学科知识、分析方法与思维的综合化,适应语文课程育人的价值要求,达到拓宽语文学习领域、综合运用多学科知识、五育融合的效果和目的。

1. 语文跨学科学习的价值

充分发挥"五育融合"的育人优势。"跨学科学习"以任务群为组织形式能够有效促进学生语文能力的提升和素养的全面发展,彰显了"五育融合"的育人理念。目前学校教育在德智体美劳五育方面的具体教学实践中,存在各个学科各行其是的问题,

虽然各育偶有交叉,但缺乏顶层性的整体性设计。例如,语文课程的听说读写能力、数学课程的逻辑运算能力体现的是对"智育"的培养;"德育"则主要是通过思想品德课程对学生的道德修养起导向作用;体育、美育和劳动技术教育则主要通过体育课、美术音乐课、课外实践活动等进行。五育之间尚未达到真正的相互融合和渗透。在语文跨学科学习视野下,"五育融合"观念不仅意味着教学焦点应以语文实践活动为载体,探索课程的多维价值,打破五育之间的壁垒,也揭示着语文跨学科学习作为整合多学科要素的综合性学习方式应以更加丰富的学科理念和内涵协同提升"五育"素养。因此,跨学科学习和"五育融合"的教育理念相辅相成,共同服务于基础教育改革。

助力减轻作业负担,提质增效。语文课程学习内容广泛,涉及听说读写各个方面,包含多种学科知识,如传统文化类的文学作品会涉及历史知识,科普小品和科学家人物传记会涉及数理化知识。在日常教学中,教师事无巨细地对学生进行"全方位"教授,学生尚能掌握其他学科知识,但是当学生自己面对课后作业时,却找不到有力抓手,不知道该如何对知识进行有效整合。"语文味"的跨学科课程不仅是一种全域性的学习方式,更是一种思维方式的转变,不同学科知识之间的融合、渗透有助于学生形成整体性、协同性的知识体系,培养学生思维的思辨性、逻辑性、联想性、创新性,进而提升学生的智力水平。

2. 跨学科学习的特点

立足于语文学科本体。"跨学科学习"是整合两种或两种以上学科的观念、方法与思维方式,以解决真实问题、产生跨学科理解的课程与教学取向。《课标》在跨学科学习任务群中明确指出:"在综合运用多学科知识发现问题、分析问题、解决问题的过程中,提高语言文字运用的能力。"由此观之,跨学科学习任务群要求学生在积累语言文字的基本知识、提高阅读与交流能力、获得文学审美体验、表达个性化理解、提升思维能力的过程中进行多学科知识的有效整合,以解决实践活动中的语言应用问题。语文学科的跨学科任务群教学,首先要牢牢树立语文学科的本位意识,并坚守这个本位。立足于语文学科本位的语文跨学科学习,通过融合不同学科的知识、观念、分析方法,并在阅读、写作、口语交际、综合性活动等语文学习实践中,促进多学科知识的耦合,从而达到提高语言文字运用能力、拓宽语文学习视野的效果。此外,从构建素养型课程目标体系来看,语文跨学科学习能够促进学生逐步形成正确价值观、必备品格和关键能力,能够助力语文核心素养的养成,是课程育人价值的有效体现。

综合性。生活中语言文字运用的现实与情境一定是多元化知识的整合,而不是单个学科知识点的一一对应。因此,跨学科学习对语文与其他课程的交流互动进行了优化,它不但弥补了由于分科而导致的知识割裂,而且着眼于整体学习能力的提高,提升学生的知识迁移能力,促进必备品格的养成。首先,在学习内容选择上,改善各学科在综合过程中深度不足的问题,可以在跨学科学习过程中开展全校综合课程教研活动,师生对重要的学科概念和分析方法进行自主建构与探索。其次,在学习方法上,构建真实学习情境,推动知识整合应用到分析问题、解决问题的过程中,应拓宽语文跨学科学习的应用范围,避免跨学科学习仅仅局限在语文课堂上。

实践性。语文跨学科学习的焦点之一是解决真实生活中的语言运用问题。因此,可以构建语文学习情境,把语言的运用付诸实践活动,彰显"跨学科学习"的实践性。语文学科的实践活动主要包括阅读与鉴赏、表达与交流、梳理与探究三类。在阅读与鉴赏层面,围绕教材各个单元的双线线索,即人文主题和语文要素,组织小组成员开展专题式学习,运用多种形式分享多样化的研读成果。在表达与交流层面,借助多学科分析方法和研究工具,融合个人体验、学科认知和社会实践等多种方式,针对热点问题撰写发言报告,供全班同学讨论交流。在梳理与探究层面,可以结合数学、物理、化学、生物等学科,学习撰写并分享观点明确、条理清晰的调查报告,形成"语文味"的实验数据分析或诊断单。从课程实践性的角度看,应避免跨学科实践只局限在知识层面的整合,而非技能提高的问题。

综合性与实践性。综合性和实践性是语文课程的基本特征,"跨学科学习"在语文学科中可渗透在学生识字与写字、阅读与鉴赏、表达与交流、梳理与探究等实践活动的全过程,是兼顾相关学科素养以及整合多学科学习场域、产生多学科理解的综合体现。

[思考与练习]

1. 结合自身实际教育经历,分析我国语文课程的性质。
2. 分析2022年版课标下的语文课程理念与以往版本课标理念的差异。
3. 思考语文课程应从哪些方面发展学生的核心素养。

[参考文献]

1. 中华人民共和国教育部. 义务教育语文课程标准(2022年版)[S]. 北京:北京师范大学出版社,2022.
2. 郑桂华. 义务教育课程标准中"核心素养"之名与实辨析:以语文课程标准为例[J]. 中国教育学刊,2023(2).
3. 汪潮. 学习任务群"实用性阅读与交流"的解读与建议[J]. 语文教学通讯,2023(2).
4. 管贤强,徐迎梅,王爱华."文学阅读与创意表达"的内涵理解、实施探索与价值追求[J]. 江苏教育,2023(14).
5. 赵凌澜. 整本书阅读:内涵、价值及其教学关键问题[J]. 语文月刊,2023(3).

第二章
小学语文教材分析

[内容提要]

小学语文教材是教师教学的直接依据,是学生学习的重要载体,是中华文化传播的重要媒介。统编小学语文教材采取"人文主题""语文要素"双线组元的形式进行编写,同时关注学生的人文精神涵养和核心能力培育。其中,识字写字部分进一步凸显对学生经验与生活的关注,阅读部分分为精读、略读和课外阅读三个系统,习作与阅读、口语交际相融合,与《课标》中"表达与交流"模块要求相契合。

[学习目标]

1. 了解统编小学语文教材的功能与编制原理。
2. 明确统编小学语文教材的基本特点。
3. 明晰统编小学语文教材的具体内容。

第一节 小学语文教材的功能与基本编排方式

一、小学语文教材的内涵

对"教材"这一概念的界定,有广义和狭义之分。中国大百科全书中认为,广义的教材指"教师指导学生学习的一切教学材料",包括"教科书、讲义、讲授提纲、参考书刊、辅导材料以及教学辅助材料,教科书、讲义和讲授提纲是教材整体中的主体部分"。狭义的教材是"根据一定学科的任务,编选和组织具有一定范围和深度的知识和技能的体系。一般以教科书的形式来具体反映"。简言之,广义的教材是指一切对学科教学有价值的材料,狭义的教材指学科教科书。

具体到小学语文教材,也有广义和狭义两种概念的区别。广义的小学语文教材是指实现语文课程与教学目标,承载、实现语文课程与教学内容的基本材料或媒介系统,是课程标准的具体化,是师生实施课程标准的重要路径,是实现语文课程目标的关键课程资源。狭义的小学语文教材指小学语文教科书,即小学语文课本。

此外，小学语文教材的概念有泛指、特指和专指之分。泛指的小学语文教材，是指一切对小学生的语言文字产生影响的资料，包括书面语言材料和非书面语言材料。

特指的小学语文教材指根据语文教学大纲或课程标准编写的、供师生使用的材料，包括教师的教学指导书、教学参考书，学生的教学软件、选修教材、练习册等，也包括教科书。

专指的小学语文教材指基于我国教育方针和小学生发展特点，经过选择编排好的、适用于教学的、简化了的、系统反应语文学科内容的小学语文教科书，即语文课本。

二、小学语文教材的功能

对于教材的功能，不同的学者提出了不同的观点。法国学者阿兰·肖邦认为，教材具有参照性功能、工具性功能、意识形态功能、文化功能和资料性功能。中国学者顾黄初认为，语文教材具有智慧启迪、语文历练、语言积累、知识扩展四种功能。高吉魁认为，语文教材具有开智、育德、审美、习法四种功能。现行课程标准在教材编写建议中提到，语文教材要"体现时代特点""弘扬中华优秀传统文化""激发学生的学习兴趣，培养创新精神""引导学生掌握语文学习的方法"等。以上每一种观点都有其合理之处，只因审视教材的角度不同，观点也不尽相同。下面，我们立足于语文教学实践，从课程、教师、学生和文化四个层面分析小学语文教材的功能。

（一）小学语文课程内容的载体

我国学者王荣生把语文课程的内容分为三个方面，文化、文学的经典作品，关于语文活动（阅读、写作、口语）、语文对象（语言学、文章学、文学）的知识，具有课程意义的语文经历。无论是课程标准所要求的课程内容，还是学者认为的课程内容，都需要通过一些载体来体现，而小学语文教材就是非常重要的载体之一。

我国的小学语文教材在编写时依据现行课程标准的要求，体现现行课程标准的理念。小学语文教材包括识字与写字、阅读、写话习作、口语交际和综合性学习五大部分，各部分内容的具体选择以学生为中心，以文字学、文章学、语言学知识为基础，呈现经典文学作品，涵盖优秀民族文化，设计语文学习活动，激发学生的思维与兴趣。因此，小学语文教材是语文课程内容的载体，其质量直接影响语文课程标准中目标和理念的落实。

（二）小学语文教师教学的依据

叶圣陶在20世纪40年代就指出："阅读书籍的习惯不能凭空养成，欣赏文学的能力不能凭空培植，写文章的技能不能凭空训练。国文教学之所以要用课本或选文，就在将课本或选文作为凭借，然后种种工作得以着手。"大语文教育观则认为，教师是课程的开发者和设计者，要能够主动开发语文教学资源，不能拘泥于教材。但是需注意，大语文观仍然把教材放到了非常重要的地位。所以，近百年来，语文教师用教材的方法不断发生变化，从传统的教教材走向开放地用教材教，但是至今无法做到脱离教材设计教学。语文教师在教学中要解决"为什么教""教什么""怎么教""用什么教"

几个问题,即教学目标、教学内容、教学方法三大方面的问题。小学语文教材首先解决了语文教师"用什么教"的问题,为语文教学提供了选文和活动素材,其次解决了"教什么"的核心问题,将核心素养分解在一个个主题单元中引发教师思考,再次提示教师如何解决"怎么教"的问题,比如课后练习部分就有教学方式和方法的引导。所以,小学语文教材是小学语文教师开展教学的重要依据。

(三)学生语文学习的凭借

小学语文教材是语文教师的"教本",也是小学生学习语文的"学本"。小学语文教材在编撰的过程中,理应注意遵循小学生的心理认知发展规律,以全面提升小学生的核心素养为重要目的。比如,在进行阅读选文时,小学语文教材选择古今中外文质兼美的作品作为阅读内容,为小学生的书面语言学习提供优秀范例;在内容的组织上,低学段童话、童诗、儿歌占比较多,中高学段故事、散文等占比较多,遵循小学生思维发展规律的同时提供经典文学作品样例;在插图的绘制、文本的装帧上,生动有趣又不失文化意蕴。所以小学语文教材是小学生培养语文学习兴趣、学习语文知识、获得语文方法、提升语文能力、欣赏与传承文化、获得审美体验的重要依据。

(四)优秀民族文化传播的载体

《课标》要求"教材要注意继承和弘扬中华优秀传统文化、革命文化、社会主义先进文化"。我国语文教育研究者倪文锦指出,"在当今世界上,语言都是民族的语言,文字都是民族的文字,任何一个民族的语言文字都不仅仅是一个符号系统或交际工具,而是民族文化的载体"。单从文字方面看,我国的小学语文教材就主要呈现了象形、指事、会意、形声等几种汉字造字法,不仅传扬了我国文字的发展文化,还将中华民族的生活智慧、民俗礼仪等展现了出来。除此之外,我国小学语文教材中还将民俗生活、历史传统、艺术行为等多个方面的民族文化,以经典选文、主题活动、国风插画等多种形式直观表现出来,让小学生体会中华民族文化的源远流长、博大精深,增强民族自信心和自豪感,产生探索民族文化的兴趣。

三、小学语文教材的基本编排方式

小学语文教材的编写序列包括两个方面的内容,一是教材的内容构成,二是教材的单元组合方式。

(一)教材内容编排系统

我国小学语文教材大多以阅读为主,整合听说读写活动,因此小学语文教材主要是以阅读选文为主线架构起来的。小学语文教材的编排内容分为"四个系统":课文系统、辅读系统、练习系统、活动系统。

1. 课文系统

课文系统指根据课程标准规定的选文标准或选文原则所选取或创造的系列文本及文本组合方式与相互关系,不包括导语、旁白、注释及课后习题等内容。换言之,课文系统是由一篇篇的具体文章构成的。就文体而言,小学语文课文系统涉及诗歌、散文、小说、说明文、应用文等多种文体;就题材范围来看,小学语文的课文选材广泛,新

颖,有自然风光、学校生活、幻想世界等,与小学生的日常生活和心理成长经验密切相关,兼采古今中外文质兼美的经典作品,拓宽他们的视野;就语体特点看,小学语文课文有白话语体、文言语体,谈话语体、书面语体,文艺语体、科学语体等多种风格的文章。

2. 辅读系统

教材助读系统,也称助学系统或导学系统,是指教材中帮助学生阅读课文的一系列材料。辅读系统又分为文字类辅读系统和图画类辅读系统。文字类辅读系统又包括注释类、附录类和提示类,注释类辅读系统主要涉及题注、作者介绍、选文出处、字词解释、人名、地名、书名、生字注音等,附录类辅读系统主要有课后资料袋、阅读链接等形式,提示类辅读系统主要有单元导语、课文连接语、吐泡泡等形式。图画类辅读系统,又叫教材插画。这里的插画包括课文中的插画和其他部分的插画。小学语文教材尤其是中低学段教材中的插画比较多,目的在于引起学生注意,激发学生学习兴趣;具化形象,解释文字意义;训练语文综合能力;提升审美能力和促进价值观形成。

3. 练习系统

练习系统也称"作业系统",是按照一定目标有计划设计的语文训练方案或题目。练习的设计既有利于学生完成语文学习任务,帮助他们掌握语文知识,提升语文能力,也有助于教师评估教学效果,促进教学方式和方法的创新与变革。练习系统的设计应该尽量让学生在特定的语言情境中进行练习,要善于把抽象的训练任务转化成具体的操作行为与步骤,方便学生理解和实践,要注意记忆性练习、理解性练习和应用性练习的比例分配与难度的逐步提升。

4. 活动系统

活动系统整合了听说读写等活动,包括综合学习、口语交际训练、写作训练等。活动系统突破文本限制、课堂限制乃至学科限制,贴近学生的生活经验,设计丰富多彩的语文活动,让学生在主动参与的过程中实践语文、体验生活,获得知识、提高能力。

(二) 教材单元组织形式

教材的单元组织形式是指教材组织、编排单元内容的分类标准。语文教材的基本单元组织形式有三种:文体组元、能力组元和主题组元。

1. 文体组元

文体组元主要是指按照一般的文体分类,将课文系统分成记叙文、说明文、议论文单元,小说、诗歌、戏剧单元等。这一组元方式的优势在于:有利于增强学生的文体意识,让其在学习过程中对每种文体的特征清晰明了,有助于学生开展不同文体作文的写作。但是这种组元方式存在两个问题:其一,对文体的划分尚存一定争议,按照文体划分单元给教材的编撰工作带来诸多困难,教师在教学中也易陷入不确定性的矛盾中,对学生的学习产生负面影响。其二,按照文体划分单元,每个单元内容相对单一,不利于激发学生兴趣,也很难区分不同文体之间的逻辑关系。

2. 能力组元

能力组元是指将语文能力分解成若干要素或要点,以能力要素为主要线索组织

教材各单元的内容。这种组元的优势在于：语文能力要点明确、清晰，不同单元之间的能力形成螺旋上升的有序组合，有利于对学生开展训练活动，能改善知识中心、文本中心的教学观念和行为。这种组元的不足之处在于：语文能力的构成错综复杂，当前每种能力中所包含的要点还未形成有序、有逻辑的系统，尚待深入研究；以能力为主线，势必造成单元编排的过程中人文情怀的缺失，对学生的情感态度与价值观养成观照不足等问题。

3. 主题组元

主题组元是指以学生的生活经验、理想信念、思想情感、价值观念等精神成长因素为依据，确立"主题系统"，围绕特定主题组织教材内容。主题组元的优势在于：能够更多地关注学生的实际生活、学习兴趣，有利于激发学生的学习兴趣，有利于教学情境的创设，使教师教学设计有更多的自主空间。主题组元的不足之处在于：重点关注人文因素，容易导致对语文的文体、知识、能力的关注度不够；主题组元的主题仅仅是大致的人文导向，并不是确定的教学内容，教师在开发教学内容方面拥有了更多弹性空间，但是由于不确定性较大，对于教学水平一般的教师而言难度较大，易导致教学质量差异较大的现象。

第二节　小学语文教材的编排特点

一、"语文要素"与"人文主题"双线组元

现行统编小学语文教材，以"双线组元"的思路来设计教学单元，一条线是人文主题，另一条线是文体和核心素养等要求。

人文主题相对宽泛。每个单元以一句格言或者诗句为导语，用比较灵活的方式把单元的人文主题标示出来。教师备课时可先琢磨导语的含义，结合单元的课文把握单元的人文主题。主题比较宽泛，只是给出了大致的指向，保证语文教师解读文本时一定的自主性和开放性。比如，三年级上册第二单元导语写着"金秋的阳光，洒在树叶上，洒在花瓣上，也洒在我们的心上"，结合课文，我们可以理解这个单元的人文主题就是"金秋时节"；第七单元导语写的是"大自然赐予我们许多珍贵的礼物，你发现了吗"，我们可以理解为人文主题是"我与自然"。也有一些单元的人文主题不那么集中和明显，或者只在单元首页标示与人文性关联不是特别强的一两句话。比如三年级上册第四单元首页标示的是"猜测与推想，让我们的阅读充满了乐趣"，这是侧重读书方法的；第五单元的导语是罗丹的一句话"生活中不缺少美，只是缺少发现美的眼睛"，这是侧重写作策略的，不过，这个单元同样也有自己的主题要求，需要教师结合课文内容指向去归纳确定。

表 2-1　三年级上册：主题与语文要素

单元	主题	阅读要素	习作要素
一	学校生活	阅读时，关注有新鲜感的词语和句子	体会习作的乐趣
二	金秋时节	运用多种方法理解难懂的词语	学习写作文
三	童话世界	感受童话丰富的想象	试着自己编童话，写童话
四	阅读策略（猜想）	一边读一边预测，顺着故事情节猜想。学习预测的一些基本方法	尝试续编故事
五	习作单元（留心观察）	体会作者是怎么留心观察周围事物的	仔细观察，把观察所得写下来
六	祖国河山	借助关键语句理解一段话的意思	习作的时候，试着围绕一个意思写
七	我与自然	感受课文生动的语言，积累喜欢的语句	留心生活，把自己的想法记录下来
八	美好品质	学习带着问题默读，理解课文的意思	学写一件简单的事

表 2-2　三年级下册：主题与语文要素

单元	主题	阅读要素	习作要素
一	可爱的生灵	试着一边读一边想象画面。体会优美生动的语句	试着把观察到的事物写清楚
二	至理寓言	读寓言故事，明白其中的道理	把图画内容写清楚
三	传统文化	了解课文是怎么围绕一个意思把一段话写清楚的	收集传统节日的资料，交流节日的风俗习惯，写一写过节的过程
四	观察与发现	借助关键语句概括一段话的大意	观察事物的变化，把实验过程写清楚
五	习作单元（想象）	走进想象的世界，感受想象的神奇	发挥想象写故事，创造自己的想象世界
六	多彩的童年	运用多种方法理解难懂的句子	写一个身边的人，尝试写出他的特点
七	奇妙的世界	了解课文是从哪几个方面把事情写清楚的	初步学习整合信息，介绍一种事物
八	有趣的故事	了解故事的主要内容，复述故事	根据提示，展开想象，尝试编童话故事

　　语文要素螺旋上升。在关心学生人文精神成长的同时，统编小学语文教材非常关注如何扎实有序地提升小学生的核心素养，如何有效指导教师的教和学生的学，让语文教材成为更有价值的教学材料。教材以素养为核心，凝练了若干语文要素，先从整体上把素养分成四大类语文要素：必备的语文知识、基本的语文能力、适当的学习策略、良好的学习习惯。每类要素又从易到难分成小的要素点，所以语文要素在小学语文教材中呈现点状化、序列化和发展性的特征。例如，围绕课程标准中"初步把握

文章的内容"这一基本能力,小学语文教材的阅读要素分布如下:

表2-3 不同年级之间阅读要素的关系(部分)

小学中学段阅读能力之一	阅读要素	单元分布
初步把握文章的内容	借助关键语句理解一段话的意思	三年级上册第六单元
	学习带着问题默读,理解课文的意思	三年级上册第八单元
	读寓言故事,明白其中的道理	三年级下册第二单元
	了解课文是怎么围绕一个意思把一段话写清楚的	三年级下册第三单元
	了解课文是从哪几个方面把事情写清楚的	三年级下册第七单元
	了解故事的主要内容,复述故事	三年级下册第八单元

由表2-3可以看出,统编小学语文三年级教材中的语文要素是围绕课程标准中的课程目标设定的。围绕素养的一个方面分解出的各个素养呈点状分布在不同的教学单元中,以阅读要素或者写作要素的形式呈现出来。这些要素的分布是有一定顺序的,随着学生经验的积累和能力的提升,要素完成的难度越来越高、深度也不断增加,后面要素的出现以前期要素为基础,为更高级的要素作铺垫,所以不同单元之间的要素呈现出序列化和发展性,形成了螺旋上升的要素结构。这样系统、明确的要素线索,形成了贯穿全部教材的主要脉络,让知识和能力的脉络更加清晰,帮助学生获得正确的学习策略、建立良好的学习习惯,对教师而言也有较强的可操作性。

二、"精读""略读""课外阅读"三位一体的阅读体系

统编小学语文教材在阅读教学方面做出了很大的改变,从以往的精讲精读转向教读、自读、课外阅读相结合的教学体系。精读是对读物进行全面而细致学习的一种阅读学习方法。从理解字、词、句、段的表层意义到品味字、词、句、段的深层意义,从理清读物的思路到把握读物的思想内容,从评价文章的表达技巧到领悟作者的思想感情和创作意图等。精读课主要是老师教,一般要求讲得比较细、比较精,功能是举例子,给方法,举一反三,激发读书兴趣。略读课文的三个关键词就是"粗略""自主""应用"。这里的粗略,不同于叶圣陶先生所讲的"粗读",更多地是指教师在教学指导方面相对"粗略",以学生"练"为主。学生从精读课中得到了种种经验,应用这些经验,自己去读长篇巨著以及其他的单篇短章,不再需要教师的详细指导,这就是"略读"。就教学而言,精读是主体,略读是补充;但就效果而言,精读是略读的准备,略读是精读的应用,所以要求教师在教精读课文时要让学生大胆假设,并在阅读过程中验证自己的假设,然后在略读课文中通过这种方法进行自主阅读。"三位一体"即是教师在教学过程中把单元看成一个整体,教读课文是略读课文、课外阅读的基础,这个转变是为了改变学生读书少的状况,不能再只是机械地分析课文,不教给学生阅读的方法。教师要发挥"和大人一起读"的作用,积极与家长进行沟通,让家长陪伴孩子一起阅读,真正实现亲子阅读。

三、设置特殊单元，实施专项突破

从表2-1、2-2看，三年级上册第五单元、下册第五单元是习作策略单元，分别让学生在写作中学会"留心观察""想象"，此后每册教材中都有习作单元，此外三年级上册第四单元为阅读策略单元，旨在让学生学习在阅读中"预测"的方法，三年级下册第三单元"传统文化"主题，是综合性学习单元。这些特殊单元在小学语文教材内容中的具体分布如图2-1所示。

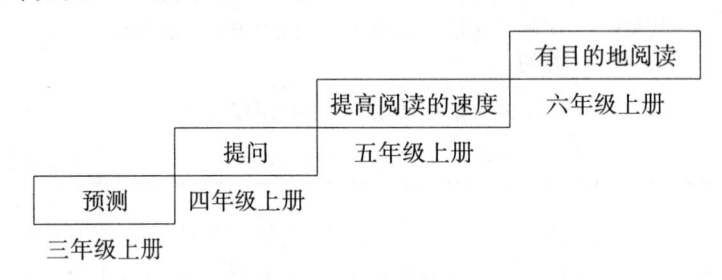

```
                                        有目的地阅读
                            提高阅读的速度    六年级上册
                    提问    五年级上册
          预测    四年级上册
三年级上册
```

图2-1 阅读策略单元的目的

阅读是一种从书面符号中获取意义的心理活动，是语言与思维相互作用的过程。阅读策略是阅读主体在阅读过程中，根据阅读任务、目标及阅读材料的特点等因素所选用的促进有效阅读的规则、方法和技巧。学生掌握一定的阅读策略，再具备足量的课外阅读，才能逐渐成为卓越的阅读者。在整个小学语文教材中，学生从学习预测，成为主动的阅读者，到学习阅读中提问，成为开始独立思考的阅读者，再到有意识地提高阅读速度，成为熟练的阅读者，最后能够有目的地阅读，努力成为自主的个性化的阅读者，循序渐进、不断成长。具体到每个阅读策略单元又分为导语、精读课文、略读课文、交流平台四个部分，学生在整个单元的学习中，围绕阅读策略这一核心目标，经历导入期待—学策略—用策略—梳理总结四个阶段。

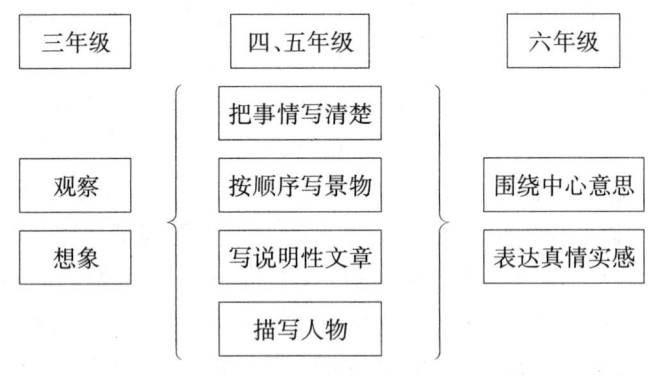

```
三年级        四、五年级         六年级
              把事情写清楚
观察          按顺序写景物      围绕中心意思
想象          写说明性文章      表达真情实感
              描写人物
```

图2-2 习作单元的要求

习作单元又是统编小学语文教材的一大创新。以往的语文教学，阅读教学承担了语文教学80%以上的任务，包括听说读写，但是事实上，教师在阅读教学中主要让学生用读的方法品词赏句悟文意，很少会分出时间专门讲写作教学。教材将写作单元专门列出，为习作教学分配了更加充足的时间，在《课标》的基础上对关键的习作能

力做出了有序的要求和指导。每个习作单元又分为单元导语、精读课文、交流平台、初试身手、习作例文、习作六个部分,让学生经历习作期待—精读中学会表达方法—归纳梳理,提炼方法—初步尝试运用—进一步感知方法—形成单元学习成果的阶段,遵循习作技能的基本认知规律,步步深入,习得新的习作技能。

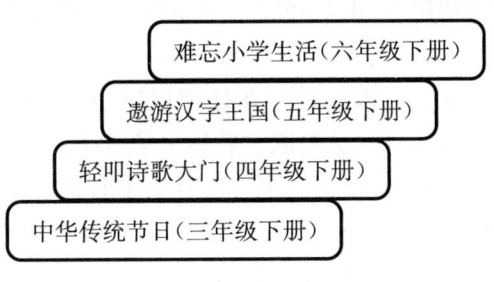

难忘小学生活(六年级下册)
遨游汉字王国(五年级下册)
轻叩诗歌大门(四年级下册)
中华传统节日(三年级下册)

图 2-3 综合性学习单元的内容

之前语文的综合性学习都是以单元练习的形式出现的,没有得到应有的重视,大多数语文教师并没有真正带领学生开展过综合性学习活动。统编小学语文教材则在不同年级分册中专门设置了综合性学习单元,使得综合性学习的地位得到了质的提升,对小学生提升学习语文的兴趣、感知语文课程的实践性有重要意义。小学阶段共有四个综合性学习单元,分别关于传统节日、诗歌、汉字文化、小学生活,重点关注中华优秀传统文化,同时贴近学生生活。综合性学习单元,在导语中明确任务,然后围绕话题给出两次活动提示,最后以口语交际和习作等方式展示综合性学习成果,用多种活动方式让学生感知语文与生活、其他学科之间的联系。

四、注重中华传统文化教育

统编小学语文教材依据学生的发展实际,选取多种形式渗透传统文化教育,包括课文、日积月累、综合性学习、书写提示、阅读链接、插画等。在内容上,包括蒙学、读物、汉字文化、古诗、文言文、古代寓言、神话传说、历史人物、古代科技、节日礼俗等,内容丰富且覆盖面广,对于引导学生感受传统文化精神内涵、提高审美能力不无裨益。统编小学语文教材蕴含的精神涵养有利于引导学生形成正确的价值观念,如一年级上册语文园地中就编入《风》等古诗,以及名言和谚语,让学生从小就接触较多的古诗篇目。小学生价值观还未定型,而中华优秀传统文化蕴含的仁爱、礼仪等内容有利于培养学生正确的价值观。因此,统编小学语文教材从一年级开始编入中华优秀传统文化内容,旨在使学生从小受到经典文化的熏陶,成长为独具文化气韵的个体。

第三节 小学语文教材的内容

统编小学语文教材借鉴了以往教材编写和教学改单的优秀成果,呈现出新的特点。统编教材主要分为识字与写字、阅读、写话习作、口语交际、综合性学习五个部分,与《课标》中学段目标规定的"识字与写字""阅读与鉴赏""表达与交流""梳理与探

33

究"本质上是相统一的。阅读部分教材和"阅读与鉴赏"板块的要求相对应,"写话习作""口语交际"和"表达与交流"相对应,"综合性学习"则与"梳理与探究"相对应。

一、识字与写字内容

识字与写字教学包括拼音、识字和写字三个部分。拼音教学主要集中在小学一年级。

拼音和识字的关系处理。以往教材在处理识字与拼音的关系上主要有两种方式:一是先学汉语拼音后识字,一是先识字后集中学习汉语拼音。前者如之前的人教版教材,从第3课学习声母开始出现汉字。后者如之前北师大版的教材,先安排7课识字课文,再学习汉语拼音,同时进行识字。统编小学语文教材在入学教育以后,第一篇识字课文,就是"天、地、人、你、我、他"六个大的楷体字扑面而来,给刚入小学的学生留下了深刻的印象,接下来是"金、木、水、火、土""云对雨,雪对风",来源于传统蒙学教材,韵味十足,趣味性较强。如此安排识字教材的内容,旨在让孩子们认识到汉字是"天、地、人",不是"字母a,o,e",同时明确拼音只是辅助学汉字的工具,不是目的。拼音学习之后,仍然有大量的认字任务,也就是说,学拼音就是帮助认字,不能代替认字。

统编小学语文教材对拼音内容处理遵循小学生的认知规律,有三个主要特点:① 拼音教学与识字教学结合起来,学拼音结合识字,彼此融通。比如从拼音第4课开始,就出现了注音儿歌朗读和认识儿歌中的生字"马""土""不",拼音第8课开始出现了识记注音儿歌中生词"擦桌子""折纸"的任务。利用汉字朗读促进拼音学习,利用拼音初步识字,旨在提高拼音和识字的效率。② 注重拼音教学和学生实际生活的联系。每一个拼音字母的学习都和小学生实际生活密切相关,包括水池、树木、房屋、汽车等。以拼音第五课"g,k,h"为例,出现小女孩渴了要喝水的画面,一只鸽子在小女孩身旁飞翔,所有声母的发音都在熟悉的生活场景内,易学易记。③ 多采用图画、儿歌的形式增强直观性和趣味性。如"j,q,x"的学习,配了一个小女孩拿着气球,旁边切开了一个大西瓜,一只母鸡在追蝴蝶的生动场景,之后又出现了儿歌《在一起》:"小黄鸡,小黑鸡,欢欢喜喜在一起,刨刨土,捉捉虫,青草地上做游戏。"教材通过直观画面激发学生兴趣,又通过儿歌帮助学生巩固新学习的音节。

就识字顺序来看,统编小学语文教材的设计比较严谨、科学。小学一年级上册入学之后,首先认识六个字"天、地、人、你、我、他",从常见程度上看,这些应该都是高频字,生活中和口语中都很常见,小学生大多已经认识;从笔画数量上看,前三个字笔画少,后面几个字笔画多,由简及繁,由易到难;从内容上看,蕴含着丰富的中国传统文化和人生哲理,天地人本为一体,构成灵动的生活世界,人立足天地间,胸中有天地方能称之为大写的"人",而人又指"你我他",是全体社会人。在汉字的学习顺序上,温儒敏教授赞同周有光先生提出的"汉字效用递减率"。他指出,使用频率最高的1 000个汉字,使用覆盖率达到90%,再增加1 400字,合计2 400字,覆盖率为99%,增加至3 800个字,覆盖率达99.9%。统编教材要求一年级上册会认300字,会写100字,一年级下册要求认400字,会写200字,二年级上册会认450字,会写250

字,二年级下册会认 450 字,会写 250 字,低学段学生共计要会认 1 600 字,覆盖了 90%以上的高频字,保证了学生的阅读需求。

就识字方法看,统编小学语文教材有效吸收了多种识字教学研究的成果,呈现了多种识字方法。① 利用韵文促进识字。教材中出现了三字经"站如松,坐如钟",对韵歌"云对雨,雪对风"等,儿歌《小白兔》《月儿弯弯》等,绕口令"四是四,十是十"等多种形式的韵文帮助小学生识字。② 图画和实物直观帮助识字。比如,"口耳目"等生字后面的插图,有三个孩童,一个张手侧耳听蝴蝶声,一个手指花朵在张口赞,一个闭口微笑耐心听,三个生字分别分布于孩童的嘴巴、耳朵和眼睛旁,直观生动,且画中场景与孩子的生活实景高度相似,易引发其心理共鸣。③ 字理识字。字理识字法既渗透了中华民族的文字文化,又可以激发学生识字的兴趣和对民族传统文化的好奇心。教材在"日月水火"一课中出现了汉字造字法——象形文字;在"日月明,田力男。小大尖,小土尘"一课中出现了会意字;之后又在语文园地中呈现形声字,帮助学生集中识字。当然,识字教材中还有其他的识字方法,教师要在教学中恰当运用。

二、阅读内容

从阅读内容与学生核心素养的统一性看。义务教育阶段语文课程标准明确提出语文课程要立足于学生核心素养的培育。统编小学语文教材在阅读选文及其课后练习提示中不断丰富学生的言语经验与良好语感,提升学生阅读与理解的能力,促进学生的学习方法与策略的掌握,从选文的内容和课后习题的提示均可看出,如下:

四年级上册《爬山虎的脚》课后练习

1. 朗读课文,说说从哪些地方可以看出作者的观察特别仔细。
2. 朗读课文,填一填,说一说爬山虎是怎样爬的。
   茎上伸出六七根细丝→(　　　)→(　　　)
3. 找出课文中你觉得写得准确、形象的句子,抄写下来。

六年级上册《开国大典》课后练习

1. 默读课文,体会新中国成立时人们自豪、激动的心情。想想群众从入场到游行结束,课文写了哪几个场面,连起来简要说说开国大典的过程。
2. 读读写阅兵式的部分,说说课文是怎么描写这个场面的。
3. 课文字里行间传达出的热烈、庄严的气氛。再从课文中找出这样的句子,在旁边做批注,和同学交流。

《爬山虎的脚》重点让学生体会文章准确生动的表达,感受作者连续细致的观察,而《开国大典》则重在让学生了解文章是怎样点面结合写场面的,明确指向语言建构与应用。此外,对学生阅读鉴赏能力的培养、思维方法的训练、传统文化的浸润在教材中也同样不鲜见。由此可见,统编小学语文教材对核心素养的重视贯穿于整个小学阅读教材内容中。

从阅读选文的组成形式看。统编小学语文教材阅读教材呈现精读—略读—课外

阅读"三位一体"的结构。上文对此已做了详细介绍，在此不做赘述。需要注意的是，这种阅读组织形式是对传统阅读能力习得方式的一种"拨乱反正"。因为以往教材精读课文精讲，略读课文选讲或粗讲的理念，让学生认为阅读能力的习得主要从精讲课文中来，略读课文可以选读或不读。新教材的"三位一体"阅读体系明确指出，对于精读课文，教师引导学生咬文嚼字；而对于略读课文，教师教方法，以学生为主进行阅读；对于课外阅读，家长参与，学生自主阅读。一方面重视家长在课外阅读中的引导；另一方面明确了学生自主阅读的重要性，即学生才是阅读的主体。

从特色阅读内容看。统编小学语文教材设置了四个"特色单元"，主要有四类：批注单元、诗歌单元、长文章单元、名著单元。四年级上册第六单元为典型的"批注单元"，包括《牛和鹅》《一只窝囊的大老虎》《陀螺》三篇课文和交流平台。在《牛和鹅》一课中，学生学习批注：结合课文中的批注，想想可以从哪些角度做批注，和同学交流；在《一只窝囊的大老虎》一课中，学生自主批注：默读课文，在你不理解的地方做批注，和同学交流；在《陀螺》一课中，学生处理批注：默读课文，在你体会比较深刻的地方做批注，利用批注理解课文；在交流平台中，学生总结批注：梳理批注的不同角度，交流批注的方法，利用批注理解文章的内容，丰富自己对文章的理解。四年级下册第三单元是"诗歌单元"，由选自冰心《繁星》的三首小诗、艾青的诗歌《绿》、苏联诗人叶赛宁《白桦》、戴望舒《在天晴了的时候》四篇现代诗歌组成。让学生通过对国内外名家现代诗歌的阅读，体会诗歌的韵味；感受诗歌的想象；品味诗歌的意境；体会诗歌的情感；揣摩诗歌的语言。"长文章单元"重点是要指导学生快速默读课文，学会选择恰当的阅读方法与策略，强化学生的阅读主体地位，为学生终身阅读能力的形成打下基础。"名著单元"，如五年级下册第二单元，分为四个名著选段《三国演义（现代改写）》《水浒传（原文）》《西游记（原文）》《红楼梦（原文）》，从改编的原著走向原著片段的阅读，课后提供故事的背景，激发学生去阅读整本书，对学生开展"整本书阅读"的意义重大。

三、写话习作内容

注重口语交际与习作的关联，实现从说到写的平稳过渡。同一单元设计同类话题，如口语交际主题为"自我介绍"，同单元习作主题为"我的'自画像'"，口语交际主题为"我们与环境"，同单元习作主题为"推荐一个好地方"，口语交际主题为"讲民间故事"，同单元习作主题则为"缩写故事"。说写结合减轻了学生直接习作的心理负担，尊重了儿童现有的表达水平，激发并保护了学生表达的兴趣和自信心。

注重随文练笔与习作的互补，实现由读到写的自然衔接。读写结合是中国语文教学的宝贵经验。阅读是吸收，写作是表达，两者相辅相成。读中学写，以读促写，以写促读，能有效地提高核心素养。写话习作模块由写话练习（第一学段）、课后小练、单元习作、习作单元几个部分构成。一至三年级，课后习题中的运用句式仿写，只写一两句话，语文园地还有词句段运用练习。四至六年级，设置专题小练笔，小练笔与大作文大小结合，长短结合，有机相融，优势互补，实现了读与写的自然衔接。

注重阅读理解与语言表达的均衡，实现读中学写的特定指向。从三年级开始，每个学期设置一个习作单元,习作能力发展为主线组织单元内容。这种教材组织形式改变了传统的完全以阅读为中心的编排体系,在重视培养阅读理解能力的同时,引导语文教学更加关注表达,加大语言表达力度,特别是书面表达在教科书内容中的比重,达到阅读理解和语言表达在内容上的均衡,改变多年来语文教学实践中重阅读轻习作的状况。习作单元的精读课文不同于常规课文,直接指向表达。另有交流平台、初试身手、习作例文、单元习作四个部分,循序渐进地提升学生写作能力。

表 2-4 统编习作单元要素

册次	内容	习作要素
三上	观察	仔细观察,将观察所得写下来
三下	想象	发挥想象,编故事,创造自己的想象世界
四上	记事	写一件事,把事情写清楚
四下	写景	学习按游览的顺序写景物
五上	说明	把某一种实物介绍清楚
五下	写人	初步运用描写人物的基本方法,尝试把一个人的特点写具体
六上	围绕中心意思写	从不同方面或选取不同事物,表达中心思想
六下	表达情感	选择合适的内容写出真情实感

注重表达序列与能力渐进的交融,实现自主表达的明确目标。统编小学语文教材习作内容主要从能力维度来设计编排,有内在的系统性和序列性,习作要求渐次提高,习作能力螺旋发展,最终实现自主表达的目标。习作篇目共 62 篇,其中状物 7 篇、写景 5 篇、记事 15 篇、应用 14 篇、想象 12 篇、写人 8 篇、自主表达 1 篇。由此可知,教材重视写实类习作,落实课程标准要求语文"服务于解决现实生活的真实问题"的要求;重视描写、叙述、说明等基本表达能力的实践;想象类习作篇目较多,体现了课程标准中"鼓励写想象中的事物"的意图,加强学生的想象力与创造性思维的培养。在习作教材的编写方式上,对学生的引导非常明确。以三年级习作主题"猜猜他是谁"为例,首先"创设活动情境,提出习作任务",然后提供表达样例"他的头发……""她特别爱美……"接着提示习作的格式和展示交流建议"写的时候注意开头空两格。写好后,和同学交流……"

四、口语交际内容

(一)建构目标体系,明确每次交际活动的目标

根据《课标》要求,口语交际主要包括倾听、表达和应对三个方面,小学教材又具体到围绕倾听、表达和讨论、交际素养四个维度的能力进行目标设计,各方面目标随着学生认知和经验的积累循环提升,操作方面明确,凸显了口语交际提升策略的指导,具体体现如下:

表达

三年级 说清楚
- 说清楚看法和理由。
- 运用合适的方法讲述。

四年级 有主题，说完整
- 围绕话题发表看法，不跑题。
- 用卡片提示讲述内容；不遗漏主要信息。

五年级 有依据，有条理
- 选择恰当的材料支持自己的观点。
- 分条讲述，按顺序讲。
- 根据记录有条理地表达。

更丰富，更灵活
- 丰富故事的细节。
- 根据听众的反应，对讲解的内容做调整。

图 2-4　不同年级口语交际中的表达目标

倾听

三年级 听懂
- 能了解讲话的内容。
- 边听边思考，想想别人讲的是否有道理。

四年级
- 判断别人说的话是否与话题有关。
- 根据讨论的目的记录重要信息。
- 听清要点。

五年级 边听边记
- 听人说话能抓住重点。
- 在交流时能边听边记录。
- 用心倾听，做一个好的听众。

图 2-5　不同年级口语交际中的倾听目标

讨论

三年级
- 汇总小组意见，尽可能反映每个人的想法。

四年级
- 围绕话题说。
- 分类整理小组意见，有条理地汇报。

五年级
- 发言控制时间。
- 主持讨论。
- 讨论后小结。

图 2-6　不同年级口语交际中的讨论目标

交际素养

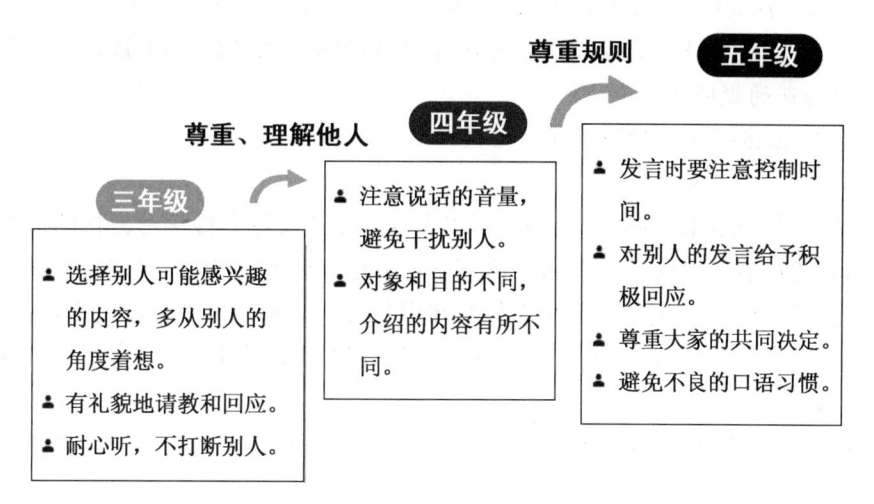

```
                                    尊重规则      五年级
          尊重、理解他人    四年级
  三年级
                  ■ 注意说话的音量,    ■ 发言时要注意控制时
                    避免干扰别人。        间。
  ■ 选择别人可能感兴趣  ■ 对象和目的不同,    ■ 对别人的发言给予积
    的内容,多从别人的    介绍的内容有所不      极回应。
    角度着想。            同。                ■ 尊重大家的共同决定。
  ■ 有礼貌地请教和回应。                      ■ 避免不良的口语习惯。
  ■ 耐心听,不打断别人。
```

图 2-7 不同年级口语交际中的交际素养目标

（二）精选交际话题,在真实的情境中发展能力

口语交际话题贴近学生生活,类型多样,主要分为功能类、交互类和独白类。功能类话题主要有"安慰""转述"（四年级）,"制定班级公约""我是小小讲解员"（五年级）,"演讲""辩论"（六年级）；交互类话题主要有"我们与环境""爱护眼睛,保护视力"（四年级）,"父母之爱""走进他们的童年岁月""我们都来演一演"（五年级）,"请你支持我""意见不同怎么办"（六年级）；独白类话题主要有"讲历史人物故事""自我介绍""说新闻"（四年级）,"讲民间故事""我们都来讲笑话"（五年级）,"聊聊书法""即兴发言"（六年级）。话题从学生的班级、家庭、学校和周围环境中来,紧密结合学生的经验,容易激发学生的兴趣。同时每个单元的交际话题,都与单元的主题有一定关联性,这样阅读教学为学生口语交际提供了一定的素材和经验,口语表达是阅读教学的拓展实践,实现了二者的有机衔接。

五、综合性学习内容

现行语文课程标准指出,综合性学习主要体现为语文知识的综合运用、听说读写能力的整体发展、语文课程和其他课程的沟通、书本学习与实践活动的紧密结合。

小学语文综合性学习教材的内容要凸显学科性、综合性、实践性三个特点。这里的综合性学习内容具有明显的学科特点,最终目的是促进学生语文综合素养的提升。如统编小学语文教材的五年级综合性学习单元"遨游汉字王国"和六年级综合性学习单元"难忘小学生活",从主题名称上看,"遨游汉字王国"与语言文字的学习紧密相连,学科性特别突出,"难忘小学生活"主题名称学科性不是特别明显,但是具体到教材给出的活动任务就可以看出学科特征,每个阶段任务的最终表现形式分别是交流、阅读、搜集素材、写作,紧紧围绕着语文方法与能力要求设计。

"难忘小学生活"综合性学习

1. 回忆往事。填写时间轴,分享难忘回忆,制作成长纪念册。
2. 阅读材料3篇(2篇为关于小学生活的回忆性记叙文,1篇为如何制作纪念册的说明文)。
3. 依依惜别。撰写毕业活动策划书。

从这一单元的综合性学习活动也可以发现小学语文综合性学习教材的综合性和实践性,首先综合了听说读写等多种语言学习方法和表现形式;其次在制作成长纪念册时又超越语文学科,利用了美术学科的知识与技能。实践性则更加突出,活动内容从学生生活实践中来,应用到生活实践中去,活动过程全部需要学生运用自己的经验亲自操作、体验。

在内容呈现方式上,统编小学语文教材采用"小综合"与"大综合"相结合的方式。

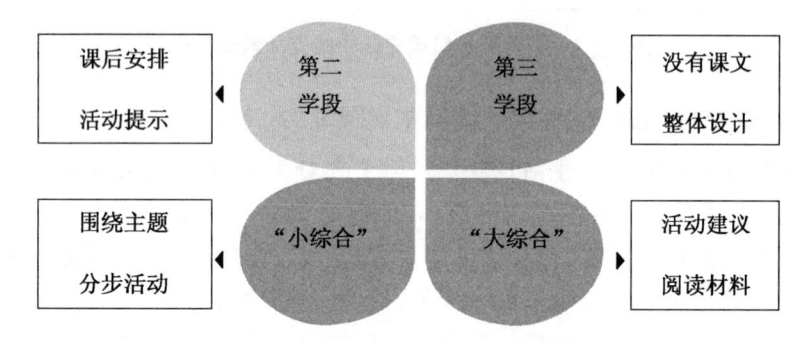

图 2-8 综合性学习单元教材编排方式

三、四年级为"小综合"性学习,单元中先安排有精读课文和略读课文,精读课文之后安排两次小的活动,最后在四篇阅读课文结束之后再进行一次总结性的综合性学习活动和成果展示。在第二学段,以课后练习的形式安排小活动,综合性学习材料的阅读和学生具体活动的开展是在相关的阅读课文深入学习之后,学生有了一定的认知基础,难度不大。另外,一次主题活动分成3个时间段持续完成,给学生的准备时间比较充分,便于资料的搜集和整理。

表 2-5 "小综合"单元内容构成示例

三年级上册综合性学习"中华传统文化"
单元要素: 1. 了解怎么围绕一个意思把一段话写清楚。 2. 搜集传统节日的材料。 3. 交流节日的风俗习惯。 4. 写一写过节的过程。
古诗三首:《元日》《清明》《九月九日忆山东兄弟》 活动提示1:让我们开展一次综合性学习活动,了解我国有哪些传统节日,节日里有哪些习俗。小组商量用哪些方式了解节日,用什么方式记录。(提示:询问长辈并用表格记录)

(续表)

精读课文：《纸的发明》 活动提示 2：组间交流小组之前开展的活动，了解了哪些传统节日；整理搜集到的资料，小组再商量准备怎样展示活动成果，还可以补充哪些资料。
精读课文：《赵州桥》 略读课文：《一幅名扬中外的画》
综合性学习：中华传统节日 1. 选一个传统节日，写一写过节的过程。 2. 展示活动成果。（讲故事，展美食，诵古诗，演情景等）

到了五、六年级，综合性学习从阅读教学中独立出来，自成一个主题单元，即"大综合"。在综合性学习单元中，没有阅读课文做先导，而是直接出示活动任务，在 2 个活动任务和建议后面分别给出 5 个阅读材料，阅读材料的形式多样，有长有短，有文字，也有单纯的图片材料，目的在于给学生以成果展示的范例。到了这个阶段，教师的地位再次弱化，仅作为活动的点拨者和协助者存在，一切以学生为主。

表 2-6 "小大综合"单元内容构成示例

五年级下册第三单元　遨游汉字王国
单元语文要素： 1. 感受汉字的有趣，了解汉字文化。 2. 学习搜集资料的基本方法。 3. 学写简单的研究性报告。
活动 1：汉字真有趣 活动建议：1. 搜集或编写字谜，开展猜字谜活动。2. 查找体现汉字特点的古诗、歇后语、故事、春联等材料，和同学交流，办一次趣味汉字交流会。（提示方式：图书、网络、他人） 阅读材料： 1. 字谜七则 2. 门内添"活"字 3. 有趣的谐音 4. "枇杷"和"琵琶" 5. 有趣的形声字
活动 2：我爱你，汉字 活动建议：1. 搜集更多的材料，围绕汉字的历史或汉字书法，选择感兴趣的内容写一写。2. 调查社会、学校用字不规范的情况。 阅读材料： 1. 汉字字体的演变 2. 甲骨文的发现 3. 书法欣赏 4. 制定国家通用语言法的必要性 5. 关于"李"姓的历史和现状的研究报告

[思考与练习]

1. 怎么理解"教教材"和"用教材"的关系？

2. 尝试梳理一个学段语文教材的内容，举例分析统编小学语文教材的基本特点。

3. 小学语文教学中，如何发挥好教材的功能？

[参考文献]

1. 中华人民共和国教育部. 义务教育语文课程标准(2022年版)[S]. 北京：北京师范大学，2022.

2. 汪潮. 统编教材的"阅读策略单元"：单元解读与对比课例[M]. 福州：福建教育出版社，2020.

3. 刘增仁. 小学语文统编教材的语用解读[M]. 福州：福建教育出版社，2020.

4. 陈剑英. 小学语文"提高阅读速度"阅读策略单元教学之思考[J]. 教师，2021(26).

5. 揭可心，伍雪辉. 统编小学语文教材中的阅读策略单元[J]. 基础教育研究，2021(7).

第三章
小学语文教学设计

[内容提要]

小学语文教学是一项有目的的社会实践活动。它的目的是通过语言实践活动,帮助学习者学习并掌握语文知识,培养语文能力,全面提高语文学科核心素养。小学语文教师需要全面考虑多种因素,结合最新的教学改革理念,尝试以适合的教学方式对师生双方的活动进行精心的教学设计。

小学语文教学设计包含内容相对较多,主要包括小学语文教学目标设计、小学语文课堂提问设计、小学语文课堂板书设计、小学语文课堂练习设计、小学语文说课设计和小学语文教案设计等。

[学习目标]

1. 了解小学语文教学设计的概念、功能、原则和基本内容。
2. 理解小学语文教学目标的意义、原则和策略。
3. 掌握教学目标的设计方法和表述方式。
4. 掌握小学语文课堂导入、提问、板书与练习设计的类型、原则和策略。

第一节　小学语文教学设计概述

"教学设计主要是以促进学习者的学习为根本目的,将学习理论与教学理论等的原理转换成对教学目标、教学内容、教学策略、教学评价等环节进行具体计划,创设教与学的系统'过程'或'程序'。"[①]

小学语文教学设计是教学设计中的一个重要类别,指的是小学语文教师依据先进的教学理念和课程标准的要求,参考各方面的教学资料,根据教材和学情需要,为小学语文课堂教学效果优化而进行的合理策划。

---

① 何克抗.教学系统设计[M].北京:北京师范大学出版社,2016:23.

一、小学语文教学设计的意义

(一) 促进教学理论与教学实践的结合

教学不仅是理论的传输和语言的描述,纯粹理论灌输的教学效果总不尽如人意,应考虑如何将理论转化为教学实践。教学设计正应理论联系实际之需,是教师应用教学理论,在分析教材、学情的基础上对教学过程的规划。教学设计的目的是追求教学效果的优化,使得教师在合理规划教学设计的基础上进行教学。教学设计在教学理论与教学实践之间起着"桥梁"的作用,既要注意教学理论的应用和教材教学内容的分析,也要参考学生的实际情况,并要考虑到教学过程中可能会出现的问题及问题解决方案,同时在教学后,也可以将教学反思和经验加入教学设计进行重新修订。由此看来,教学设计的整个过程都有效地促进了教学理论与教学实践的结合。

(二) 更合理地规划教学安排,优化教学效果

教学是一项专业性活动,是一门科学,是兼具教者、学者、教学内容、教学环境等各方面要素的复杂系统,而不是教师的主观随意安排。从系统科学的观点来看,教学设计是对整个教学活动进行规划,指导课堂教学,目的是提高教学效率,优化教学效果。这就需要教育者运用系统论的观点整合教育活动的所有课程资源,形成理性思维,整体协调规划,对整个教学过程进行全面设计,以达到教学效果的最优化。

二、小学语文教学设计的基本原则

小学语文教学设计是基于教育目的,遵循教育教学原理,依据学生的年龄心理特征,整合各方面教育资源,对整个教学过程进行合理的规划与安排。教学是一项复杂的专业工程,对整个教学蓝图进行设计,务必要遵循一定的基本原则。

(一) 科学性

语文属于人文学科,拥有丰富而深厚的人文内涵,但同时具有一定的逻辑科学性。小学语文教学设计,是作为教育教学的一个重要组成部分而存在的,需要有严谨的逻辑性和内在的规律性。小学语文教学设计相比于传统的经验型备课,根本的区别就在于其科学性,需要根据课程标准的理念规范,参照总体目标和各阶段目标科学设置不同的教学目标;依据小学生心理特点安排教学内容、组织教学过程,运用科学的语言规范等。总之,整个教学设计的制定、目标设定、教学过程、教学评价等都有其要求规范和内在逻辑,需要遵循教育的科学性原则。

(二) 整体性

课程目标九年一贯的整体设计,体现了语文课程的整体性和阶段性。各学段相互联系,螺旋上升。最终全面达成总目标。语文课程是整体设计,有着内在的联系与逻辑,所以,教学设计者需要参考《课标》来设计教学目标和教学过程,不仅要注意每个环节的教学活动与整节课的教学目标的一致性,还要考虑一篇课文与一个单元、一个单元与整本书、整本书与学段要求以及与语文素养提高的关系。若以上是从纵向来讲的话,那从横向上看整体性还体现在每个教学设计需要整合各种课程资源,将各

个方面的语文要素融入一篇教学设计，合为一个整体。所以，教学设计的创作，始终要考虑整体性原则，这样才能更好地进行"全人的教育"。

（三）实用性

小学语文教学设计的目的就是指导教学，使教学过程更加合理科学，教学设计要有可操作性和实用性，能够切实用到教育教学实践之中。具有实用性的教学设计才是符合要求的教学设计，没有实用价值的设计对教学不但无效而且容易误导教师。不乏一些教学设计者为了追求教学形式的花哨、结构的新颖，教学设计看起来热闹，但其实是远离教学目标的教学内容。这样的教学设计假大空，更不可能有令人满意的教学效果。

（四）应变性

课堂教学是一个动态变化的过程，具有"动态生成性"，教学设计是课前预设的怎么教的过程，尽管教学设计者努力做到考虑周到，却依然需要注意课堂临时问题的出现与解决方式，这就要求教学设计者课前的教学设计内容具有一定的应变性，可以根据现实情境做出改变，不至于因固定的教学安排不能变通而造成课堂尴尬。当课堂临时问题出现时，需要具有应变性的教学设计。当然也需要教师依据学情、现场情境发挥自己的教学机智，才能最终实现教学目的，提高教学效果。

三、小学语文教学设计的基本环节

教学设计的根本意义在于指导教学实践，为教学活动提出可供参考的行动方案。小学语文教学设计是一个系统的决策过程，所以，教学活动本身就是一个复杂工程，应基于各方面因素、各环节要点，给现实教学实践以指导方案。教学设计因人而异，具有创造性，但归结起来，有以下几个基本环节。

（一）分析教材

教材分析是指教师深入钻研和理解课程标准，全面了解教材的编排意图，分析教材的编排结构和基本内容，了解该学科教学的知识体系，熟悉各个章节学科、篇、章或节中的逻辑关系等教材研究的过程。

教学过程不仅是知识的传授过程，而且要达到知识能力情感的全面提升。分析教材的知识内容及知识体系，了解知识结构编排的潜在原因和隐性价值，达到"知其然，且知其所以然"，以更好地分析出"教什么和怎么教"的问题。分析教材需要注意以下几点：

1. 钻研《课标》，理解教材的编写意图和编排结构

作为教学预设的教学设计，是对整个教学活动的规划安排，需要首先钻研《课标》，理解语文的课程性质、基本理念和设计思路，清楚小学语文教学的总目标和学段目标，熟悉教学实施和评价建议，明确推荐书目、课外读物等与教学知识点的联系，在《课标》的指导下，把语文教材的教学内容恰当地编入教学设计中，彰显教学的逻辑性和结构性。

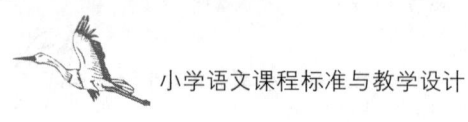

2. 分析教材的知识体系,掌握知识的逻辑价值

钻研《课标》后,接下来就需要对整个教材篇章进行研究,分析教材的知识体系,理解每一个知识点在教学中所处的位置。这其中需要强调的是该篇课文的研究,需要经过泛读、精读、通读的过程。泛读是从读者的身份读;精读是从教师和学者的角度读;通读是联系学科教学内容以及课外阅读材料,从头到尾通览一遍进而熟悉研究。只有全面熟悉教材、吃透教材,才能理解教材的知识体系和知识技能情感要求,才能达到全面提高语文素养的目的。

3. 联系生活实际,创造性地使用教材

语文是一门学习语言文字运用的综合性、实践性课程。工具性和人文性统一,是语文课程的基本特点。小学语文教学设计需要把教学内容与生活实际相联系,结合当前的社会热点和生活情境,创造性地使用教材,把知识点活化,将生活实际问题与知识点相联系,不是"教教材",而是创造性地"用教材教"。

(二) 分析学情

学情分析是教学设计中的重要内容,任何教学都是基于学情的教学,应该以学生的需求为基础,从实际出发,设计出"以学生为中心""以学定教"的教学活动。学情设计的内容非常广泛,学生是有思想的鲜活的个体,学生各方面的情况都有可能会影响其学习状态,在分析学情时,可以从以下几点切入分析。

1. 分析学生的年龄认知特点

小学阶段的学生认知总特点是以具体形象思维为主,以抽象逻辑思维为辅。所以,教师在教学设计时应多采用直观形象的教学手段和教学方法。但应注意到小学低中高学段又有差别,各年龄阶段的学生的心理特点和认知状况都有所不同,我们在教学设计时,还要了解该学段或该年龄学生的认知特点、兴趣爱好和能力经验等,对《课标》中要求的该学段的学生状况有全面的掌握。

2. 分析学生的需求

学生是带着已有的认知基础和经验进入课堂的,教师应了解学生已有的经验,更好地设计教学起点,合理安排教学内容与新旧知识的连接点,调整教学难度和教学方法,设计出让学生感兴趣的教学内容,让学生从"要我学"变为"我要学"。另外,还应注意学生个体差异。每个学生都是鲜活的个体,都有自己的学习基础、学习习惯和学习风格;教师应关注每一个个体,妥善结合尖子生和后进生的个体差异需求,因材施教,协调变通地设计教学。

3. 分析班级整体情况

一个班级的学生,在长期的一起学习、一起成长过程中,会形成一定的"班级性格",有的班级学生活泼好动、反应迅速,但可能思维不够深刻、准确性较差;有的班级学生低调沉默,但可能有一定的思维深度。教师进行教学设计时应结合班级学生整体特点或兴趣关注点,找到适合这个班级的教学内容和方式方法。

(三) 确定教学目标

教学是有目的的培养人的活动,教学设计在分析教材、学情后,需要确定教学目

标和教学内容。教学目标在教学活动中起着引领和指导作用,也是检验教学效果的依据,是整个教学设计的核心环节。布鲁姆教育目标分类法将教学目标分为认知领域、情感领域和动作技能领域;课标注重学生核心素养的全面提升,义务教育语文课程培养的核心素养是学生在积极地语文实践活动中积累、建构并在真实的语言运用情境中表现出来,是文化自信和语言运用、思维能力、审美创造的综合体现。这给教学设计和教师教学提供了参考依据,教师在确定教学目标时需要参照教材、学情、实际需要,遵循教学规律,熟悉教学目的、培养目标、课程目标,进而设计适合学生发展的教学目标。具体教学目标的设计,我们将在下节的"目标设计"中展开。

(四) 选择教学方法

1. 依据学科特点和教学内容

《课标》指出,语文课程是一门学习国家通用语言文字运用的综合性、实践性课程,语文课程应特别关注汉语言文字特点对学生识字与写字、阅读、写作、口语交际和思维发展等方面的影响。《课标》在课程性质、学科特点等方面做了详细介绍,教师可仔细研读,以更好地理解语文学科特点,科学地设计教学。除此之外,要体现"因文而异",不同体裁和不同内容的文章教学设计要有所不同,千篇一律、千人一面的教学设计,只会让学生觉得乏味,产生"疲劳"。童话、诗歌和古诗、寓言的教学方法要有所区别,现代文阅读与文言文的感受方式又明显不同,说明文、记叙文的教学方式要体现差别。语文课程本身是一个丰富多彩的世界,教师需要发挥教学智慧,结合学科特点和教学内容,创造出适合学生发展的教学设计。

2. 结合教师自身素养和个性特征

教师和学生一样,不同的教师,也有着不同的个性和风格,教师的教学设计要根据自身的性格特点和个性特征。一方面自己教学时可以更加适应顺手,另一方面也可以使教学效果达到最佳。试想,如果一个充满角色扮演法和游戏法的教学设计,给一个平易近人、和学生互动良好的教师去上,学生可能会保持愉悦和放松的心情全身心投入,而若是给一个要求严格的教师去上,学生可能不能完全放松,无法全然投入游戏和角色扮演。平时比较严肃的教师,更适合选择其他方法,比如讨论法、演示法等。性格并无优劣,但教师要正确认识自身素养和个性特征,扬长避短,选择自己擅长的教学方法。

3. 综合运用多种教学方法

正如个性特征不分优劣一样,教学方法各有特色,不同的场合适用不同的教学方法,传统的讲授法在合适的教学情境中所发挥的效果并不比自主合作探究法差,关键要用对场景。教学方法丰富多样,教学设计不受种类约束,可以创造性地综合运用多种教学方法,使教学设计更具活力与特色,从而激发学生兴趣。必须强调的是,我们在教学设计时不能为了新颖而新颖,不要只追求表面的方法多样、综合创设,那样只会看起来花哨而不切实际,应该考虑所设计的多种教学方法是否有利于教学目标的完成。

(五) 设计教学过程

教学过程是教师根据一定社会的要求和学生身心发展的特点,通过有目的有计

划地指导学生掌握系统的科学文化知识和基本技能,发展学生的智力,培养学生的良好品德和健康个性,使其形成科学世界观的过程。

在教学设计中,占篇幅最大的就是教学过程的设计,同时教学过程的成败也直接关系着教学设计的优劣,因此,教师需要在教学过程的设计上下大功夫。小学语文教学过程因教师设计而有所不同,但总结起来,大致可以分为五个阶段:激发学习动机、领会知识、巩固知识、运用知识和检查知识,由此归纳,语文课堂一般由导入新课、初读感知、熟读精思、拓展运用和总结升华几个环节,这只是一般流程,教师在进行教学设计时,可以根据具体情况有所调整。但每一个环节都值得深入学习、仔细研讨。应该依据教学目标,环环相扣,精心组织,并在各个环节中预设处理临时问题的方案,体现教学过程"预设性"和"生成性"的妥善结合,以期实现教学效果的最优化。

第二节　小学语文教学目标设计

教学目标是指通过课堂教学后学生所达到的行为效果,通过一定教学活动准备在学生身上发生的预期效果,教学活动的效果主要体现在学生的身心变化上,并将这种行为效果以具体的、明确的、可操作性的语言描述出来。[①]

一、教学目标设计的功能

教学目标不仅是教学活动的首要环节,而且是教学活动的出发点和归宿。教学目标的设计在小学语文教学设计中占有十分重要的位置,可以指导整个教学活动的方向,明确教学进展中的重点,给教育教学的有效性提供一定的标准等。概括起来,主要有以下三点:

(一)指导功能

教学目标为教学活动指明方向,对整个教学过程起着制约作用。教学目标不仅决定着教学内容的组织和设计,还制约着教学方法的选择与使用,以及教学具体环节的安排与规划。教学目标可以使教师对课堂教学有清楚的规划,也使得整个教学活动具有统整性、科学性以及连续性。"教学有目标,效率会更高"这句话,也正是体现了要在教学目标指导下进行教学的道理。

(二)激励功能

从某种意义上讲,教学目标其实就是学习目标,很多优秀教师在课堂教学之前,会让学生先知晓本节课的"学习目标",学生在课前就了解了要学习的新内容与"学习目标",可以激发他们对新知识的兴趣,调动学习积极性,使学生努力向目标前进,努力追求达成教学目标。而且在目标完成后,学生更清楚自己掌握了什么本领,在教师的指导下完成概括总结的功课,不至于学完了后,不能概括或者不清楚自己这节课都

[①] 王本陆.课程与教学论[M].北京:高等教育出版社,2017:135.

学了什么。教育心理学的观点认为,知识的简要概括总结有助于知识的回忆与记忆。教学目标可以作为一种知识学完后的概括总结。

(三)评价功能

教学目标可以为教学活动提供教学评价的标准。教学目标的评价功能贯穿教学活动的始终,参照教学目标,在课前判断教学设计是否合理,没有科学的教学目标设计,就无所谓成功的教学设计;根据教学目标,在课堂中随着教学活动情况及时调整教学方案;依据教学目标,在教学后评价教学效果是否完成教学目标,并对整个教学进行反思,教学目标是整个教学活动的保障。

二、教学目标的确立方法

(一)教学目标的表述

对课堂教学目标的表述应该明确陈述主体是学生,而不是教师或其他人,因此,在表述中就不能用"培养学生……""指导学生……""让学生掌握……""使学生了解……""教师将说明……"等句式。上述表述是从教师的角度表达,而不是从学生的角度出发。以学生为表述主体,是指向"学"而不是指向"教"的行为。教学目标指向"学生学会了什么""掌握了什么""得到了什么",是强调学生的学习行为发生了什么改变,学生行为改变的效果是否符合教学目标表述的标准。

教学目标的表述一般包含四个要素:行为主体、行为本身、行为条件和行为结果。清楚的教学目标表述,至少应该包含两个方面:想要学生达到哪方面的改变,达到的改变又可以在什么范畴内运用。当然,并不是所有教学活动的实施效果,都能以语言清晰地表述出来,比如过程、体验等,需要教师在课堂教学进行中,随时观察和引导学生,促使学生全面发展。

(二)教学目标确立的依据

教学目标对课堂教学起着重要的指导作用,对课堂教学具有指向和评价功能,因此,课堂教学目标的确立需要科学慎重,结合实际参考多方面因素。具体来说,需要依据学科课程标准规定的总目标和阶段目标;课程标准规定的教学内容和要求;教科书呈现的教学内容;学生的年龄特征、认知规律和学习经验等。这里介绍一下如何参考教科书确立教学目标。如可参考小学语文教科书的单元导语、课文内容、课文之间的连接语、泡泡语、课后练习题、阅读链接、单元练习里的内容导向来确定教学设计的教学目标。只有清楚了解各方面信息,才能确立更为适合学生、符合课程标准和教材编者意图的教学目标。

三、教学目标设计时需注意的问题

(一)目标设计,体现核心素养

教学目标的设计是教学设计的关键之一。教学目标指引着整个教学过程,也用来检测教学效果。因此,教学目标的设计应考虑学生的全面发展,而不是只注重某一个或者某几个方面。教学目标的设计,不能只关注知识与能力或者只注重情感的熏

陶,应使文化自信和语言运用、思维发展、审美创造语文课程核心素养在课堂上都有所体现。

(二) 可测可评,具体明确

教学目标的表述要清晰、明确,有一定层次,并且要可测可评。应避免设计如下的教学目标:

1. 学习本课生字;
2. 理解句子之间的关系;
3. 养成良好的学习习惯。

目标 1 中"学习本课生字"中的"学习",描述较为笼统,如何才算是达到了"学习的目标",表述不易测评,另外,对于有的学生来说,全篇课文只有一个生字或者根本没有生字,那"学习本课生字"这个教学目标就没有指向哪类生字,不够具体明确;目标 2 中,"句子之间的关系",表述模糊、笼统;目标 3 中"良好的学习习惯"有很多,包括课前预习、课上认真听讲、积极参与讨论等,那到底养成什么良好的学习习惯呢?无法测评。因此,应具体明确些,可分别改为:

1. 认识"誉、鄙、歧"等 6 个生字,会写"窟、患、批"等 7 个生字。
2. 联系上下文理解"能手""并不""直""大吃一惊"等词语意思,进而理解更赢最后说的 4 句话之间的逻辑关系。
3. 培养边读边批注的学习习惯。

第三节　小学语文课堂导入与提问设计

一、导入设计

"导入",顾名思义即一"导"二"入","导"就是引导,"入"就是进入学习。导入是为即将开展的教学活动而进行的必不可少的学生心理和生理上的唤醒。

苏联著名教育家苏霍姆林斯基说:"如果老师不想办法使学生产生情绪高昂的智力振奋的内心状态,就急于传授知识,那么这种知识只能使人产生冷漠的态度,而给不动感情的脑力劳动带来疲劳。"实践证明,积极的思维活动是课堂教学成功的关键,而富有启发性的导入语可以激发学生的思维兴趣,所以教师上课伊始就应当注意通过导入语来激发学生的兴趣,以引起学生对新知识、新内容的渴望。用简洁的语言,辅之以动作拉开一堂课的序幕,随之进入课堂教学的主体过程。课堂导入是课堂教学的主要环节之一,一堂课导入的成与败,直接影响着整堂课的效果。

（一）导入设计的基本要求

1. 符合教学的目的性和必要性

课堂教学导入，一定要根据既定的教学目标来精心设计导语，与教学目标无关的不要硬加上去，不要使导语游离于教学内容之外。导语，一定是完成教学任务的一个必要的部分。

2. 符合教学内容本身的科学性

导语的设计要从教学内容出发，有的是教学内容的重要组成部分，有的是教学内容的必要补充，还有的虽然从内容上看关系不大，但它能激发学生的兴趣，吸引学生的注意力，对于教学内容的讲授和学习也是一个有机组成部分。这一切都应从教学内容的科学性出发，违背科学性的导入即使非常生动、非常精彩，也不足取。

3. 从学生的实际出发

学生是教学的主体，教学内容的好坏，要通过学生的学习来体现。因而导语的设计要从学生的实际出发，要照顾到学生的年龄、性格特征。不能拿大学的教学内容作为小学课堂教学的导语，学生无法接受。

4. 从课型的需要入手

导语的设计要因课型的不同而不同。新授课要注意温故知新、架桥铺路；讲授课要注意前后照应、承上启下；复习课要注意分析比较、归纳总结。不能用新授课的导语去讲复习课，也不能用复习课的导语去应付新授课，否则就起不到导语应起的作用。

5. 导语要短小精悍

导语的设计要短小精悍，时间过长就会喧宾夺主。教学导入时间以3~5分钟为宜。导入的时间过长或过短都不是成功的课堂导入，因为导入时间过长，不但会使课堂导入显得烦琐冗长，而且会影响整节课的教学进程。如果导入的时间过短，又会使课堂导入显得蜻蜓点水，达不到预期的教学目的和效果。

（二）导入设计的常用方法

1. 复习导入法

复习就是温故。子曰："温故而知新。"温故是对旧知识的回顾、温习，找出旧知识和新知识的结合点，这样学生在接受新知识时既有思想准备，又有知识基础。在教学老舍的《草原》时，可设计这样的导入：

一提到草原，我们就会想到一碧千里，翠色欲流。古往今来，许多文人墨客用彩笔描绘它，同学们想一想，有一首《敕勒歌》是怎样描写草原的？（生背诗）"天苍苍，野茫茫，风吹草低见牛羊。"白居易的《草》又是怎样写的？（生背诗）"离离原上草，一岁一枯荣。野火烧不尽，春风吹又生。"这些都是古诗中描写草原的优美诗句，下面让我们跟随老舍先生来看一看草原吧。

这样就通过复习以前的知识顺势导入了新课。

2. 揭题导入法

课文的标题是文章的眼睛、文章内容的浓缩、理解文章的突破口。在教学中把题目的意思揭示出来，有助于学生理解课文。如在教学《为中华之崛起而读书》时，首先问"崛起"的含义，学生查阅得知意为"兴起"。接着问"之"的解释，明确是"的"的意思。

题目的意思就是为中华的兴起而读书。教师接着问，这是谁要为祖国的兴盛和民族的振兴而学习？明确是"周恩来"。教师进一步解读题目的意思：这是周恩来在12岁时立下的远大志向。

当校长问学生为什么而读书时，有人说"为明理"，有人说"为做官"，也有人说"为挣钱""为吃饭"……只有周恩来的这句回答掷地有声，时至今日，仍令我们热血沸腾。这样学生从题目就理解了课文的主题。

3. 故事导入法

小学生特别喜欢听故事，用故事的形式导入可以尽快把他们的注意力吸引到课堂上来。例如教师在教学《狐狸和乌鸦》这一课的时候，课前可把课文内容以童话故事的形式描述出来：

在一座茂密的森林里，住着许多小动物，有一只老乌鸦，生了几只可爱的小乌鸦。有一天，她飞出去给她的孩子们找吃的，她找回来一块肉，正准备给她的孩子们，可是遇到了一只狐狸，狐狸说了许多动听的话，称赞乌鸦歌声好听，最后乌鸦张开了嘴，肉被狐狸叼走了。（用故事启发学生思考，教师顺势提问）"乌鸦为什么会被骗呢？究竟是谁造成的呢？"

又如在教学《坐井观天》这篇课文时，可根据小学生爱听故事的年龄特点，在教学开始时说："今天我们先来听一个故事。"接着充满激情地进行故事描述：

有一天，一只小鸟在天空飞着，不一会儿落到井沿上，它看到井底有一只青蛙，于是对青蛙说天大得很，而青蛙认为它整天坐在井里，一抬头就可以看见天，它认为天只有井口那么大，两人因此争论了起来。同学们，你们说它们说得对吗？

这样用讲故事的方式吸引学生的注意力，引起学生思考的兴趣，使学生迅速地进入课文的学习。我们在导入的时候要注意，导入的故事要跟课文有一定的联系，能使学生从故事情节过渡到课文中来，从而引起学生的思考，激发他们学习课文的兴趣。

4. 悬念导入法

悬念导入法就是在讲授内容前，先给学生提出一些与教学内容有关的问题，以增强学生的求知欲，引起学生的疑问，调动学生思考问题的积极性。如教师教学《爬山虎的脚》时，一上课，就向学生提出问题：

你们知道爬山虎的脚吗？它的脚是什么样子的？长在什么地方？它是怎样一步一步向上爬的呢？

这种方法可以使学生围绕问题去听课。
又如教师教学《草船借箭》一课时，一上课，先给学生讲：

周瑜妒忌诸葛亮的才干，设计陷害诸葛亮，让诸葛亮在三天之内造十万支箭，诸葛亮神机妙算，在三天造好了十万支箭。诸葛亮究竟采用了什么计策挫败周瑜的阴谋呢？希望大家读完课文后能告诉老师。

这样设置的问题，成了学生阅读思维的催化剂，将学生引入求知的层面。运用这种导入法需要注意所设的疑问要和课文内容有内在的联系。设疑的深浅度要适宜，太难了学生不感兴趣，太简单了达不到使学生开动脑筋的效果。

5. 游戏导入法

这种方法能有效地集中学生的注意力，使他们积极地参与到课堂的学习氛围中来。例如教师在教《落花生》一课时，就可以这样导入：

同学们，现在老师说几个谜语，看谁反应快，猜得准。
"白胖孩，坐沙滩，外穿大麻衣，里套小红衫。"
"小葫芦，心有酒，剥开来，香扑鼻。"
"青藤藤，开黄花，地上开花不结果，地上结果不开花。"
"麻布衣裳白夹里，大红衬衫裹身体，白白胖胖一身油，建设国家出力气。"
"麻屋子，红帐子，里面住着个白胖子。"

又如，一位教师在教学《蝙蝠和雷达》一课时这样设计导入：

"同学们，我们先来做个游戏好不好？"同学们热情很高，异口同声地说："好！"我用毛巾蒙住两个学生的眼睛，分别让学生来"贴鼻子"。一个学生把鼻子贴到了嘴巴上，另一个学生把鼻子贴到了眉梢上，惹得全班同学笑得前俯后仰，课堂上乐成一团。

这时，教师顺势问学生："同学们想一想，为什么他俩都贴错了？"学生齐声回答："是因为他们的眼睛被蒙住了，看不见。""对。你们说得很对，同学们眼睛蒙上后什么都看不见，当然贴错了。那么蝙蝠在漆黑的夜里为什么能自由飞行呢？飞机在漆黑的夜里为什么能安全飞行呢？今天我们一起学习《蝙蝠和雷达》，课文将告诉我们答案。"

此时，学生的思维被调动起来，有了想找到答案的欲望。教师继而导入课题。这种导入法生动活泼,是营造轻松课堂气氛的开始。

6. 背景导入法

通过看图、看文、运用引言、生动且充满感情地朗读课文等教学手段,创造意境,可以激发学生感情,使学生的学习情绪高涨。例如在教学《伯牙绝弦》时,教师首先用课件出示《伯牙鼓琴图》,并配上《高山流水》的音乐。学生欣赏音乐时,教师顺势介绍:让我们走进两千多年前的春秋时期。我们看到的这幅画叫《伯牙鼓琴图》。图中这位入神弹琴的就是晋国的上大夫俞伯牙(板书),这位凝神听琴的就是楚国的一个樵夫——钟子期(板书)。这节课我们要学习的就是千古流传的关于他俩友情的故事,题目叫《伯牙绝弦》。在这样的背景介绍中,学生不知不觉会受到感染,增强求知欲望。接着教师板书课题,学生学起来也就兴趣盎然了。

又如教学《詹天佑》这篇课文时,教师详细地介绍了当时的时代背景,为学生认识詹天佑奠定了基础,也使学生学起来轻松一些。

同学们,今天,老师向你们介绍一位著名的铁路工程师——詹天佑。(出示课题)他于1950年主持修筑了第一条完全由我国的工程技术人员设计施工的京张铁路。也许有的同学会说,修铁路有什么了不起的,可你们知道他是在什么样的情况下修筑这条铁路的吗?

教学导入方法不分优劣,适宜的是最好的,需要教师根据课程教学和学生实际需要,采取合适的教学导入方法,也不能每一堂课都用一种模式来导入,教学导入方法要注意配合、灵活运用,否则就起不到激发学生兴趣、引人入胜的作用。

(三)导入设计需注意避免的问题

1. 烦琐冗长

导入是课堂的开端,好的开端意味着课堂成功了一半。很多老师能够明白课堂导入的重要性,但未必能够设计出合适的教学导入,反而因为过分强调教学导入,以至于导入设计时间过长。导入时间以3~5分钟为宜,若超过5分钟,则易耽误后续的教学进程。同时,语言不够简练,重复啰唆,也是小学语文教师在教学导入时需要注意的问题。

另外,导入设计也应避免简单固化,不要经常不变地使用一种教学导入方法,简单老套的课堂导入容易造成学生兴趣减弱而注意力不集中,达不到我们想要的教学导入的效果。

2. 偏离主题

导入设计是后续教学内容的开场,教师在设计导入时会花费较多精力去吸引学生的注意力。但有的时候,教师为了吸引学生的兴趣点,反而舍本逐末,吸引了学生却丢失了文本想要传输给学生的原意,"种了别人的地,荒了自己的田。"教学导入内容与后续教学内容主题偏离,会严重影响教学导入的效果。

3. 华而不实

教学导入要求形式新颖,吸引学生。教师在导入设计时容易一味追求形式花哨,追随社会大众和评委等看重的自主合作、讨论探究等方式,不顾教学文本需求和学生基础,表面华丽而热闹,却不能达到为后续教学内容铺垫的良好效果。教学导入形式并没有优劣之分,有时候开门见山的导入更能满足学生的好奇心,而自主讨论探究式的导入并不适合基础差的班级,所以,教学导入的形式要因文本内容、学生经验等综合而定,避免盲目追求形式多样化。

二、提问设计

语文课堂提问是指在语文课堂教学中,教师根据教学内容和学生实际,有目的、有计划地设计若干问题,利用这些问题引导学生思考学习,最后实现教学目的,提高学生语文素养的教学手段。好的提问总能激发学生的学习和思考,使教师教学事半功倍。

(一) 提问的基本要求

1. 选择适宜时机,注意恰当的度

提问设计选择在恰当的教学时机体现在两个方面:一方面是适当的教学进度,根据教学内容安排;另一方面是学生困惑时,通过适时的提问,可以使学生的思维获得启发,教学效果更佳。

提问适度,就是要掌握好难易之间的"度"。适度性即所提问题难易适中,不贪大求全。要防止浅——缺乏引力,索然无味;偏——抓不住重点,纠缠枝节;深——高不可攀,"听"而生畏;空——内容空泛,无从下手。太易,脱口而答,无法引起思考,对培养学生思维能力不利;太难,难以下手,造成心理压力,效果适得其反。提问适度是量力性教学原则在提问艺术上的体现。

2. 强调全面性与针对性相结合

全面性与针对性相结合,一方面指提问设计要全面考虑知识之间的整体性关系与提问问题涉及的知识点的关系,注意提问的启发性,让学生学会该知识点的同时,使其整体语文素养得到提升。另一方面指提问设计要面向全体学生并关注个别学生,做到在平等对待学生中关注个性发展。

3. 及时反馈,重在鼓励

课堂提问教学中,教师通过学生的回答,了解知识理解情况和掌握程度,并及时调整课堂节奏。学生的回答,教师要及时给予反馈,让学生体会到课堂参与的乐趣,感受到教师的关注和认可。教师的反馈,目的不是给出答案,而是重在鼓励和引导学生探索思考。

(二) 提问的常用形式

教学提问有多种形式,每一形式都有其特定的作用,依据提问的内容难易程度及提问的目的,选用有效的提问方式,实现高效课堂教学。赖新元主编的《教师课堂教学的十大技能》,将提问的常用形式总结如下:

1. 设问型

指精心设计问题提问学生,它的特点是将问题提出后,并不要求学生作答,而是

自问自答,它能够引起学生的注意,造成学生的悬念感。设问常用于复习。复习中的设问,一般不是知识的简单重复,而是着眼于培养学生多向思维能力,以利于知识的巩固和提高。设问还常用于引入新课,其作用是设置悬念,以激发学生的学习兴趣、热情和求知欲。这种设问往往与日常生活密切相关,且同学生有强烈愿望的问题联系起来。

2. 追问型

指把所传授的知识分解为一个个小问题,一环扣一环系统地提问学生。追问的特点是教师发问的语气较急促,问题与问题之间间隙较短,能创设热烈气氛,训练学生敏捷、灵活的思维品质。追问能使学生保持注意的稳定性,刺激其积极思考,有利于全面掌握知识的内在联系。例如,教学《一分试验田》一文,为了检查学生自读课文的效果,教师可提一组问题:"谁种这一分试验田?他为什么要种这一分试验田?他是怎样种这一分试验田的?他种这分实验田产了多少粮食?这一结果说明了什么?"

3. 疑问型

指由教师设置疑点,提出问题,使学生觉得难解,于是去认真推敲问题,提出观点,引用事例,组织答案。由于教学过程受多因素制约,学生的学习会留下疑点。每节课留一点时间让同学们及时把问题提出来,教师进行针对性释疑,能使所传授的知识更为完善。回答疑问,可根据问题是否带有普遍性,考虑个别或当众作答。倘若学生的提问是你认为已讲授清楚,或很简单的问题,也不要粗暴地拒绝回答,要创设一种亲切和谐的气氛,把疑难分散解决。

4. 互问型

指由学生提出问题、回答问题。互问是一种你来考考我、我来考考你的教学活动。有经验的教师常采用互问、互考来激发学生的兴趣,调动学生的学习积极性,从而收到良好的教学效果。互问可在小范围,也可在全班进行。要框定问题的范围,注意引导学生围绕教学重点去展开互问互答,切忌偏离教学内容讲题外话。出现"卡壳"时,教师要及时做好"穿针引线"的工作,使互问顺利进行下去。

5. 顺问型

指按照教材先后、由逻辑关系或学生认识事物的一般顺序,进行提问。顺问的特点是与教材的逻辑顺序合拍,顺应学生认识问题的一般规律,但它不能够形成奇峰突起的气势,激起学生思维活动的波澜,它比较适合逻辑性较强的教材内容。例如,教学《粜米》一文,为了让学生认识作者紧紧围绕中心选择写作材料的方法,教师可以顺着学生的思路在教材的点睛之处这样问:"为什么多收了三五斗,农民反而得不到好处?"帮助学生认识到旧中国的农民,受着封建地主、资本家和帝国主义三座大山的重重压榨和剥削,即使遇到了好年景,也逃脱不了悲惨的命运,进而体会到作者选择写作材料,是紧紧围绕自己要表达的中心的。

6. 曲问型

曲问是不直接提出问题,拐上一两个弯子,绕道迂回,问在此而意在彼。教师用这种提问方法提问,使学生明确课题的具体目的和意义,学生的学习动机便由潜伏状态进入活动状态。

7. 急问型

指教师比较急促地发出一连串问题，促使学生争先恐后地抢答。例如，《称象》一课先阅读课文，为了检查学生自读课文的效果，教师可急促地发出下面一组问题："课文中说谁很高兴，为什么？是怎样的一头象，谁一边看一边议论？曹操提了一个什么问题？官员们想了什么办法？曹操儿子叫什么，他想出什么办法称象的重量？学习这篇课文，你有什么体会？"因学生经过了充分的准备，对课文内容比较熟悉，因此在课堂上踊跃抢答，形成热烈的课堂气氛。急问的特点是教师发问的语气较急促，问题与问题之间提出的时间间隙较短，它能够营造热烈的课堂气氛，节省教学时间，训练学生敏捷、灵活的思维品质，但容易形成假象，学生匆忙应答而忽视思维，它比较适合浅显的教学内容和准备充分的学生。

8. 平问型

指教师平心静气地提出问题，引导学生思考。例如，教学《种子的力量》一文，为了启发学生结合自己的生活思考，在总结课文时，教师可以心平气和地这样提问："我们平时常见的植物种子发芽不觉得特别，在作者笔下却给人以新鲜的感觉和深刻的启示，原因究竟在哪里？"这个问题并不催促学生立即回答，学生有时间去回忆、比较，从而受到启发。平问的特点是教师提出问题的语气比较舒缓，要求学生作答的时间也不匆忙，这种提问适合教学难度较大需要认真思考的问题。

9. 比较型

指教师在所提的问题中，综合讲一些可供比较的内容，进行比较性提问，去引导学生在比较中推出恰当的结论。例如，教学《泊船瓜洲》一诗，为了帮助学生认识王安石精心选词炼字的好处，教师可以这样提出比较性的问题："要把江南冬去春来的情景表达得生动形象，使用'春风又绿江南岸'好，还是用'春风又过江南岸'好？"这样在问题中引入一个与原诗意大致相近的句子，就是为学生提供一个进行比较的条件，学生对"绿"与"过"加以比较认识，便能体会出王安石精心选词炼字的绝妙。比较型提问的特点是提问时，为方便理解，提供可做比较的事物，它能够打开学生的思路，帮助学生在比较异同时认识事物，理解问题。这种提问适合气氛不够活跃的课堂情境。

10. 开拓型

用于训练学生运用学到的基础知识及原理进行创造性的思维。具体可分为三种：① 方法性提问。目的在于引导学生回顾获得知识的学习过程，教会学生总结和运用科学的思维方法，提高探索新知识的效率。② 规律性提问。目的是启发学生将所学知识加以比较和整理归类，学会发现知识规律。③ 创造性提问。目的是培养学生创造性的思维能力，它的主要目标是发展学生的想象力。

（三）提问设计需注意避免的问题

教学是教师和学生的互动和交往过程，在互动过程中，提问和问答的形式会多次出现，提问也是教师经常使用的教学手段之一，是教学过程中必须掌握的教学技巧，正是因提问的重要性和应用的经常性，其错误使用的概率也相应较高，教学提问时，

教师需注意避免以下问题。

1. 随意发问

教学新手型教师的课堂上经常会出现"对不对""是不是""好不好""对吗""是吗""好吗"等一些简单不用思考型的提问。面对此类问题，学生多是不加思考地回答"对""是""好"等，这样不需思考的提问是没有任何价值的。课堂提问应该精心设计，没有价值的问题不问。

2. 过易或太难

学习是循序渐进的过程，是在已有经验基础上的拓展和延伸。在语文教学提问设计时，需要根据学生已有知识基础，设置难度适宜的问题。否则，问题过易，学生不屑于回答，提不起学习兴趣，或者课堂上热闹非凡，纷纷举手，实则没有任何进步；问题太难，学生的学习积极性被打击，降低了学习的热情，课堂沉寂一片，成为"静悄悄的教室"。因此，教学提问设计时，一定要提前分析学生的基础，设置难度适宜的课堂问题，达到"跳一跳，摘桃子"的教学效果。

3. 不留充分思考时间

课堂提问，是让学生通过内在思考，逐步接近正确目标的过程。学生的思考与探究，正是新课程改革"自主、探究"学习的内在形式，需要留给学生充足的时间。课堂教学时，教师易受教学任务的限制，为了按时完成教学安排，不给学生充分的时间思考，急于给出答案，进行下一环节教学，这样的提问形同虚设，只是流于形式，达不到应有的教学效果。当然，思考时间也不是越长越好，教师要结合学生实际情况，凭借教学智慧，适时适当地开展下一步教学。具体来说，教师应该在课堂教学前，根据教学内容和学生经验设置适当的教学提问，优秀的提问设计应该具有一定的应变性来适应课堂临时变化，假如课堂问答没有按照课前设计的时间和效果，应该以学生为主，适当增减提问的难度和数量，而不是牺牲学生的思考时间。

4. 不注意面向全体和个体的结合

课堂提问时，教师为了教学的顺利进行或者受个人偏爱的影响，提问的大部分是学习成绩较好的学生，后进生寥寥无几。这样的提问设计看似有很多学生参与，但其实并没有面向全体。课堂教学一定要使学生乐于参与，问题的设计应该能让所有学生有参与机会。因此，在教学提问设计时，应设计不同层次的问题，做到既注意全面性又照顾到学生的个体性。需要强调的是，并不一定难度大的问题提问优等生，难度小的问题提问后进生，教师的提问设计，不能让学生明显地感受到问题难度与成绩优劣有关。有的时候，一些探究性开放性难度大的问题，优等生都回答不上来，后进生却回答得很有道理。面向全体和关注个体的课堂提问，需要教师时刻注意并持续修炼。

5. 过于强调标准答案

语文是人文学科，在小学语文教学中尤其要重视培养良好的语感和整体把握能力。语文课堂提问也应注意学生语文素养的提高，不要过于强调标准答案。当学生的答案与教师在提问设计时的预设不同时，一些教师信奉标准、权威，不灵活思考学生回答的可行性，就认为回答错误。这样不仅会打击学生课堂学习的积极性，也会严重影响班级学生的想象力、创造力。课堂教学尤其是人文性学科的语文,应允许多样性答案的存在,给学生更多开放性思考的空间。

第四节　小学语文课堂板书与练习设计

一、板书设计

板书是教师以教学内容为素材、以教学目标为依据,用文字、符号或绘图等方式,向学生呈现教学内容、分析认识过程,将知识概括化和系统化,启发学生思维,帮助学生理解和记忆的教学手段。朱绍禹指出:"板书能点睛指要,给人以联想;形式多样,给人以丰富感;结构新颖,给人以美的享受。"

(一) 板书设计的基本要求

教师板书要字迹规范、清楚、表达准确;层次分明,重点突出;把握时机,简洁美观;合理布局,整体安排;形式多样,趣味新颖。板书设计的质量,在某种程度上,直接关系到课堂教学的效果。

1. 书写规范,表达准确

板书要工整,必须遵循汉字的书写规律,做到书写规范、准确。要把握汉字的基本笔画和笔顺规则,不倒插笔,不写自造简化字。字的大小以后排学生能看清为宜。教师板书时,一定要一笔一笔地写字、一笔一笔地画图,让学生看清楚,对一字一句,甚至标点符号都要有所推敲。教师的板书除了传授知识外,还有引导和训练学生养成良好的书写习惯的重要任务。板书规范、书写准确、有示范性,是教师在教学中应时刻信守的一条原则。

表达准确是对教师的板书语言提出的更高要求,虽然板书在教学上是间隔地出现的,但是最后总要形成一个整体。板书要让学生看得懂,引发思考,不能由于疏忽而造成意思混乱或错误。因此,板书用词要恰当,造句准确、图表规范、线条整齐,这是板书设计中不容忽视的一个方面。

2. 层次分明,重点突出

各学科的教学内容都有较强的层次性、逻辑性和连贯性,所以板书也要层次分明。在课堂教学中,板书和口头讲述是同步进行的两种教学手段,而板书的优势是直观、形象、条理、概括。要使板书发挥这个优势,要求教师必须做到层次清楚、条理分明、主线清晰、枝蔓有序。

在教学中板书运用得好,可以引导学生把握教学重点,全面系统地理解教学内容,要做到这一点,教师的板书必须重点突出、详略得当,这与语言说明的要求是一致的,也是衡量一个教师教学水平的重要标志。在课堂有限的时间内,能详略得当地处理教材,抓住重点板书有关内容,一堂课后,通过板书就能纵观全课、了解全貌,抓住要领,给人以清晰的印象。

3. 把握时机,简洁美观

板书要随着课文的讲解,在教学过程中逐步完成。不要上课前就把板书都写好。

也不要趁学生自读课文或回答问题时,自己在黑板上匆匆忙忙地写出。更不要讲过后再回过来补写板书,因为这种板书只是教师单方面的书写,没有学习过程,学生不知其所以然,无法从中得到理解和启示。

板书内容应该为必要的东西,不要成为师生的负担,要鲜明醒目,简洁美观。当然,除了精心设计的板书再也不敢多写一个字也是不正常的。在教学过程中教师的语言中总会出现一些生字、好词等,老师可在黑板的一角搞个"副板书"随写随擦,为课堂教学实际需要服务,为语言文字训练服务。一般要用正楷书写,不要信手挥笔。板书所用粉笔颜色要醒目,但不要太杂,以免分散学生的注意力。板书宜迅速,写错了字要用板擦抹去重写,不要用手乱涂,注意书写的示范性。

4. 合理布局,整体安排

教师能把讲授的内容迅速而利落、合理而清晰地分布在黑板上,并使学生在讲解中能跟上节拍,全部理解。课后又能使学生通过板书一目了然,通晓理解,这是教师的板书艺术。但是,没有课前认真的研究和精心的设计是办不到的。因此,课前教师要根据教学要求,从实际出发,进行周密的计划和精心的设计,确定好板书的内容,规划好板书的格式,预定好板书的位置,在教学时才能有条不紊地按计划进行,准确而灵活地加以运用。板书既不要密密麻麻,又不可稀稀落落。黑板的中间是教师板书的主要位置,应占面积大些,书写时尽可能写在黑板的上半部,让学生容易看见。

5. 形式多样,趣味新颖

好的板书设计会给学生留下鲜明深刻的印象,形成理解、回忆知识的线索。充满趣味的板书设计,好像一幅美丽的图画,给学生以美的享受,拨动着他们的心弦,激发他们浓厚的学习兴趣,加深理解和记忆,增强思维的积极性和持续性。在课堂教学中,教师应该根据教学的具体内容和学生思维的特点,运用好板书这种书写形式的教学语言。

(二) 板书设计的主要形式

1. 提纲式

它以文字表达为主,把教材内容纲目化。这种形式的板书提纲挈领、条理分明、层次清楚、言简意赅、重点突出。学生根据板书提纲学习,思路明确,利于分析问题和解决问题。例如《威尼斯小艇》的板书设计,课文主要介绍了威尼斯小艇的样子、船夫的驾船技术和小艇的作用,将课文设计成提纲式的板书,能帮助学生更好地理解课文的脉络,并清楚作者的写作思路和课文的写作特点。

威尼斯的小艇

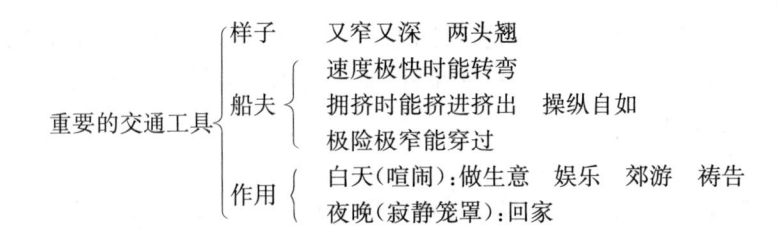

重要的交通工具 ┤
- 样子:又窄又深　两头翘
- 船夫:速度极快时能转弯
　　　拥挤时能挤进挤出　操纵自如
　　　极险极窄能穿过
- 作用:白天(喧闹):做生意　娱乐　郊游　祷告
　　　夜晚(寂静笼罩):回家

2. 表格式

这是一种用表格组成的以文字表述为主的板书形式。它形式简明,内容扼要,对比性强。运用表格式板书,学生可以在教师的指导下主动学习。为了培养学生的归纳、比较能力,掌握地理事物或区域的特征,教师运用这种形式板书,效果较好。例如科普类文章《新型玻璃》的板书设计,课文讲了五种新型玻璃,并分别介绍了其特点和作用,用表格形式的板书,可以使课文内容更加清楚明了。

新型玻璃

名称	特点	作用
夹丝网防盗玻璃	玻璃层夹一层金属网丝　自动报警	防盗
夹丝玻璃	非常坚硬　藕断丝连	高层建筑采用,安全
变色玻璃	反射阳光　改变颜色	调节室内光线
吸热玻璃	使房间冬暖夏凉	阻挡强光和冷气
消音玻璃	消除噪音	闹市临街建筑物采用,减少噪音

3. 线索式

这类板书紧扣教学内容的思路。例如,在一篇文章中,作者在思想上总有一条思路,教师在备课中抓住了作者的思路,就能进入作者的思想境界,体会文章的真情实感,从而对文章的结构、中心、写作技巧、重点难点融会贯通。在板书时抓住故事情节或人物性格特征等主线,简洁地显示出来。

例如《小猴子下山》一课,是一篇趣味浓厚的童话故事,写一只小猴子下山时,看见什么都喜欢,但抓了这个丢那个,最后一无所获,空手而归的故事。教师采用线索式的板书设计,可以使小猴子的五次经历和空手而归的结局更加形象和直观化。

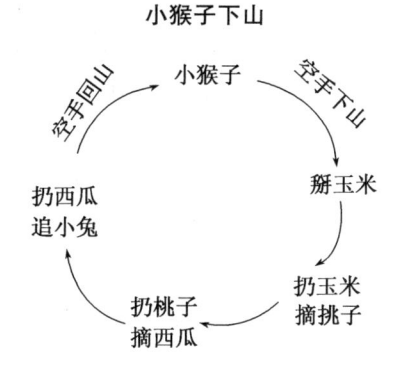

小猴子下山

小猴子 → 掰玉米 → 扔玉米摘桃子 → 扔桃子摘西瓜 → 扔西瓜追小兔 → 空手回山（空手下山）

4. 图示式

图示式板书是指以画图为主的板书。这样的板书特点是以直观的图画代替抽象的文字。它既可增强趣味性,又能让学生借助于形象掌握教材的内容、结构,领会文章的中心。例如《记金华的双龙洞》一课,按照作者的游览顺序画出游览图示,更有助于学生理解和记忆。

记金华的双龙洞

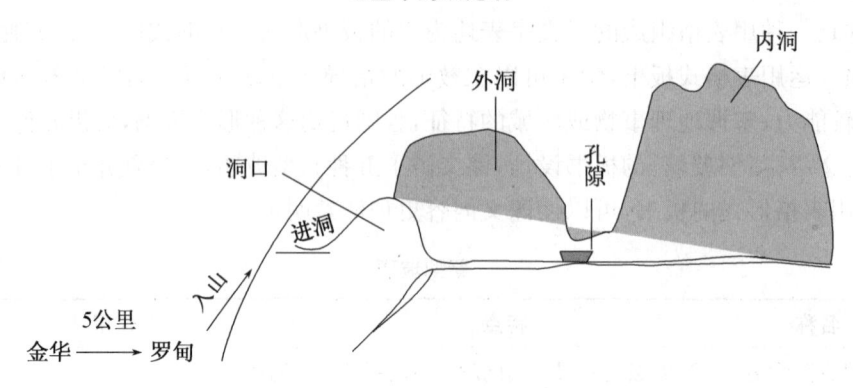

(三) 板书设计需注意避免的问题

1. 对板书不够重视

课堂教学板书具有重要的价值,学生可以通过板书了解课堂重难点,理解课文主要内容;可以模仿教师的书写方法和概括技巧。教师可以通过板书提示课堂教学进程;可以提高个人汉字板书能力和艺术审美能力等。板书设计不仅具有重要的教学价值,还体现出重要的人文和美学教育价值。但课堂教学中,很多教师认为板书可有可无,课堂上讲课就行了,有的学生也忽视教师板书的意义,对板书只是随意略过。对这些不够重视教学板书的观点和行为,教师应该努力避免,并提醒和加强学生对教学板书的重视。

2. 过于依赖多媒体课件

随着现代科学技术的不断发展,教学媒体现代化也逐步加强,教师在教学中倾向于利用多媒体课件辅助教学,课堂多媒体技术和课件可以使教学更加生动形象,但有些教师过于依赖多媒体,一节课下来,教学内容甚至教学方法都是仅用多媒体呈现在课件上,一旦离开多媒体便无法正常展开教学。作为教学辅助的多媒体课件,不可过于依赖,更不能取代教师的教学。同时,小学语文教师在利用多媒体课件时,不可忽视传统的粉笔黑板板书,要摒弃电子课件代替传统板书的错误观念和做法。有些教师课件做得精美,但一节课下来,或是完全没有板书,或是只板书了课题,或是内容不够完整,或是只板书几个字等,这样就降低了课堂教学效果。应该在设计精美课件的同时,有效利用传统板书,将二者结合起来,才能使教学效果更优化。

3. 板书位置随意

教学板书,应做到位置适宜,结构新颖,给人以美的享受。有些教师在课堂内容讲解分析时,会有一定的课堂走动,需要板书时,临时回到离黑板近处,随意板书上去。这样就造成即便是课前完整的板书设计,可能因为位置不佳,比如黑板一角,比如过于分散、过于密集等,影响学生的观看学习效果,所以在进行板书设计时,需要提前考虑好板书在黑板的位置,课堂教学时,板书也大致在原来设计的位置左右,不要随意去写,削弱课堂板书的整体效果。

一般板书位置设计可在板书的黑板中间。比如,多媒体在整个黑板左边或右边的,板书位置可以是剩下黑板的中间;多媒体在整个黑板中间的,板书位置可以在左边黑板中间或者右边黑板中间。当然,这里说的是一般情况,特殊板书设计除外。另外,可设计副板书的位置,用以板书帮助学生理解或记忆的内容,用完随时擦去,不影响主板书的书写。

4. 板书内容缺乏条理

有些教师是边讲边写板书,没有提前准备,受课堂各种因素的影响,容易遗漏,再加上随意板书课堂知识点、问题等,造成板书混乱,缺乏条理性。有些板书虽是在授课过程中不规则地间隔出现的,但最后要形成一个整体。一堂课的板书,应是对该堂课讲述内容的浓缩,内容应完整且有条理性,以便学生在课后利用板书的章、节、目、条、款,进行归纳小结,达到再现知识、加深理解、强化记忆的效果。

二、练习设计

练习是指在语文课堂教学中,教师为帮助学生理解积累语言,读懂文章内容,了解文章主旨,感受表达方式,掌握学习规律和方法而精心设计的听、说、读、写的言语实践活动。它承担着巩固知识、训练技能、培养能力、发展思维和熏陶情感等任务,是语文课堂教学的重要组成部分,也是培养学生语文实践能力的主要途径和重要策略之一。

练习是小学语文教学设计中的一个重要环节。这里的练习即练习题,狭义的练习是以巩固学习效果为目的要求解答的问题;广义的练习是指以反复学习、实践,以求熟练为目的的问题,包括生活中遇到的麻烦、难题等。通过练习可以使学生掌握课堂所学知识与技能,达到学会、熟练和运用的目的。教师也可以通过学生练习的结果,获得教学效果的反馈,更好地安排下一步的教学。

(一)练习设计的基本要求

1. 着眼大语文观,练习目的指向明确

大语文观,即教师不仅仅把语文课视为工具课,还要立足于培养、熏陶美好的情感,全面提高语文素养的教育观。大语文是在新课标的基础上提出来的,更加符合新课程改革的要求,认为练习设计要指向全体学生的全面发展,练习目的不仅指向工具性的语文能力提高,同时要求语文素养的全面发展。课堂练习设计目的指向必须明确。预期达到的练习效果,每次练习要有指向明确的重点,要把练习的意图,集中、清晰地体现出来。

2. 注意分层设计,体现弹性练习

层次不同的学生,最近发展区有所区别,需要教师设计练习题时注意针对不同学生设计多样性的题目,以满足不同学生的需要,这与多样性原则有一定的关联。针对学生学习的重点与难点,依据学习最近发展区来设计,如学完《地震中的父与子》,可设计分层练习作业,既有对课文字词句的理解、积累和运用,也有思想教育的渗透。

案例 3-1:

《地震中的父与子》分层练习设计[①]

☆ 联系上下文理解下列词语的意思。

颤抖　　破烂不堪

☆☆ 摘录文中表现情绪的词。

☆☆☆ "他挖了 8 小时、12 小时、24 小时、36 小时,没人来阻挡他。他满脸灰尘,双眼布满血丝,衣服破烂不堪,到处都是血迹……"当时,父亲也许在想:

☆☆☆☆ 在这篇课文中,谁最令你感动?为什么?

☆☆☆☆☆ 学了课文,你有什么话对自己的父母说吗?回家后想为父母做些什么?

3. 内容充满趣味,形式新颖多样

语文课堂练习的内容和形式应是丰富多彩的。练习也要注意吸引学生的兴趣,让学生在轻松愉快中完成作业、增长见识、形成能力,这样才能更好地达到练习效果。《课标》指出,"关注学生在活动中表现出来的沟通、合作和创新能力","试题形式力求创新"。据此,练习设计要不局限于课堂,不拘泥于追求知识增长,要具有创造性,激发学生的发散思维与丰富想象,关注学生的好奇心,求知欲,发展潜能,提高语文的综合运用能力。如特级教师窦桂梅的优质课《书戴嵩画牛》[②]教学中,练习设计为"让学生讨论,为什么不同的地方见到的斗牛,有的是牛尾翘起,有的是至于股间?"学生讨论饶有兴趣,而且总结出多种原因。学习文言文后,课后练习不是限于记忆和背诵,而是大胆放手让学生尝试去写文言文,学生课下努力尝试,课堂上反馈来的文言文作业,真可谓是精彩之极、令人赞叹。这种大胆尝试,值得老师们学习。

4. 注重整体一致,关注语文实践本质

① 体现语文课程三维目标的有机整合。练习设计呼应课前的教学目标,注重学生的全面发展,提高语文的核心素养。② 练习内容的整体性。即课堂练习的设计应注意新旧知识的内在联系,由浅入深、由近及远、循序渐进。③ 练习结构的整体性。课堂练习的设计应有三个不同的层次:基础性、理解性和运用性。语文是实践性课程,应着重培养学生的语文实践能力。因此,在练习设计关注基础性、理解性练习的同时,要扎实提高学生的语文运用和实践能力。

(二) 练习设计的主要类型

从不同的角度出发,练习设计可以分为不同的类型,主要有以下几种:

[①] 胡雪华. 优化设计,使学生在愉快中完成作业[J]. 语文课内外,2019(9).

[②] 可参看窦桂梅优质课《书戴嵩画牛》. https://v.youku.com/v_show/id_XNDM5MzM4OTU3Ng%3D%3D.html。

1. 课前练习、课堂练习和课后练习

按照练习在课堂教学的时间来区分,可分为课前练习、课堂练习和课后练习。这三部分是一个有机的整体,它们互为补充。课前练习一般是指课前预习任务。课堂练习是指在小学语文课堂的40~45分钟内专门分出一部分时间进行课堂问题的复习巩固,也可以叫随堂练习。课堂练习尤为重要,有效的课堂练习能避免练习过程中的无效劳动,提高教学效益。由于课堂时间有限,一般课堂练习设计的时间不宜过长,否则会耽误整体的教学进程。课后练习是指在课堂教学以后,为使学生巩固和实践运用知识,而专门设计的练习题,课后练习也可以叫拓展练习或作业布置。课后练习时间不受课堂时间约束,练习内容、时间、形式更多样化。

2. 口头练习和书面练习

按照语言运用的方式来分,练习可分为口头练习和书面练习。口头练习是指通过语言表达、沟通等训练方式进行的训练,目的是帮助学生提高语言沟通、运用等实践能力。书面练习是指通过书面作业、笔头训练等进行的练习任务,目的是提高学生的书面表达能力。

3. 单项练习和综合性练习

按照练习的复杂程度,练习可分为单项练习和综合性练习。单项练习一般采用字词辨析、字词理解、选词填空、造句等形式,偏向于培养学生的某一项语文能力。综合性练习一般是多种单项练习的组合,融听说读写训练为一体,有效促进学生综合语文能力的提高。

4. 基础性、理解性和运用性练习

按照练习目的的区分,可将练习分为基础性练习、理解性练习和运用性练习。字词句段篇的训练融合于其中,巩固所学知识,并在此基础上深化拓展。如教学《画家乡》一课时,除了对学生应掌握的字词句设计必要的基础性训练,教师还可以设计一些理解性练习和运用性练习:"你喜欢谁的家乡?为什么?用自我介绍的方法向大家介绍一下。"这一道题答案书上有,但必须让学生理解、掌握了课文内容后能用自己的语言准确地加以表达,这便是一种理解性练习,既能了解学生理解课文的情况,又能激起学生的参与兴趣。紧接着,教师还可以设计这样的练习:"书上的朋友把自己的家乡夸得多美!我们班的同学也来自祖国的各个地方,你能向我们介绍一下你的家乡吗?"这样的课堂练习注重知识的层次性,既夯实了基础,又符合学生的认知规律。

(三)练习设计需注意避免的问题

1. 单调复制,模仿套用

随着现代网络科技的发展,人们享受到网络带来的巨大便利,教师也可以直接从网上找寻优秀教学设计或优秀练习案例等,这使教师可以获得很多教学参考资料。但有些看似评价很高的练习题,未必就适合本班学生,教师一定要避免单调复制、模仿套用别人的练习设计,要在大量搜集参考资料的基础上结合个人教学内容和学生情况等创造性地设计适宜学生实际的练习题。

2. 追求答案,无视过程

练习的设计应该多一些问题解决,少一些机械操作。练习设计不能仅指向答案

本身,而应该关注问题解决的过程,让学生学会解决问题的办法,不急于给出答案。"授人以鱼,不如授人以渔"正是这个道理,着重问题解决的过程,着重寻找创造性的方法。

3. 用题不足,忽略调整

教师应用足用好每一道练习题,认真钻研教材,理解编排意图,明确每一道习题的作用和功能,对每一道练习都要用足、用好,发挥习题的价值。要根据班级特征和学生知识水平的差异,对教材里的习题做适当的调整、组合、补充,特别是课后反思练习优劣,调整练习设计不足之处,不可在用题之后便忽略不管,反思归纳总结才能使练习设计更好地促进学生的学习发展。

[思考与练习]

1. 以小组为单位,研读统编小学语文四年级上册《观潮》课文,根据教学重点和提问的要求,小组合作进行目标设计、导入设计、不同的提问设计、板书设计和练习设计。

2. 任选统编小学语文教材一篇课文的教学设计,分析教学设计中体现了小学语文教学目标、导入、提问、板书和练习设计的哪些基本理念?

[参考文献]

1. 江平. 小学语文课程与教学[M]. 3版. 北京:高等教育出版社,2017.
2. 汪潮. 小学语文课程与教学论[M]. 上海:华东师范大学出版社,2011.
3. 孙凤岐. 小学语文课程与教学论[M]. 北京:北京师范大学出版社,2016.
4. 刘文奇,袁桂萍. 小学语文有效教学艺术探究[M]. 长春:吉林人民出版社,2017.
5. 周一贯. 语文教学优课论[M]. 宁波:宁波出版社,1998.
6. 乔晖. 语文教科书中学习活动的设计[M]. 上海:华东师范大学出版社,2013.

第四章
识字与写字教学

[内容提要]

识字与写字是阅读和写作的基础,是第一学段的教学重点,也是贯穿整个义务教育阶段的重要教学内容。本章主要从识字与写字教学的意义、目标、理念、内容与方法设计、过程设计等方面进行阐释,并结合相关案例进行分析。作为小学语文教师,只有掌握识字与写字教学的理论与方法,才能顺利进行识字与写字教学,有效培养小学生的识字与写字能力。

[学习目标]

1. 了解识字与写字教学的意义,把握识字与写字教学的目标。
2. 理解识字与写字教学的理念。
3. 掌握汉语拼音教学、识字教学、写字教学的内容、方法与过程。
4. 运用汉语拼音教学、识字教学、写字教学的相关理论进行教学设计。

第一节 识字与写字教学概述

识字与写字对儿童的书面语言及智能发展、文化品位及审美情趣的提高都具有重要意义。《课标》对小学阶段识字与写字教学的总目标及学段目标做出了具体规定。语文教师要充分把握识字与写字教学的目标,深入理解识字与写字教学的基本理念。

一、识字与写字教学的意义

(一)识字与写字是阅读与写作的基础

识字、写字是儿童从运用口头语言过渡到学习书面语言的最初环节。当儿童掌握了一定数量的字词以后,才能比较顺利地阅读书面语言或用语言文字表达自己的思想感情。因此,识字与写字是发展儿童书面语言的基础。教师通过识字与写字教

学,使学生掌握汉字的音、形、义,掌握识字方法,培养识字能力,从而为阅读、写作提供前提和保证。而识字与写字也必须放在阅读和写作的实践中,才能得到真正的检验和巩固。学生通过阅读与写作,反复运用学过的字词,有利于生字的巩固;在阅读和写作的过程中,学生对识字的需求和兴趣也会不断产生。可见,识字与写字、阅读与写作之间是相互促进的。

(二)识字与写字是发展儿童智能的重要途径

汉字是音、形、义三要素构成的方块字,是表意文字,数量较多、字形复杂、难写难认,因此识字、写字过程也是复杂的思维活动过程,是发展儿童智能的重要途径。教师在识字与写字教学中,指导儿童观察、比较字体的形态结构,字音的读音差别,有利于儿童观察力、注意力的发展;为识记繁多复杂的汉字,要帮助儿童有意识记,指导他们根据汉字的构字规律识记字音、字形、字义,巩固识字成果,有利于儿童记忆力、思维力发展;通过指导儿童比较同音字、多义字等,则有利于儿童发散思维能力的发展。此外,心理学研究表明,手与大脑有着天然的联系,儿童写字靠手指的触觉握笔、运笔,手指经常活动,有利于促进大脑的发育,进而促进智力的发展。

(三)识字与写字有助于提高学生的文化品位和审美情趣

汉字是中华文化的载体,汉字蕴含着深厚的中华民族的文化,而且汉字本身就是中华文化的瑰宝。识字与写字的过程,是学习民族文化,提高文化品位的过程。汉字形体优美、结构富于变化,体现着汉民族独特的审美情趣。在识字与写字过程中,学生感受汉字的形体之美,对汉字产生浓厚的兴趣,从而逐步培养健康高尚的审美情趣、热爱祖国语言文字的感情,激发主动识字、写字的愿望,养成一丝不苟、爱好整洁的良好习惯。

二、识字与写字教学的目标

(一)《课标》对识字与写字教学目标的规定

《课标》围绕核心素养确立了义务教育阶段的语文课程总目标及学段要求。其中,对小学三个学段识字与写字教学的具体要求如下:

表 4−1　小学识字与写字教学的学段目标

学段	教学目标
第一学段 (1~2年级)	1. 喜欢学习汉字,有主动识字、写字的愿望。认识常用汉字1 600个左右,其中800个左右会写。 2. 学会汉语拼音。能读准声母、韵母、声调和整体认读音节。能准确地拼读音节,正确书写声母、韵母和音节。认识大写字母,熟记《汉语拼音字母表》。 3. 掌握汉字的基本笔画和常用的偏旁部首,能按基本的笔顺规则用硬笔写字,注意间架结构,初步感受汉字的形体美。努力养成良好的写字习惯,写字姿势正确,书写规范、端正、整洁。 4. 学习独立识字。能借助汉语拼音认读汉字,学会用音序检字法和部首检字法查字典。

(续表)

学段	教学目标
第二学段 (3~4年级)	1. 对学习汉字有浓厚的兴趣，养成主动识字的习惯。累计认识常用汉字2 500个左右，其中1 600个左右会写。有初步的独立识字能力。能用音序检字法和部首检字法查字典、词典。 2. 写字姿势正确，养成良好的书写习惯。能用硬笔熟练地书写正楷字，做到规范、端正、整洁。用毛笔临摹正楷字帖，感受汉字的书写特点与形体美。 3. 能感知常用汉字形、音、义之间的联系，初步建立汉字与生活中事物、行为的联系，初步感受汉字的文化内涵。
第三学段 (5~6年级)	1. 有较强的独立识字能力。累计认识常用汉字3 000个左右，其中2 500个左右会写。感受汉字的构字组词特点，体会汉字蕴含的智慧。 2. 写字姿势正确，有良好的书写习惯。硬笔书写楷书，行款整齐，力求美观，有一定的速度。能用毛笔书写楷书，在书写中体会汉字的优美。

(二) 对识字与写字教学目标的把握

1. 重视核心素养的培养

语文课程培养的核心素养，是学生在积极的语文实践活动中积累、建构并在真实的语言运用情境中表现出来的，是文化自信、语言运用、思维能力和审美创造的综合体现。《课标》在每个学段都围绕文化自信、语言运用、思维能力和审美创造等方面提出识字和写字教学的要求，着力于提高学生的核心素养。比如：第一学段，要求学生"喜欢学习汉字，有主动识字、写字的愿望"，侧重于培养学生的文化自信；"掌握汉字的基本笔画和常用的偏旁部首，能按笔顺规则用硬笔写字，注意间架结构，初步感受汉字的形体美"，侧重于语言运用和审美创造能力的培养；"学习独立识字。能借助汉语拼音认读汉字，学会用音序检字法和部首检字法查字典"，侧重于语言运用和思维能力的培养。因此，在每个学段的识字与写字教学中，都要兼顾学生的核心素养，促进学生在文化自信、语言运用、思维能力和审美创造等方面全面发展。

2. 体现学习目标的阶段性和连续性

根据识字与写字的规律和儿童心理发展的阶段性特征，《课标》在识字与写字量、识字与写字能力、侧重点等方面，都体现出阶段性特点。比如，对识字与写字能力的要求，第一学段是"学习独立识字"，第二学段是"有初步的独立识字能力"，第三学段是"有较强的独立识字能力"，层层递进。而三个学段的目标又是相互联系在一起的，比如，没有第一学段的"认识常用汉字1 600个左右"的识字量，就无法实现第二学段的"累计认识常用汉字2 500个左右"的目标，更无法实现第三学段的"累计认识常用汉字3 000个左右"的目标。

3. 明确"多认少写"的指导思想和"认识""会写"两种目标

汉字是由音、形、义三个要素组成的图形符号，识字教学的最终目标是让学生读准字音、认清字形、了解字义，能正确书写和运用汉字，达到"四会"的质量要求：即"会认、会写、会讲、会用"。很长一段时间以来，我国的小学语文教学大纲对识字与写字教学的要求基本都体现了这样的教学思想。在识字与写字教学实践中，教师们逐渐

发现"四会"的要求及做法带来了识字与写字负担过重的问题,影响了儿童识字与写字的兴趣及能力的发展。为了减轻儿童的识字与写字负担,1993年的《九年制义务教育全日制小学语文教学大纲》在"教学中应注意的几个问题"中明确提出"识字包括'会认'和'学会'两种不同的要求。会认的字,只要求读准字音,不抄不默不考。要求学会的字,能读准字音,认清字形,了解字词在语言环境中的意思,并能正确书写"。遵循识字、写字循序渐进的规律,《义务教育语文课程标准(2011年版)》规定识字与写字教学目标的一个重要指导思想,就是"多认少写""识写分开",在"教学建议"中明确提出:"低年级阶段学生'会认'与'会写'的字量要求有所不同。在教学过程中要'多认少写',要求学生会认的字不一定同时要求会写。"《义务教育语文课程标准(2022年版)》在识字与写字的学段要求方面沿袭了"多认少写"的思想,在识字量方面依然提出"认识"与"会写"两种目标。这样做的好处是:"多认"有利于学生尽早、尽快、尽可能多地认字,以便尽早进入汉字阅读,发展语言和思维,丰富情感。"少写"有利于适应儿童手部肌肉的发育,减轻儿童的学习负担,保证儿童健康成长。因此,"多认少写"的指导思想有利于根据汉字的难易程度科学安排识字与写字教材,循序渐进地进行识字与写字教学,提高教学实效。

三、识字与写字教学的基本理念

识字与写字教学要遵循汉字本身的规律及学生的认知规律。《课标》在"语言文字积累与梳理"教学提示中明确指出:"识字与写字教学应结合学生的生活经验,采用形象直观的教学手段,创设丰富多彩的学习情境,综合运用随文识字、集中识字、注音识字、字理识字等多种识字方法,逐步发展学生的识字、写字能力。"因此,识字与写字教学不仅要关注语言文字的特点,还要关注学生的认知特点。教师在进行识字与写字教学时,要体现以下几个基本理念。

(一)识字教学要充分体现汉字本身的规律

1. 统一掌握字的音、形、义

汉字是由音、形、义三个要素构成的统一体。在识字教学中,把音、形、义结合起来,这是由汉字的特点决定的。鲁迅先生说:"诵习一字,当识音、形、义三,口诵耳闻其音,目察其形,心通其义,三识并用,一字之功乃全。"识字的目的就是要读准字音、认清字形、了解字义,并使三者之间建立起牢固的联系,当感知字的任何一个要素时,能准确地再现另外两个要素,"见形而知声、义,闻声而知义、形"。这样,才能在语言实践中正确运用学过的字,达到识字的目的。

在语言环境中识字,是音、形、义紧密结合的有效途径。汉字在音、形、义上各有特点。在字音上有同音字、多音字;字义上有一字多义和多字一义的现象;字形结构复杂,还有一些字形相近的字。许多字结合词句、联系上下文才能读准字音,准确地理解意思,虚词更需要结合句子才能体会其用法。在语言环境中、在学词学句学文中识字,能反复巩固字音、感知字形、理解字义,做到音、形、义的有机结合,在学生头脑中建立起三者的稳定联系。

2. 充分运用汉字的构字规律

汉字是表意文字,有其特殊的构字方式和结构特征,其中蕴含着丰富的文化意蕴。教师在教学过程中可以充分利用汉字的构字规律,适当渗透相关的字理知识或其中蕴含的文化信息,让学生在潜移默化中发现汉字的特点与规律,感受到汉字的趣味,从而激发他们主动识字的愿望,培养他们独立识字的能力。比如形声字"蜻蜓、蜘蛛"等字的教学,可以采用"形声字归类"或基本字带字等识字方法,让学生逐步认识到形声字"声旁表音、形旁表义"的特点,记住字音、字形和字义;象形字"口、耳、目"等字的教学,可以引导学生联系实际事物,形象地记住字形,同时感受到汉字中蕴含的文化;会意字"男、尖、从"等字的教学,可以引导学生分析字形,"田力为男、上小下大为尖、两人为从",从而快速记忆字形、理解字义。教师在教学过程中巧妙运用汉字的构字规律,可以充分调动学生的观察力、想象力及思维力,开发学生的智力与潜能,提高识字教学的效率。

(二)识字教学要遵循儿童认识事物的规律

儿童的认识过程和人类的认识过程基本上是一致的,即从感性到理性,从具体到抽象,从不完善到完善,从低级到高级。儿童的思维不断地发展着,小学各年级儿童的思维特点不同,总的特点是从以具体形象思维为主要形式逐步过渡到以抽象逻辑思维为主要形式。儿童对客观世界的认识是从对客观事物的具体形象开始的,而字、词是抽象的概念符号,是具体事物的抽象与概括,每个字、词都是一个概念,反映一种事物。从认识具体事物到认识文字,就是从具体到抽象、从简单到复杂的认识事物的过程。

为了帮助学生对抽象的字、词留下深刻印象,必须遵循儿童认识事物的规律,将识字与认识事物相结合,让学生每认识一个字、词就同时认识字、词所表示的客观事物,这样才能真正理解字义,并正确运用。识字教学中,教师要善于运用多种识字教学方法和形象直观的教学手段,创设丰富多彩的教学情境,让学生观察、思考、想象,使抽象的概念变成可以感知的具体事物,使枯燥乏味的内容形象化、趣味化。如学生学习"蝙蝠、蜻蜓、珊瑚、瀑布"等词,可以联系儿童的生活实际,或运用图片、视频等直观手段,让学生了解、认识它们的外形特点,而不是只会背诵字典中的解释。

(三)识字教学要创设良好的语境,力求学用结合

识字的最终目的是为了在阅读与写作中熟练运用。因此,教师要善于创设良好的语言环境,开展丰富多彩的语文课堂活动及课外活动,让学生多参加语言实践,有机会反复运用学过的字词。课堂教学中,识字教学不能孤立地进行,要字、词、句、篇结合,将识字与阅读、说话、写话等结合起来。比如,识字与词、句、段、篇结合,让学生熟读包含生字的词语、句子、课文,背诵优美的词语、句子、段落,同时结合学生的语言积累识字,进行组词、造句、说话、写话练习。此外,引导学生在课外通过多种途径主动识字,养成主动识字的习惯。比如:坚持课外阅读,养成记日记的习惯,碰到不认识的字主动查字典,在说话、习作中经常运用学过的字词。学生在听说读写的实践中反复运用所学的字,既能巩固识字效果,又能为发展语言创造条件,促进学生听说读写能力的提高。

案例 4-1：

《在家里》教学片段[①]

师：前几天,老师到几位小朋友家家访,并拍下了他们家的照片。你们想知道是谁的家吗？

生（迫不及待）：想！

师（出示第一张照片）：这是谁的家呢？请你自豪地站起来介绍一下,好吗？

徐佳妮：这是我的家。白色的皮沙发和玻璃茶几是我爸爸刚买回来的。这台液晶电视机是我舅舅送给我们的。墙上米老鼠的挂钟是我亲自挑选的。

（教师根据学生的介绍相机出示：沙发、茶几、电视、挂钟。）

师：谢谢你的介绍。我们再来看看徐佳妮家客厅里的"沙发、茶几、电视、挂钟"（师指词语,生齐念）你们家有这些东西吗？也来介绍一下。

生：我家有一套红色的木沙发。

……

师（出示去拼音后的生字）：你都认识哪些字？是怎么认识的？

生："沙发"是我从家具店里认识的。

……

苏霍姆林斯基说："只有当识字对儿童来说变成一种鲜明的激动人心的生活情境,里面充满活生生的形象、声音、旋律的时候,读写结合的过程才能变得比较轻松。"识字教材《在家里》安排的常用汉字与学生的生活密切相连,这位教师创设了源于学生生活的情境,将课文中的生字藏在创设的真实生活情境中,将学生已有的生活体验和知识经验作为丰富的教学资源,让孩子们体验到枯燥的方块字跟生活的密切联系。当老师问学生是怎么认识这些生字时,学生马上联系到生活。教学过程中,学生的学习兴趣被激活,打开生活知识经验之库,投入新的学习活动之中,不仅很快掌握了汉字的音、形,还轻而易举地懂得了字义,学会了运用。长期下去,学生就会养成在生活中主动识字的习惯。

（四）识字与写字相结合

随着信息技术教育的发展和计算机汉字输入技术的普及,写字教学逐渐被忽视,导致小学生在书写中普遍出现错别字多、书写质量偏低的问题,严重影响了学生书面表达的质量。识字与写字是相辅相成的。一方面,写字是巩固识字的重要手段,通过写字能促进学生辨认字形,加强对字形的记忆,正确地进行书面表达；另一方面,汉字书法艺术有着极高的美学价值,写字的过程也是学生性情、态度、审美趣味养成的过

---

① 刘文奇,袁桂萍. 小学语文有效教学艺术探究[M]. 长春：吉林人民出版社,2017:111-112.

程,是体会和认识民族文化的过程,通过写字,体会到汉字的形体之美,增强学生对祖国语言文字的热爱,有助于激发学生主动识字的愿望。《教育部关于在中小学加强写字教学的若干意见》中明确提出:"规范、端正、整洁地书写汉字是有效进行书面交流的基本保证,是学生学习语文和其他课程,形成终身学习能力的基础。"因此,在识字教学中要将两者结合起来,在学生初步掌握了字的音、形、义以后就要指导认真写字,识写结合,相互促进。

第二节 识字与写字教学设计

识字与写字教学包括三方面的内容:汉语拼音教学、识字教学与写字教学。下面分别从三个方面针对其内容、方法与过程设计进行阐述。

一、汉语拼音教学设计

(一) 汉语拼音教学的内容与方法

1. 汉语拼音教学的内容

《课标》在第一学段对汉语拼音的教学目标做了如下规定:"学会汉语拼音。能读准声母、韵母、声调和整体认读音节。能准确地拼读音节,正确书写声母、韵母和音节。认识大写字母,熟记《汉语拼音字母表》。"

根据汉语拼音的教学目标,可将汉语拼音的教学内容归纳如下:

(1) 单韵母的教学

单韵母是指只有一个元音的韵母,共有 6 个,即 a、o、e、i、u、ü。发音时口腔形状始终不变,声带颤动,声音响亮,时间稍长。要注意以开口度的大小和舌位的变化,来区分 6 个单韵母的不同读法。如 a,开口度最大,依次到 ü 时,开口度最小。

(2) 声母的教学

声母是大多数音节开头部分。声母的教学在整个拼音教学中占很大比重,声母掌握得如何,直接影响读音节的速度和准确性。小学汉语拼音教材中的声母共 23 个。声母的本音不响亮,为了便于教学,给声母的本音配上合适的韵母,使声母也能发出响亮的音,如"b-o""p-o""d-e""t-e"等,这就是声母的呼读音。在声母教学中教呼读音,要强调读的轻、短,为教拼音时发好声母的音做准备。教师要多示范发音的方法和发音的部位,学生应多比较、多练习,掌握发音方法。

(3) 复韵母的教学

复韵母是由单韵母复合构成,共有 9 个,分别是 ai、ei、ui、ao、ou、iu、ie、üe、er(特殊韵母)。发音特点是从前面元音的发音快速向后面元音的发音过渡,舌位的高低、口腔的开闭、唇形的圆展都是逐渐变动的,同时气流不中断,使发的音形成一个整体。其中,ai、ei、ao、ou 是前响复韵母,发音时前面的元音清晰响亮,后头的元音含混,只表示舌位滑动的方向;ie、üe 是后响复韵母,发音时,前面的元音轻短,只表示舌位从那里开始移动,后面的元音 ê 清晰响亮;ui(uei)、iu(iou)是中响复韵母,发音时,前面

的元音轻短,中间的元音清晰响亮,后面的元音含混,只表示舌位滑动的方向。

(4) 鼻韵母的教学

鼻韵母由元音和鼻辅音韵尾构成,共有 9 个,分别是 an、en、in、un、ün、ang、eng、ing、ong。发音特点是由元音的发音逐渐向鼻辅音过渡,最后,发音部位闭塞,形成鼻辅音。鼻韵母分为前鼻韵母和后鼻韵母。前鼻韵母 an、en、in、un、ün 以前鼻尾音 n 做韵尾。发音时,先发元音,紧接着舌尖往上齿龈移动,抵住上齿龈,气流从鼻腔流出发 n 的音。后鼻韵母 ang、eng、ing、ong 是以后鼻尾音 ng 做韵尾。发音时,先发元音,紧接着舌根往软腭移动并抵住软腭发 ng 的音。前鼻尾音和后鼻尾音的发音是学生学习的难点,要指导学生反复体会、比较,掌握发音方法。

(5) 声调的教学

声调,是指声音的高低升降的变化。声调是构成音节的重要部分,通常叫四声,即阴平(第一声)、阳平(第二声)、上声(第三声)、去声(第四声)。阴平(第一声),用"ˉ"表示,发音又高又平,如 ā;阳平(第二声),用"ˊ"表示,发音由中到高往上升,如 á;上声(第三声),用"ˇ"表示,发音先降后扬,如 ǎ;去声(第四声),用"ˋ"表示,发音从高处降到最低处,如 à。声调不仅能表示汉字的不同读音,还有区别词义的作用。如"山西"与"陕西",声母、韵母都相同,但声调不同,词义就完全不同了。因此,要高度重视声调教学。

声调教学首先要结合单韵母教学进行。教单韵母时,让学生了解每个单韵母都有四个声调。认识调形以后,练习发音。开始时,按四声的顺序读,如 ā、á、ǎ、à。读准以后,再打乱顺序读。读音节的声调时,不要数调,要直接读出带调音节的音。在教复韵母、鼻韵母和拼音方法的过程中,都要指导学生读准声调。

汉语中还存在着一种特殊声调,叫作轻声,在汉语拼音中不标调。要注意指导学生结合词语的意思读,读出轻声所表示的语气。

(6) 整体认读音节的教学

整体认读音节一般是指添加一个韵母后读音仍和声母一样(或者添加一个声母后读音仍和韵母一样)的音节(yuan 比较特殊)。整体认读音节共有 16 个,分别是 zhi、chi、shi、ri、zi、ci、si、yi、wu、yu、ye、yue、yuan、yin、yun、ying。整体认读音节不用拼读就可以直接认读,要直接读出。在汉语拼音教材中,整体认读音节并没有单独成篇,而是伴随着声母和韵母的学习出现的,教学时不能把它们和声母、韵母截然分开,而应结合声母、韵母进行教学。如教声母 z、c、s、zh、ch、sh、r 时,同时出现整体认读音节 zi、ci、si、zhi、chi、shi、ri,教师要指导学生记住整体认读音节的读法,并能辨别出它们与声母的异同。

(7) 拼音方法的教学

拼音就是把声母和带声调的韵母拼合在一起,组成一个音节。掌握拼音方法对后期认识汉字、学说普通话有很大的帮助。拼音的方法有拼读法和直呼法。拼读法是将声母、韵母快速连续成一个音节的方法,是小学生必须掌握的方法。直呼法是不经过拼读,直接呼出音节的方法,难度较大,《课标》对直呼法没有提出要求。

拼读法有两拼法和三拼法。只有声母和韵母的音节,采用两拼法。这种方法的要领是"前音(指声母)轻短后音(指韵母)重,两音相连猛一碰"。如:b-à→bà,p-ā→pā,声母要读得轻、短,韵母要读得重、响,拼合过程要快速、连续。对有声母、介音和韵母的音节,采用三拼法。这种方法的要领是"声短介快韵母响,三音连读很顺当"。如:b-i-āo→biāo,由于中间有了介音,比两拼法难度大,要求快速、连续,不能中断,不能漏掉介音。

(8) 汉语拼音的书写

拼音字母的书写,首先要指导学生掌握正确的执笔方法和书写姿势,使他们养成良好的写字习惯,还要指导学生掌握拼音字母的基本笔画、笔顺及在四线三格中所占的位置。拼音字母共有十种基本笔画:横、竖、左弯竖、右弯竖、竖左弯、竖右弯、左半圆、右半圆、左斜、右斜。拼音字母在四线三格中书写时以中间一格为主,也有占中上格、中下格和上中下三格的。只占中格的有 12 个字母:a、o、e、u、m、n、x、r、z、c、s、w;占中上格的有 9 个字母:b、d、f、h、i、k、l、t、ü;占中下格的有 4 个字母:p、g、q、y;上、中、下格全占的,只有一个字母 j。要结合每个字母的学习让学生掌握字母的笔顺及在四线三格中所占的位置。如教单韵母 a 的写法时,教师要告诉学生应写在四线三格的中格,先写左半圆,再写竖右弯。教师边讲解边示范,让学生仔细观察,然后领着学生书写练习。

抄写音节时,先写声母、韵母,后写声调。小学阶段不要求给音节独立标调。为了让学生能辨别音节的对错,防止抄写音节时出现错误,可简单告诉学生调号位置的规律。可用歌诀帮助记忆:"有 a 不放过,无 a 找 o、e、i、u 并列标在后,i 上去点再标调。"

2. 汉语拼音教学的方法

拼音字母是抽象的符号,刚入学的小学生学习汉语拼音是有一定困难的。为了使小学生积极愉快地学习拼音,教师可以根据教材内容,灵活采用游戏、儿歌、口诀、实物、图片等多种学生喜闻乐见的形式进行教学,使枯燥抽象的教学内容具体化、生动化、形象化,从而激发起学生学习的主动性和积极性,让他们在轻松愉快的气氛中学到知识、获得能力。汉语拼音教学常用的方法如下:

(1) 示范法

教学汉语拼音的发音,教师要一边讲解发音方法,一边示范,学生应仔细观察教师的口型,体会发音方法,然后再模仿练读。教师可以借助图片以及自然逼真的表情、手势等体态语言,加强表现力,引起学生的注意和兴趣。如教单韵母 a 的发音时,先出示图画,让学生观察图中的小姑娘,理解 a 的音是小姑娘张大嘴巴,从喉咙里发出来的,接着教师示范读 a,请学生仔细观察教师的口型,体会发音要领,然后模仿练习。

(2) 比较法

有些字母的读音、字形比较相似,容易混淆,教师可以让学生仔细观察、比较其发音或字形的异同,对比记忆,帮助学生留下深刻的印象。如 b、d、p、q 四个声母,可以先让学生认真观察,比一比异同,然后与顺口溜"6 像 b,反 6 d,9 像 q,反 9 p"相配合,学生会记得很牢固。又如 in、ing 的发音,要引导学生反复比较前鼻尾音和后鼻尾音的发音方法,掌握发音特点。

(3) 歌诀法

为了能让学生快速认识、深刻记忆抽象的拼音字母及拼音方法,教师可以揣摩汉

语拼音的特点,运用生动形象的儿歌、顺口溜,激发学生学习拼音的兴趣。如教学单韵母 a、o、e,可以用口诀"女孩唱歌 a a a,公鸡啼叫 o o o,鹅的倒影 e e e",帮助学生记住单韵母的发音特点及字形特点。又如,为了让学生记住 j、q、x 与 ü 相拼的规律,可以用顺口溜"小 ü 小 ü 有礼貌,见了 j、q、x 就脱帽",帮助学生深刻记忆拼音规则。

(4) 游戏法

游戏是儿童的天性。针对低年级儿童天真活泼、好动好玩的特点,教师要善于设计各种游戏,引导学生在游戏中学,在活动中学,把欢乐引进课堂。比如,为了让学生记住字母的形,可以设计"我会摆""我会剪""我会涂"等游戏,引导学生用木棍、绳子或手势来摆字母,或者发挥想象,剪出自己喜欢的字母,还可以按照自己喜欢的颜色给字母涂色。为了让学生记住声母的顺序,可以设计"我会连"的游戏,要求学生按声母的顺序连一连,组成一幅图画。为了让学生学好复韵母,可以运用字母卡片设计"找朋友"的游戏,如拿"i"卡片的同学找到拿"u"卡片的朋友,就可以组成 iu 和 ui;拿"i"卡片的同学找到拿"e"卡片的朋友,可以组成 ie 和 ei。此外,还可以设计"猜一猜""夺红旗""变魔术"等多种游戏,激起学生的学习动机,让学生始终保持积极的态度、浓厚的兴趣和高度集中的注意力,还可以培养学生的想象力及动手操作的能力。

案例 4-2:

"j、q、x"教学设计片段[①]

1. 认识 j、q、x 音、形的动画

通过课件设计一个动画,出示 j、q、x 这几位拼音王国的新朋友,显示 j、q、x 的表音表形图(字母和表形图先重叠再分开)。

2. 巩固认识 j、q、x 字母形状的活动和游戏

(1) 给 j 涂色。给每个同学印一个适当放大的 j,字母中间留空,四周勾边,让学生用笔涂色(让学生创造性地涂)。

(2) 用 q 变魔术。剪一个放大的 q,上下左右翻转看,就变成了 b、d、p 等字母。教师可先示范变一个,其余让学生上台变。可以配上顺口溜:"6 像 b,反 6d,9 像 q,反 9p。"

(3) 剪声母 x。给每个学生印一个适当放大的 x,让学生剪出声母 x(学生自己发现快捷、巧妙的剪法)。

进行以上活动和游戏之后,练习书写 j、q、x。

3. 做"找朋友"游戏,练习拼音

如:j—i→ji,j—i—a→jia。可让一个同学上台扮演 j,把 i 和 a 发到各个小组里,做"找朋友"游戏。

4. 利用游戏继续巩固练习

[①] 熊开明. 小学语文新课程教学法[M]. 北京:首都师范大学出版社,2004:22-23.

通过课件展示"小猫钓鱼"的游戏，认识 j、q、x 和 ü 相拼省略 ü 上两点的拼写规则。j、q、x 三只小猫钓到 ü 这条小鱼后，小鱼嘴上的泡泡就飞走了。配上顺口溜："小鱼小鱼有礼貌，见到 j、q、x 不吐泡。"

在"j、q、x"的教学设计中，为了帮助学生记住 j、q、x 的字母形状，教师设计了"给 j 涂色""用 q 变魔术""剪声母 x"等游戏，为了让学生练习拼音，掌握 j、q、x 和 ü 相拼的规则，又分别设计了"找朋友"和"小猫钓鱼"的游戏，引导学生在游戏中学、在玩中学，非常符合低年级小学生的心理特征，不仅可以激发学生浓厚的兴趣，还可以培养学生的动手能力及想象能力。运用游戏法进行教学，要注意处理好游戏与知识、能力的关系，游戏要为掌握汉语拼音服务；要关注每个学生，注意给每个学生参与游戏的机会，充分调动学生参与游戏的积极性与创造性。

（5）情境法

汉语拼音教材中精心设计了拼音字母的表音表形图和与之相配的情境图，教师要善于运用富有生活情趣的插图，引导学生轻松学习拼音。如统编小学语文教材中的"i u ü y w"一课，情境图中有表形的 Y 形的树杈、W 形的屋顶，又有表音的衣服、乌龟、鱼。又如"j q x"一课，情境图中的"母鸡""气球""西瓜"，既表音又表形，同时配有情境歌《在一起》："小黄鸡，小黑鸡，欢欢喜喜在一起，刨刨土，捉捉虫，青草地上做游戏。"教师要善于利用插图表音、表形的特点，引导学生看图画，联系生活说话，读儿歌，轻松掌握字母的读音、形状，练习拼读音节，同时在潜移默化中受到情感态度与价值观方面的熏陶感染。

（二）汉语拼音教学的过程设计

汉语拼音的教学过程，一般包括出示韵母（声母）、指导发音、观察字形、指导书写、拼读音节等环节，其中指导书写和拼读音节两个环节的顺序可以灵活安排，可以先指导书写，也可以先拼读音节。

案例 4-3：

"ang、eng、ing、ong"教学实录[①]

杨新富

第一课时

一、利用"情境图"与学生交谈，引出鼻韵母 ang、eng、ing、ong

师：同学们，在晴朗的休息日里，你们最想去做什么事？（学生自由回答，教师根

[①] 李晓红，任庆世. 做创造的教师——小学语文课堂教学的 55 个经典案例[M]. 成都：四川教育出版社，2006：14-17.

据回答,出示情境图。图上没有拼音。)图上的同学在晴朗的日子里干什么去了?

生:放风筝去了。

师:是的,他们在"放"风筝(根据学生回答,出示卡片"ang"),放风筝的"放"中就含有 ang 这个韵母(相机将卡片贴在情境图相应的内容旁);他们放的是什么风筝呢?

生:"长龙"风筝。

师:长龙的"龙"中就含有 ong 这个韵母(根据学生的回答,出示"ong"的卡片,并粘贴在情境图上);还有什么样的风筝?

生:"老鹰"和"蜜蜂"风筝。

师:老鹰的"鹰"里边含有 ing 这个韵母;蜜蜂的"蜂"里边含有 eng 这个韵母。(教师根据回答,分别适时出示 ing 和 eng 的卡片,并贴在相应的位置)

师:这就是我们今天要学的 4 个韵母,其实同学们早就知道它们了,它们就在我们平常的语言中。今天我们就正式和它们 4 个来交朋友,好吗?

二、认读 ang、eng、ing、ong

1. 认读 ang

师:刚才我们看到了这几个同学在放风筝。把放风筝的"放"改为第一声,然后去掉声母 f,就是今天我们要学的第一个韵母的读音。

教师范读 ang 三遍。(在范读时,教师要有意识地皱起鼻子,以提示学生这个韵母发后鼻音)

教师领读 ang,学生模仿读。

指名读,教师根据读的情况正音,再指名读,齐读。

2. 认读 eng

师:(出示蜜蜂图片)还记得这个风筝吗?我们把蜜蜂的"蜂"去掉声母 f,就是 eng 的读音。

教师范读 eng,学生模仿读。

指名读,教师正音。

3. 认读 ing

师:(出示老鹰图片)这是什么风筝?老鹰的"鹰"就是韵母 ing 的读音。

教师范读 ing,学生模仿读。

指名读,教师正音。

4. 比较

出示前鼻韵母 an、en、in、un 引导学生通过听、读观察比较,看看 an、en、in、un 与 ang、eng、ing、ong 有什么不同。

师:现在你们和它们成为好朋友了吗?那你们一定能准确地把它们读出来。

指名读,齐读。

5. 整体认读音节及其四声

师:(出示"ing")它也很想成为音节给汉字注音,可是拼音王国有规矩,它不能。于是它赶紧找大 y 帮忙。大 y 很乐意,于是它们组成了音节 ying(出示"ying"),而且它们就不能分开了,于是拼音王国给它们起了个名字,叫什么?

(整体认读音节)想想该怎么读。

指名读,教师范读。

出示 ing 的四声,自由练读。

指名读,小组"开火车"读。

三、利用情境图,将后鼻韵母的构成和发音与前鼻韵母相比较,巩固所学后鼻韵母

(略)

四、运用语境歌巩固练习

师:今天我们学习了4个后鼻韵母,我们还为它们编了一首歌谣呢。我们一起来读读吧!(教师领读语境歌,指名学生读,全班击节而歌)

(略)

五、指导书写

(1) 引导学生观察这4个韵母的组成及在四线三格中的位置。

(2) 教师示范书写。

(3) 学生练习描红,教师适时评点反馈。

第二课时

一、复习反馈

1. 出示后鼻韵母卡片和 ying 的四声卡片

师:上课前,我们轻松一下,来玩个游戏,好吗?老师带来了一些水果卡片,在每个水果卡片的后边都写有一个汉语拼音字母。只要你能正确地读出卡片上的拼音字母,卡片就归你了。

2. 出示"an—ang、en—eng、in—ing、un—ong"

师:这些由一个前鼻韵母和一个大尾巴组成的韵母叫什么?你能区分它们吗?

指名对比读。

二、借助配套图,拼读拼音词

1. 出示图一

(1) 师:图上画了什么?

(2) 出示"f-áng→fáng",指名拼读。

(3) 出示"fáng wū",学生自由练习读拼音词,指名读。

2. 出示图二

(1) 师:画上画的是什么?

(2) 出示"sh-ēng→shēng",指名拼读。

(3) 出示"huā shēng",学生练习拼读,指名拼读,齐读。

3. 练习

(1) 师:请大家打开书,用刚才的方法,自己学习下面两组音节词。

(2) 出示"shuǐpíng hóngqí",指名拼读单个音节和音节词。

(3) 四人小组练拼读。

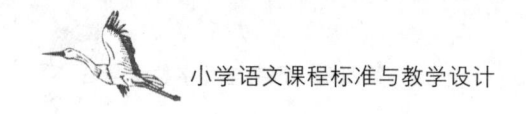

三、认读拼音句

师：我们的书上有一幅有趣的图，(出示插图)请小朋友们一起来看看，图上画了什么。

学生自由看书读句子，并画出其中的三拼音节。指名拼读四个三拼音节。

把三拼音节带进句子中再读一读，试着把句子连起来读。

指名分行试读句子，再把全句连起来读。

四、抄写音节练习

(略)

上面的拼音教学设计中，第一课时，教师先利用"情境图"与学生交谈，引出后鼻韵母 ang、eng、ing、ong，接着运用示范法、练习法、比较法等多种方法指导学生读准几个后鼻韵母及整体认读音节的音，然后指导学生书写；第二课时，在复习的基础上，重点指导学生拼读音节，分别安排了拼读拼音词、认读拼音句两个环节，锻炼学生的拼读技能，最后指导学生抄写音节，完整体现了汉语拼音教学的基本过程。

二、识字教学设计

(一) 识字教学的内容与方法

汉字是音、形、义的有机统一体，学生学习汉字，要求读准字音，认清字形，了解字义。识字教学的内容，一般包括字音教学、字形教学、字义教学三个方面。其中，读准字音是学生识字的基础，掌握字形是学生识字的难点，理解字义是学生识字的核心。识字教学要注重教给学生识字方法，培养学生的识字能力。

1. 字音教学的方法

字音教学是学生识字的基础。汉字是表意文字，字音和字形之间没有必然的联系，而且还存在一字多音以及一音多字的复杂情况，这就给字音教学带来了一定困难。叶圣陶先生曾指出："中国字太多、太复杂，谁也不能夸口说念字不会出错。字要念得正确，不要念别字，这也是识字方面应下的功夫。"要求学生读准字音，除了要求学生熟练地掌握汉语拼音之外，还要恰当地利用汉字字音的一些特点进行教学。

(1) 借助拼音读准字音

汉字的 400 多个音节，都能运用汉语拼音读出来。从儿童语言的发展来看，口头语言比书面语言发展得早，学龄初期儿童的发音能力已经相当成熟，但是对字的读音不太标准。因此，小学语文教材把汉语拼音安排在第一册，通过汉语拼音教学，培养学生拼读音节的能力，学会借助汉语拼音认读汉字、读准字音、纠正地方音。在学习了《汉语拼音字母表》之后，还要学会用音序检字法查字典，利用字典的注音读准字音，学习独立识字。

(2) 形声字根据声旁推断读音

形声字是指由表示字音的偏旁和表示字义的偏旁组成的字。字音教学除了以汉语拼音为工具教读字音以外，还要引导学生用形声字的表音规律，根据声旁推断读音，再用部首检字法查字典来订正读音。有些形声字的读音跟其声旁的读音相同，比

如"清""蝴"等字,在教学时,可以先让学生读作为声旁的"青""胡",然后再读"清""蝴",启发学生懂得形声字声旁表音的特点。但是,由于古今语音的演变,很多形声字的读音与声旁的读音并不相同,声旁的表音作用是有一定限度的。因此,要告诉学生不能一遇到形声字就根据声旁推断读音,不能把规律理解为机械的、毫无例外的,在不能确定生字的读音时,要指导学生用部首检字法查字典来确定读音。

(3) 多音字根据字义和语境确定读音

多音字是指一个汉字有两个或两个以上的读音。多音字在和不同的字组成词时,或在不同的语言环境中表达不同的意思时,随着意义的变化,读音也会发生变化。如音乐、快乐。确定多音字的字音,要指导学生把字放到语言环境中,根据字义确定字音,避免误读。如"富强(qiáng)""倔强(jiàng)""强(qiǎng)词夺理"。多音字的不同读音和字义应随着课文逐步地、分散地出现,不要一次把所有的读音和字义都教给学生,以免引起混淆。如"差"字的几种读音:差(chà)不多、差(chāi)事、差(chā)错、参差(cī)不齐,应该借助语言环境逐步教给学生,以后每出现一次,就要复习以前学过的读音,进行组词、造句等练习,巩固多音字的读音。

(4) 同音字注重比较字形、字义

同音字是指现代汉语里语音相同但字形、意义不同的字,所谓语音相同,一般是指声母、韵母和声调完全相同,如"真—甄""驱—躯"。同音字有两种情况:一种是音同形异的字,如"戴""带""代";一种是音同形近的字,如"脑""恼"。同音字是造成学生写别字的主要原因,是识字教学中的难点之一,教学中要注重比较分析。教学音同形异的同音字要着重比较字义,建立不同字形与不同字义的联系。要结合词句,着重从字义及运用方面加强练习,防止写成别字,如"刻苦学习""克服困难"中的"刻"与"克"字,要联系词句加强运用。对于音同形近的同音字则应着重辨析字形,根据形声字形旁表义的特点,着重分析字形中不同的地方,分别组词理解字义,如"驱车""崎岖"中的"驱"与"岖"字,因为古代都是用马拉车,所以"驱车"应该是与马有关的"驱","崎岖"是形容山路不平的,应该选择与山有关的"岖"。此外,还可以采用选字填空、编歌诀等形式,把同音字放到具体的语言环境中去练习、运用。

(5) 近音字注重比较发音方法

近音字是指读音相近的字。近音字有的声母相同,韵母不同,如"近(jìn)"和"境(jìng)";有的韵母相同,声母不同,如"造(zào)"和"照(zhào)"。教学时要引导学生比较发音方法,读出它们在字音上的差别,也可以运用绕口令、读词语等方法,放到词语、句子中多读多练。比如,教师可以指导学生进行读词语练习:"宗旨—终止""股市—古寺""新村—新春""地址—弟子""本能""神圣""真正""聘请";也可以指导学生进行绕口令练习:"刚往窗上糊字纸,你就隔着窗户撕字纸,一次撕下横字纸,一次撕下竖字纸,横竖两次撕了四十四张湿字纸!"

2. 字形教学的方法

掌握字形是学生识字的难点。字形教学要求指导学生分析字的组成部分,熟悉字的笔画、笔顺、结构和偏旁部首,完整地掌握字形。初入学的儿童已掌握大量的口头词汇,对很多常用字词的音、义并不陌生,只有字形是入学后学习的新因素,而且汉

字笔画繁杂,结构多样,对小学生来说,要逐一辨认和记忆两三千个汉字,不仅认识字形还要求会写,是比较困难的。因此,教师要善于根据汉字的构字规律和儿童识字的心理特点,引导学生分析、记忆字形,同时培养学生的观察能力、比较能力、分析能力、理解能力与记忆能力。

(1) 分析笔画、部件,记忆字形

汉字的笔画、笔顺和偏旁部首,是帮助学生认识字形的工具。笔画是构成汉字的基本材料,最初的字形分析,就是分析笔画。汉字最基本的笔画有点、横、竖、撇、捺、钩、折、提八种,其他的笔画都以这八种基本笔画为基础。汉字按结构可分为独体字和合体字两大类。独体字不能拆开,如"人""口""手"等。合体字是由两个或两个以上的独体字合成一个字,如"尘""秋""晶"等。一年级开始教独体字时,就要教好基本笔画,使学生逐步掌握每种笔画的名称和写法,认清每个笔画的位置和顺序,掌握笔顺规则,弄清楚先写哪笔,后写哪笔。教合体字时,要逐步教学生认识字的偏旁部首和字的基本结构方式。偏旁是由笔画组成的较大的构字单位,是汉字的基本结构单位。偏旁原指组成汉字的两边,左为"偏"右为"旁",现在习惯把汉字的上下左右统称为偏旁。如"盆"字由"分"和"皿字底"两个偏旁组成,"问"字由"门字框"和"口"两个偏旁组成。部首是具有字形归类作用的偏旁,是字典中各部的首字,即每一部的共同偏旁。如"树、桦、枫、松"属"木"部,"木"就是这些字的部首。合体字的结构方式主要有左右结构、左中右结构、上下结构、上中下结构、全包围结构、半包围结构、品字形结构等。当学生基本掌握了常用的偏旁部首和字的基本结构方式以后,就可以用偏旁部首和某一个基本字为结构单位来分析字形。如"跑"是左右结构的字,由"足字旁"和"包"构成。教师可以把汉字的笔画名称、笔顺规则、偏旁部首、间架结构等制成表张贴在教室里,让学生逐渐记住并能在分析字形时熟练地运用。

(2) 运用汉字构字规律,分析、记忆字形

汉字的构成有规律可循,常见的构字方法有象形、指事、会意、形声等。教师要善于根据构字规律和学生的心理特点,引导学生观察、想象、理解,快速、准确地记忆字形。比如,教"羊""鸟""兔"等象形字,可以结合图片及甲骨文,让学生了解汉字的历史,联系实物形象记住字形;教"清、情、晴"等形声字,可以教学生分析形旁,从义辨形;教"林、森、从、众"等会意字,可以指导学生发现字形与字义的联系,根据字义记忆字形。

(3) 运用比较法,辨析形近字

形近字是指一些字形结构相近的字,如"人"与"入"、"未"与"末"。初入学儿童对字词的感知笼统、不精确,对汉字大体轮廓和最富有特点的部分较易掌握,对内含及细小部分进行精细的辨别较困难,他们辨认汉字笔画的长短、封口和空间配置(上下、左右、内外)常会出错,经常出现"未"和"末"不分、"鸟"和"乌"混淆等现象。为了防止学生写错字,在识字教学中应该加强形近字的比较。

对字形差别细微的汉字,教师应该指导学生认真观察,仔细比较字形之间的差异,对易混淆的细微部分要特别注意,比如"拨"与"拔"、"卷"与"券"。在字形的比较中,可以运用知觉的差异律把难以辨认和容易混淆的笔画,用彩色粉笔写出,吸引学

生的注意,留下深刻印象。但是,如果滥用彩笔,使汉字各个部分产生分割现象,反而会冲淡知觉的完整性,分散注意力,从而降低教学效果。

(4) 编字谜、歌诀,记忆字形

低年级儿童非常喜欢读儿歌、猜字谜等活动,为了激发学生识字的兴趣,教师可以根据学生的认知特点及汉字的字形特点,把汉字编成生动形象的歌诀、字谜等,帮助学生准确记忆字形。比如:为了帮助学生记住"辛"与"幸"的区别,有位教师编写了歌诀"辛苦一点,幸福十分""短辛苦,长幸福",让学生对两个字的区别形成了深刻印象。为了让学生记住"碧"的"品字形"结构特点,可以用歌诀帮助学生记忆:"王大娘、白大娘,并排坐在石头上。"为了让学生记住"告"的字形特点,可以运用字谜"一口咬掉牛尾巴"帮助学生记忆。教师还可以鼓励学生根据汉字的字形特点,充分发挥想象力,自编字谜、歌诀等,有效调动学生学习的积极性。

3. 字义教学的方法

字义教学是识字教学的核心。字义的理解,直接影响字形的感知和记忆,字义理解不清楚,就会出现错别字,也会影响字的巩固。同时,理解字义是发展语言的基础,是培养学生理解能力、读写作能力的起点,只有透彻理解字义,才能在读写中正确运用。字义教学和词义教学是不可分割的,大多数字在词中表达一部分意义,需要与词联系起来才能更准确地理解字义。教师要联系学生已有的知识经验和具体的语言环境,运用多种教学方法,引导学生理解字义。

(1) 直观演示法

汉字是抽象的符号,而小学生的思维特点是以具体形象思维为主,喜欢具体、形象的事物,因此,为了引起学生的注意和兴趣,帮助学生准确地理解字义,教师要根据学生的认知基础,恰当地运用直观手段,用具体的实物、模型、标本、图画、动作、表情等生动形象地解释字义,让抽象的文字与学生可以感知到的具体形象联系起来。比如,统编小学语文二年级上册中《小蝌蚪找妈妈》一课,针对词义较抽象的"迎""追",教师可以指导学生观察课文中的插图,准确理解"迎""追"的字义。教师也可以用适当的动作、手势、表情来帮助学生理解字义,如"拿""掰""怒"等。

(2) 注释法

有些字是难以利用直观教具或动作表情来解释字义的,这就需要教师用浅显易懂、生动形象的语言解释字义,或是让学生通过查字典了解字义。运用注释法要防止用错误的思想观点来解释字义,比如"祖国就是国家",这样的注释是不恰当的。教师不能离开学生生活经验,把字义越讲越深奥,也不必逐字逐句地机械解释,比如"颊"字,只需要指着脸上的部位,用浅显易懂的语言做出解释即可,不必按字典上的注释"脸的两侧从眼到下颌的部分"解释。不能让学生死记硬背字义,要真正懂得字词的意思,用自己的话解释字义。

(3) 联系法

联系法是指引导学生联系生活实际或联系上下文理解字义。小学生在日常生活中已经认识了很多事物,积累了很多直接经验,有些字义可以引导学生联系生活实际加以理解。比如"雪"字,北方的小学生对下雪有深刻印象,教师可以引导学生谈谈自

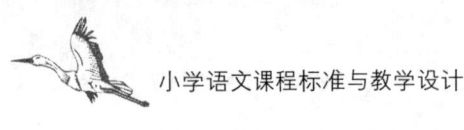

己看到的雪景以及下雪时的感受。针对一字多义或字义抽象的生字，教师要引导学生联系上下文，把字义放到语言环境中来理解。比如，"益"字在"保护益虫""延年益寿""受益匪浅"等词语中的字义各不相同；"又""也""还"等字义抽象，必须放到具体语言环境中，才能准确理解它们的字义。

（4）构字规律法

构字规律法是指利用汉字的构字规律，通过分析字形特点来理解字义。利用象形字的直观性，可以引导学生联系具体事物，理解字义，比如"口""耳""目"等字；利用会意字形义联系的特点，可以引导学生分析字形，理解字义，如"尘""明""休"等字；利用形声字形旁表意的特点，可以引导学生分析形旁，理解字义，比如"掂""惦""踮"等字。教师可以根据学生的理解水平，结合生字逐步讲解一些偏旁的含义，当学生明白了偏旁的含意，就可以举一反三，理解字义。例如"反文旁"的字，大多数与手的动作有关，如"放""牧""教"等字；"月字旁"的字，大多数和身体有关，如"肚""胳""膊""膀""臂"等字。

（二）识字教学的过程设计

小学语文识字教材主要有两种类型，一种是专门编排的识字课文，比如统编小学语文一年级上册识字单元中的《日月水火》一课，结合插图学习"日、月、水、火"等字，专门用于识字；一种是在阅读中随课文识字，比如统编小学语文一年级上册教材中的《秋天》《四季》等课文，是在阅读中随课文识字，将识字、阅读相结合。下面分别针对这两种识字内容谈谈教学过程的设计。

1. 识字课文的教学过程设计

为了引起学生的识字兴趣，专门编排的识字课文形式多样，内涵丰富，有四字词语、三字经、对子歌、小动物儿歌、谜语等多种形式。一般教学过程如下：

（1）导入新课。通过复习、谈话、图片、音乐等多种方式导入新课。

（2）教学生字。教师采用多种识字方法，引导学生读准字音，认清字形，了解字义，并指导书写。

（3）复习巩固，布置作业。教师设计各种形式的练习，引导学生听、说、读、写，巩固生字，同时设计拓展延伸的作业，引导学生课外练习，巩固生字。

2. 随课文识字的教学过程设计

随课文识字是现行语文教材的主要识字形式。随课文识字最大的特点是把生字放到一篇篇课文中，把识字、阅读结合起来，体现了"字不离词，词不离句"的识字教学思想，有利于字的音、形、义的结合。在具体的语言环境中识字，学生通过多次阅读课文，结合词句读准字音，反复感知字形，联系上下文深刻理解字义，领会生字新词的运用，有助于培养语感，提高阅读能力与表达能力。

随课文识字要根据课文内容和生字的特点，灵活安排音、形、义教学。如果一篇课文生字较多，篇幅较长，有些字在讲读课文之前集中学习，并不影响对词义的理解，就可以先学，另一部分字词结合课文的语句学习更容易理解，可以边理解课文边学习；如果一篇课文的生字不多，篇幅较短，就可以采用边读课文边识字的方式。

在一般情况下，随课文识字在初读课文时侧重解决字音，精读课文时侧重理解字义,学习课文之后指导学生书写生字。这样做,将字的音、形、义的掌握分步走,不但分散了识字的难点,而且不会中断理解课文的思路。随课文识字的一般教学过程如下:

(1) 初读课文,找出生字,借助拼音,读准字音,初认字形,粗解字义。
(2) 精读课文,结合语言环境,理解字义,反复感知字形。
(3) 总结课文,分析字形,指导学生书写生字。采取多种方式,复习巩固生字,使学生在头脑中建立起鲜明的音、形、义的联系。

案例 4-4:

《小稻秧脱险记》教学实录[①]

于永正老师执教

师:同学们,今天,我们来学习《小稻秧脱险记》。请小朋友跟于老师一起写课题。注意"稻"的笔顺。

师:学习这篇课文,我们有四项任务。(出示投影片)

学习目标:

(1) 读课文,读准生字字音,画出不理解的词语。
(2) 正确、流利地朗读课文,边读边体会词语的意思。
(3) 小稻秧遇到了什么危险?后来是怎样脱险的?
(4) 写生字,要求写得正确、规范。

师:现在,先来看第一个任务。(出示投影片)这一课的生字一共10个。

险 吵 杂 拥 拼 跟 谁 欺 负 纷

小朋友注意看,这些生字,哪些不要老师教,也不要看书上的拼音,你就认识?

生:我认识"拼"。

师:这个"拼"你是什么时候认识的?

生:我是一年级时认识的,那时书上有一个词是"拼音"。

生:我还认识"杂"。

师:(老师指"纷")这个字,有认识的吗?

生:认识,这个字读"fēn"。

师:你是怎么认识的?

生:我是在《清明》这首诗里学的。里面有一句是"清明时节雨纷纷"。

师:我发现有的同学已经读第二遍课文了。有的同学在读书时,把自己不认识的生字的拼音写在生字的上面。这是个好习惯。(学生默读,边读边写拼音)

师:读完、写完后,请同学们读一读生字的拼音并记住它。

师:书上生字能记住的请举手。请同学们看,哪些字记住了。(指一同学读,其余

[①] 雷玲.小学语文名师教学艺术[M].上海:华东师范大学出版社,2008:15-16.

同学跟着读)

师:注意"欺负"的"负",单读时,读四声,与"欺"连在一起时读轻声。请接着读。

师:请大家一边读课文,一边把不懂的词语画下来。(学生读课文、画词语,教师巡视。发给部分学生小黑板,让他们把不懂的词语写在小黑板上)

师:请写好的小朋友把小黑板送过来。请大家把这些词读一读。(学生读词语:团团围住、气势汹汹、蛮不讲理、一拥而上、不由分说……)

师:这些词,有的需要老师帮助,有的自己通过读课文就可以理解。请大家读课文,边读边想这些词语的意思,我相信,多数词语同学们能通过读课文理解。(学生读课文,教师巡视)

师:读完两遍课文的请举手。好,读的时候不仅要考虑词语的意思,还要注意做到正确、流利,如果能做到有感情就更好了。请大家再读一遍课文。(学生继续读课文)

师:有的同学已经读到第四遍了。下面我们来检查读书的效果。(教师随时纠正"蛮"等字音)

(指导朗读略)

师:读到这里,我想,"团团围住、气势汹汹、蛮不讲理、一拥而上"基本上读懂了。我们通过表演来做个检查。现在,我当"小稻秧",你们几个当"杂草"。杂草要把小稻秧团团围住,你们应该怎么站?(学生从四面八方把老师围住。笑声)

师:你们要干什么?

生:快把营养交出来!(声音低)

师:"气势汹汹"这个词你们没读懂。你们应该怎么说?做什么动作?想一想。要凶,声音要大,把腰挺起来。

生:(挺腰、大声、凶恶地)快把营养交出来!

师:我们搬到大田来不久,正需要营养,怎么能交给你们呢?(学生不知所措)

师:(问全体同学)你们应干什么?

生:他们应上前去抢营养。

师:对,要抢。营养在地里,快!!

("杂草们"一拥而上,抢起了营养。"稻秧"没精打采地垂下了头。下面的学生哈哈大笑)

师:杂草厉害不厉害?凶不凶?(生:厉害,凶!)这就是"气势汹汹"。杂草野蛮不野蛮?(生:野蛮)讲理不讲理?(生:不讲理)这就叫"蛮不讲理"! 杂草让小稻秧发言了吗?

(生:不让)这就是"不由分说"。各位"杂草"请回去。(笑声)

(略)

师:书读好了,问题也就解决了。下面请大家把课堂习字簿拿出来,我们来完成写字任务。注意,一要正确,二要规范。每一个字描红、仿影、临写各一遍。

师:自己检查一下写字姿势,"三个一"做到了吗?好(放《古筝曲》),先描红一遍。(学生描红,教师巡视指导,并提示保持适当的速度)

师:哪些字的笔顺你拿不准,需要老师帮助?

生:"杂""欺"这两个字的笔顺我拿不准。(教师示范写"杂""欺")

师:还有哪些字?

(略)

师:下面再把仿影和临写两项任务完成。

在上面的识字教学中,于老师首先指导学生联系已有的知识经验认读生字,再指导学生通过读课文,读准生字字音。接着,于老师让学生提出不理解的词语,然后让学生读书感悟,指导学生借助语言环境,通过生动形象的表演活动理解字词的意思。在学生获得对课文的整体认识、理解生字词在语言环境中的特定含义之后,指导学生在课堂习字簿上书写生字,对生字的字形提醒、示范、指导,强化了写字训练。于老师运用多种方法,将字音、字形、字义的学习与阅读紧密结合在一起,学生既学会了生字,也读懂了课文。

三、写字教学设计

(一) 写字教学的内容与方法

1. 写字教学的内容

热爱祖国的语言文字,养成良好的书写习惯,具备熟练的书写技能,并具有初步的书法欣赏能力是现代中国公民应有的基本素养,也是我国基础教育课程的目标之一。《课标》针对每一学段的写字教学都提出了具体、明确的目标。根据写字教学的目标,可以把小学阶段写字教学的主要内容概括如下:

(1) 指导学生掌握正确的写字姿势

正确的写字姿势,不仅能保证书写自如,提高书写水平,而且还能促进少年儿童身体的正常发育,预防近视、斜视、脊椎弯曲等多种疾病的发生。《课标》在每个学段的写字教学中都强调要做到"写字姿势正确"。低年级是养成正确写字姿势和良好的写字习惯的关键期,教师要重视对学生写字姿势的指导。

正确的写字姿势包括正确的坐姿以及正确的执笔方法。正确的坐姿是:上身坐正,两肩齐平;腰背挺直,头和上身稍向前倾;两脚平放在地上与肩同宽;左右两臂平放在桌面上,左手按纸,右手执笔,纸要放正;胸口离桌沿一拳左右;眼睛与纸面的距离应保持在一尺左右。硬笔的执笔方法是:右手执笔,大拇指、食指、中指分别从三个方向捏住笔杆下端,距离笔尖约一寸;食指稍前,大拇指稍后,中指在内侧抵住笔杆,无名指和小指依次自然地贴近中指并稍向手心弯曲,掌侧要贴实桌面;笔杆上端斜靠在虎口处,笔杆和纸面成45°角;执笔要做到"指实掌虚",就是手指握笔要实,掌心要空,这样书写起来才能灵活运笔。教师可以借助生动有趣的《写字歌》:"学写字,要注意,头要正,肩要平,身要坐直,纸放正,一尺一拳要记清,手离笔尖一寸高,写字认真心要静。"帮助学生牢记写字姿势。此外,教师还要加强示范,对于不正确的写字姿势,要不厌其烦地提醒,指导学生反复练习,逐步掌握正确的写字姿势。

(2) 指导学生掌握基本的书写技能

掌握基本的书写技能是保证写字质量的关键,也是写字教学的核心内容。书写

技能包括正确掌握硬笔字、毛笔字的执笔方法和运笔方法；掌握汉字的基本笔画和笔顺规则；掌握常用的偏旁部首和字的间架结构等。

硬笔的执笔方法在指导学生写字姿势时就要教给学生，硬笔字的笔画平直，变化不大，运笔比较简单。一般在起笔、转折、提、钩时要稍重、稍慢，在撇、捺、提、钩收笔时要稍轻、稍快，在一般的运笔过程中，用力要均匀，速度要适当。

关于毛笔的执笔方法，使用最广泛的是"按、压、钩、顶、抵"五指执笔法。五指执笔法的要领是：指实、掌虚、掌竖、腕平、管直。具体的执笔方法是：用大拇指的第一节内侧按住笔杆的内侧，大拇指处于略水平的横向状态；用食指的第一关节由外往里压住笔杆的外侧，与大拇指配合起来，将笔杆捏住；中指紧挨着食指，用第一、第二节弯曲如钩地钩住笔杆的外侧，无名指紧挨中指，用第一节指甲根部紧贴着笔杆顶住食指、中指往里压的力；小指紧贴无名指，抵住无名指的内下侧，帮上一点劲。这样五个手指的力量均匀地围住笔的三个侧面，使笔固定。五指一齐用力，执笔既坚实有力，又有助于运笔，使之松紧适度。毛笔运笔一般分起笔、行笔、收笔三步。笔锋落纸后，准备动笔的时候为起笔，笔锋落纸后在纸上行走时为行笔；笔锋在笔画中运行到最后取回锋作收为收笔。运笔时，起笔要逆入；行笔要有轻、重、缓、急和顿、挫、提、按的变化，收笔时要稍做提顿。教师可以结合具体的汉字书写教给学生运笔的方法。

笔画是构成汉字的最小单位，每个汉字都是由基本笔画组成的，掌握基本笔画是写字的基础。笔画教学要让学生认识笔画名称，教给学生各种笔画的书写方法。教师要对初学写字的学生进行基本笔画的训练，指导他们掌握基本笔画的写法。如："横"的落笔较重，起笔后向右较轻行笔，方向渐渐向上斜，收笔轻按；"撇"的起笔重，越来越轻，收笔时比较快；"捺"的起笔轻，越往下越重，收笔时更重，稍稍顿一下轻轻收起。

笔顺是汉字的书写顺序。学会和掌握笔顺规则，可以使笔画之间搭配合理，把字写得规范，提高书写速度。笔顺教学从分析笔画先后顺序开始，逐渐过渡到分析汉字结构单位的书写顺序。常用的汉字笔顺规则为：先横后竖、先撇后捺、从上到下、从左到右、从外到内、先里头后封口、先中间后两边。教师要结合不同结构的汉字，示范笔顺规则，指导学生反复练习，掌握笔顺规则。如上下结构的"早""思"等字，按照"从上到下"的规则书写，全包围结构的"回""国"等字，按照"先里头后封口"的规则书写。

偏旁部首是汉字中很有特色的构字部件，教师要有意识地结合例字指导学生掌握书写要领。很多学生在书写"氵""辶""宀"等偏旁时，感到比较难。要写好这些偏旁，必须弄清楚每个偏旁的笔画、笔顺及书写方法。比如，"氵"上面的两点和下面的提不能写在一条垂线上，第二点要稍微偏左些，这样才显得不呆板；"辶"的第一笔"点"要偏右书写，第二笔"横折折撇"不能写得太正，宜稍斜，第三笔"平捺"的起笔在垂直方向要对准第二笔的起笔，要捺得一波三折。有的字做偏旁时，笔画会发生改变，要特别注意结合例字提醒学生留意，比如在"树、种、双"等字中，"木、禾、又"做偏旁时的"捺"改为"点"；在"珠、坏"等字中，"王、土"做偏旁时，下面的"横"改为"提"。有的字做偏旁时，笔画变化引起笔顺变化，如"牺"字中的"牛"旁。偏旁部首的笔画变化，教师要在第一次出现时指出，提醒学生认真观察，准确书写字形。

间架结构是指笔画搭配、排列、组合成字的形式和规律。写字之前，低年级教师

要在"田"字格中逐一演示讲解,指导学生认真观察、分析字的结构方式,以及每一个组成部分在田字格中的位置、所占比例的大小,并在学生练习时巡视指导。对于笔画繁多、线条曲折而不整齐的字、内含比外围复杂的字、两边不对称的字,如:"疑""费""粤""鼠"等字,可以利用知觉的差异律,用彩色笔标出难把握、易写错的笔画或部件,重点指导学生反复书写,把握好字的间架结构。

(3) 指导学生养成良好的写字习惯

良好的写字习惯是学生写好字的基本保障。良好的写字习惯主要包括:正确的写字姿势,专心认真的写字态度,爱惜写字用具、讲究书写卫生的习惯,坚持不懈的练字习惯等。郭沫若先生曾说:"培养中小学生写好字,不一定要人人成为书法家,总要把字写得合乎规范,比较端正、干净、容易认。这样养成习惯有好处,能够使人细心,容易集中意志、善于体贴人。草草了事、粗枝大叶、独断专行,是最容易误事的,练习写字可以逐渐免除这些毛病。"习惯的形成是一个长期坚持的过程,非一日之功,需要从点滴抓起,持之以恒。教师要指导学生增强练字意识,严格要求学生的写字姿势、写字态度等,逐步培养学生良好的写字习惯。

2. 写字教学的方法

(1) 观察法

汉字字形复杂,笔画变化较多,而低年级学生的知觉较笼统、不精确,在写字中,往往因观察不仔细而发生笔画增减、结构颠倒等错误。因此,教师应严格要求学生仔细观察字的笔画和结构,比较形近字的细微区别,准确感知字形。当学生认清字形后,引导学生仔细观察田字格里的范字,看清每个字的结构特点及在田字格中的位置,如"课""刻"等字,都是左右结构的字,但"课"字左窄右宽,"刻"字左宽右窄,要指导学生认真观察,把范字的形态特征、结构规律熟记在心。当学生仿写范字后,让学生仔细观察、比较自己的字与范字的差距,分析原因,再次仿写,逐步提高书写质量。

(2) 示范法

小学生善于模仿,在日常的写字教学中,教师的示范作用很重要。教师应当练就一手规范的字,无论是课堂板书,还是批改作业时写评语,都要字迹清晰,端正整洁,为学生做出正确示范,引导学生提高写字的质量。小学生初学写字时,教师要亲自示范写字姿势,指导学生反复练习。为了让学生学会基本笔画的写法、笔顺规则及字形特点,教师应该在学生整体认知字形结构以及观察了田字格中的范字以后,在黑板上画好的田字格中示范,向学生展示写字的动态过程。教师要边示范边讲解,先写什么,再写什么,每一笔画的起笔在什么地方,收笔在哪里,整个字在形体上有什么特点,对难写或易错的笔画要多加示范,引起学生的注意。教师示范时应注意动作缓慢,范字大小及书写位置要确保全班学生都能看清楚,引导学生认真观察字的形态、书写的过程,掌握运笔的方法。除了亲自示范,教师也可以借助多媒体动态示范汉字的笔画、笔顺和结构特征。

(3) 练习法

练习法是写字教学最常用的方法。学生写字除了懂得写字姿势、笔顺规则等书写知识,更重要的是在练习中体验和掌握书写技能,形成书写能力。练习法要与观察

法、示范法相结合,练习法一般在教师示范后使用。当学生对汉字的字形、笔画、笔顺有了初步的认识,教师就要指导学生开始练写。练习时,教师应当巡回指导,反复提醒学生注意自己的写字姿势,随时提醒学生注意字的结构特点、各组成部分的比例以及每一笔在田字格中的位置。对写字有困难的学生要个别指导,对写字中存在的共性问题,如笔顺不正确、结构不合理,要及时指导纠正,反复示范。要依据学生的年龄特点和书写实际,合理安排练习时间和难度,要每天坚持练习,每次练习的时间不宜过长,循序渐进地向学生提出写字要求,逐步加大写字难度。通过教师反复指导,学生认真练习,逐步形成写字能力,养成良好的写字习惯。

(4) 评价展示法

写字教学中,教师公正客观的评价能够发挥诊断、反馈、激励的作用,有利于帮助学生正确认识自己的优点与不足,激发学生写字兴趣,促进学生写字技能的发展。在学生写完字以后,教师要及时组织评价。评价标准要具体明确,有针对性,要根据每位学生的写字特点,恰如其分地评价。比如:书写正确、字面整洁、写字姿势正确、运笔方法正确、间架结构安排合理等。评价主体要多元化,可以是学生对照范字自我评价,可以是同桌、小组内相互评价,也可以是教师点评。要开展动态评价,以发展的眼光看待学生的进步。教师可以定期进行"周评"与"月评",即每周、每月展开一次集中评价,通过评价,让学生看到自己的进步及努力方向,并对他们进行表扬与鼓励。

为了激发学生写字的积极性,增强学生的写字信心,教师可以开展写字比赛、优秀作业评展等活动,比如每周或每月评选一次优秀的"书写作业",展示学生优秀的写字成果。得到展示机会的同学会体验到成功的快乐,增强信心,并为其他同学树立学习的榜样,激起全班同学写字的热情,营造浓厚的写字氛围。

案例 4-5:

"点"字的识记与书写[①]

师:(出示生字卡"点")小朋友,"点"字里面藏着许多秘密,看看哪个留心观察的小朋友能找到?

(学生认真观察)

生:(很兴奋)老师,我发现"点"字是上下结构,上面是个"占",下面是个四点底。

生:"点"分成三个部分,上面是一竖一横,中间是个"口",下面是四个点。请大家注意看,这四个点中第一个点是往左的,后面三个点是朝右的。

生:(很自信)我有一个更大的发现。你们看,这个"点"字好像一个哨所,中间的一个"口"字是哨兵观察敌情的窗口,底下四点就是修筑所用的石块,它们整齐地排列着,上面的竖、横,就像是哨所上飘扬的旗子。

---

① 刘文奇,袁桂萍. 小学语文有效教学艺术探究[M]. 长春:吉林人民出版社,2017:141-142.

师：听你们这么一说，老师觉得"点"字真有趣！那么，这个字在田字格中要怎样写才能写得漂亮呢？（投影田字格里的范例，学生观察）

师：谁有新发现？

生：老师，我发现第一笔竖是从竖中线起笔的。

生：我发现中间"口"字是个扁口，其中横折的横要压在横中线上。

生：这是一个上小下大的字，底下的四点要写得大一点，托住上面的"占"。

师：小朋友观察得真仔细。现在，就请你们在作业本上练习写几个"点"字。

……

在上面的教学片段中，通过教师的精心指导，学生仔细观察、认真分析，清晰地感知到"点"字的字形及结构特点。当学生掌握字形后，教师又指导学生观察"点"字的书写要领。在教师的肯定及鼓励下，学生观察、分析字形的积极性很高，从字形的特点到生字的书写要领，要点都是由学生自己发现的，充分调动学生的积极性，培养学生的观察能力、想象能力与分析能力，让学生感受到识字、写字的乐趣。

（二）写字教学的过程设计

写字教学一般包括指导学生观察字形、教师示范指导、学生练习、评价总结等几个环节。具体过程如下：

1. 指导学生观察字形

教师要严格要求学生仔细观察字的笔画和结构，注意字形特点，清晰地感知字形；当学生记清字形后，要引导学生从整体到局部，仔细观察范字在田字格里如何书写。

2. 教师示范指导

教师示范笔画、笔顺、间架结构等书写要领，教师边范写边讲解，强调书写要点，学生边观察边书空。一年级教师基本上每一个字都进行范写，随着年级的增长，教师主要针对难写、易错的字进行范写，要突出强调关键笔画的书写。

3. 学生练习

指导学生先描红再仿写。要求学生仔细、认真描红，为仿写奠定基础。仿写时要求学生集中注意力，看准田字格，争取把字写得正确、端正、整洁。学生仿写时，教师要注意随时指导学生的写字姿势、握笔方法、笔画、笔顺、间架结构等，发现问题及时纠正。

4. 评价总结

评价总结是整个写字教学中至关重要的一步，是写字指导的延续和提高。在教学中，要充分调动学生的积极性开展自评、互评，与教师点评相结合。教师的点评要恰当准确，要善于捕捉学生的闪光点，对学生的不足，可以委婉地指出并提出改进建议，对多数学生存在的共性问题，在评价时要集体矫正。

通过练习、评价，学生明确了自己的优点与不足，可以趁热打铁让学生再重新练写，进一步完善、提高写字质量，及时巩固写字效果。当学生逐步养成认真细致、精益求精的习惯，就会终身受益。

第三节 识字与写字教学设计案例赏析

一、识字与写字教学设计案例—1

统编小学语文教材一年级上册

语文园地四　　第一课时*

（一）教学内容

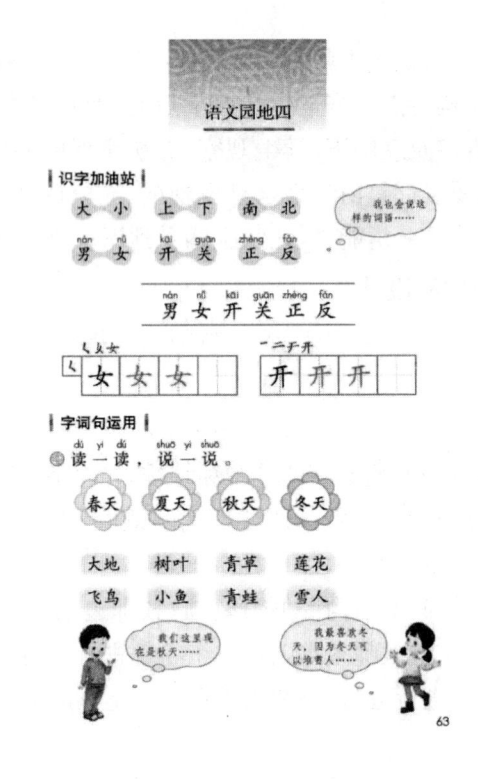

图4-1　语文园地四　第一课时　教学内容

（二）教学设计

【教材分析】

统编小学语文教材一年级上册的语文园地四主要包括五项内容：识字加油站、字词句运用、展示台、日积月累、和大人一起读。这些都能帮助学生对本单元所学的语文知识、语文技能进行梳理、整合和巩固，同时培养学生学习语言的兴趣。第一课时主要学习"识字加油站""字词句运用"两部分内容。"识字加油站"主要内容是引导学生初步认识反义词，并说出生活中的反义词，学做生活的有心人。"字词句运用"注重引导学生自由认读，练习说话，学习运用材料来练习语言表达，提高口语表达能力。

---

* 本案例由安阳市飞翔学校董海莹老师提供。

【学情分析】

一年级学生入学时间短,要从学生的行为习惯抓起。课堂上,养成教育融入组织教学中显得尤为重要,教学过程中教师要注重学生各种学习习惯的培养。语文园地四主要是复习巩固四单元学习过的知识,因此,激发学生的学习兴趣,调动已有认知并能在课堂上锻炼学生的思维能力,引导学生能表达、会表达、创造性表达,使学生"不会者有所得,会者有所获"是课堂学习的目的所在。

【教学目标】

(1) 准确地拼读音节,认识6个生字,会写"女、开"2个生字。初步建立反义词的概念。

(2) 通过引导学生认读四季及景物名称的词语,激发学生说出喜欢的季节,训练学生有条理地说话。

【教学重难点】

(1) 准确拼读音节,初步建立反义词的概念。

(2) 训练学生运用词语有条理地说话,提高口语表达能力。

【教学过程】

看图创境,乐在词语世界

1. 创境激趣,板书课题

我们看过冰墩墩和雪容融的视频,今天它们又来到我们的课堂跟我们一起学习(指着黑板上"冰墩墩""雪容融"的粉笔画)。今天我们学习《语文园地四》(板书)。

2. 练习读词语

$$\text{nán} \quad \text{nǚ} \qquad \text{kāi} \quad \text{guān} \qquad \text{zhèng} \quad \text{fǎn}$$
$$\text{男} \quad \text{女} \qquad \text{开} \quad \text{关} \qquad \text{正} \quad \text{反}$$

(1) 多种形式读词语,初步感知词语的意思相反。

(2) 发现这些字一对一对的,都是反义词。

教师板书:反义词,教读三遍。

3. 反义词配对

冰墩墩滑雪带来一阵风,把眼睛闭上,老师把黑板上的反义词顺序打乱,让学生重新配对,训练思维及记忆力。

4. 反义词形式读

拍手读,如:"上对下"……

5. 拓展巩固积累反义词

(1) 激趣看图找一找:像这样的一对一对的反义词从图中找,和大家一起交流。

(2) 巩固反义词与图片结合,并与指导练习说话相结合。

(3) 课外拓展

  黑对白 轻对重 深对浅 冷对暖 里对外 高对低

  胖对瘦 高对矮 粗对细 穷对富……

(4) 儿歌提升。

学习一首小儿歌:

93

天分上下,上天入地,地分南北,走南闯北。
人分男女,男女平等,心有大小,胸怀大志。
电有开关,节约资源,话有正反,良言温暖。

6. 活学活用

过渡:学会学习很重要,边学边用、活学活用,更是一种了不起的能力,来试一试自己的能力吧!

课件出示句子:

小明看见水龙头开着,赶紧(　　)上。
夏天太热了,冬天太(　　)了。
做事不能有头无(　　),要有始有终。
太阳从东方升起,从(　　)落下。

(1)学生思考。

找四名学生分别读一读、填一填。填正确全班同学掌声鼓励。

(2)拓展生活中的反义词。

【设计意图】

创设情境让冬奥会吉祥物"冰墩墩"和学生一起进入反义词世界。课堂上,在认读中辨析,在观察中识记,在语境中运用,通过儿歌渗透人文关怀,普及生活常识,边学边用,活学活用,由浅入深,从书本到生活,引导学生思维逐步提升,徜徉在反义词世界中,从而激励学生爱上语文,爱上祖国的语言文字。

析形索义,趣在汉字书写

过渡:冰墩墩在反义词世界里好开心呀。他还想学会写我们要学习的汉字"女"和"开"呢。我们先来学习笔画"撇点",再练习写字。

1. 聚焦"女"字、"男"字演变

认识新笔画"撇点",是一笔写成的。和教师一起书空,并说出笔画名称。练习书空,说对笔画名称。

2. 学写"女"

(1)指导写好"女"字。

仔细观察,数一数笔顺:撇点、撇、横。

温馨提示:第一笔是一笔写成的。最后一笔是长横,要平直。

(2)自由练习描红2个,临帖1个。

3. 观看"开"字演变视频

(1)指导写好"开"字。

教师指导:上横短,下横长,撇为竖撇,竖长直。

(2)自由描红2个,临帖1个。

表扬书写小能手。

【设计意图】

将识字与写字相结合,通过写字引导学生仔细观察字形及字形的演变,既可以锻炼学生的观察能力,加强对字形的记忆,又能潜移默化的渗透汉字文化,增强学生对汉字的兴趣,培养学生对祖国语言文字的感情。

激情创造,美在四季练说

导入:冰墩墩的世界里只有冬季,羡慕我们的世界里有四个季节。要跟着大家练习说话。

1. 读一读

课件出示:

    春天 夏天 秋天 冬天

(1) 教师贴出四季图片,自由练习读。

(2) 班内抽查读;全班齐声读。

思考: 小朋友们仔细观察,你们发现这组词语有什么共同点吗?

学生自由交流,教师巡视时倾听后及时引导。

组织交流:共同点是关于季节的词语。

2. 读一读书上的词语

(1) 自由练习读词语。

(2) 同桌相互读一遍。

(3) 全班齐声读。

思考: 小朋友们发现这些词语的特点了吗?

小结:同学们真会发现,四季和万物之间有着紧密的联系。你们也很会思考,找到了他们的特点还知道了他们之间的联系,真了不起!下面我们用这些词语说话,试一下吧。

课件出示:

    大雁南飞 春天

    草芽尖尖 夏天

    河面结冰 秋天

    荷花满池 冬天

3. 指导说话

(1) 引导:你肯定有喜欢的季节,也肯定有喜欢的动植物,合在一起就是一小段话,试一试吧!

(2) 学生自由练习说话。

(3) 指名学生练习说话,并引导学生创造性练习,说自己心中想表达的话。

(4) 班内交流,鼓励学生说与别人不一样的话。

小结:小朋友又增长了很多知识,不但会读词语,还会简单的说话,你们真棒!

【设计意图】

以学生熟悉的四季图片,调动学生已有的生活认知,激发学生对春、夏、秋、冬四季景物的热爱和用语言表达的兴趣,在练习说话的基础上,创设交流的氛围,鼓励学生拓展练说,引导学生善于思考,追求不一样的表达,增强学生个性表达和创造性表达的意识。

游戏推荐,玩在快乐课间

作业:课间文明活动,玩玩拍手歌,说说反义词,比比谁说得多。不要忘记邀请冰

墩墩一起参加哟。

【设计意图】

把反义词的学习由课内延伸到课外,引导学生在课外活动中学以致用,反复运用学过的词语,巩固识字效果,拓展词汇量。

【板书设计】

语文园地四

正—反　上—下　开—关　春天　夏天

大—小　男—女　南—北　秋天　冬天

(三) 教学视频

本课时是统编小学语文教材一年级上册语文园地四的"识字加油站""字词句运用","识字加油站"主要内容是引导学生初步认识反义词,并说出生活中的反义词;"字词句运用"主要内容是引导学生认读四季及景物名称的词语,训练学生有条理地说话。视频中,教师创设情境让冬奥会吉祥物"冰墩墩"和学生一起进入课堂学习,以师生互动的方式激励每个孩子积极参与,大胆表达。教师遵循学生的认知规律,学习内容由浅入深,从书本到生活,活学活用,让学生徜徉在知识海洋中,思维与语言表达能力逐步提升。学习知识的同时,教师潜移默化地渗透思想教育,激励学生爱上语文,爱上祖国的语言文字。请打开二维码链接,观看本课时教学视频,并思考以下两个问题:

(1) 教师在教学中体现了识字教学的哪些基本理念?

(2) 教师是如何通过识字教学渗透思想教育的?

扫码获取
案例视频

(四) 案例评析

《语文园地四》包括五部分内容:识字加油站、字词句运用、展示台、日积月累、和大人一起读。每部分都需要引导学生学会发现,并不断积累,以互动的学习方式激励每个学生积极参与,大胆表达,在历练中真正地达到学有所获。收获知识的同时,教师要传递人间大爱,点燃学生的友爱之情、爱国之情,对祖国文字的热爱之情。

1. 让知识传递爱

教师在课堂上营造平等、自由、和谐的氛围,本着"开口即贡献"原则,鼓励每位发言的学生,教室里充满的是鼓励和欣赏,流淌的是师生之爱、生生之爱……

学习"识字加油站"时,教材中只呈现了六对反义词,教师自编一首儿歌,把教材中的六对反义词融入儿歌,旨在渗透情感,让汉字充满爱,让爱通过知识的学习流入孩子的血液。

课堂不仅仅是知识的殿堂,更是学生对国家认知、对世界向往的一扇窗。学生为了得到"冰墩墩""雪容融"卡片,课堂上认真听讲,教师借机融入问题:"冰墩墩、雪容融原型分别像什么?"激发学生对国宝的热爱,对祖国的传统文化的了解,并鼓励学生关注北京冬奥会,关注这一世界盛会,感受祖国的强大。

2. 尊重学生,渗透文化

教师的角色定位影响着课堂学习效果,教师课堂上尊重学生,珍视学生的课堂表现,以研究者的身份去引导、点拨、评价学生的学习,打造师生相互尊重、生生相互尊重的良好生态,学生在课堂上心灵是自由的,思维是敏捷的,发言才可能是精准的、创造性的。弥漫着尊重气息的课堂,生成才是鲜活的、灵动的。

识字教学更需要文化的支撑,教师的文化底蕴不可能一蹴而就,但课堂教学可以从充分备课做起,让"字不离词、词不离句""字词有温度、汉字知冷暖""词句显儒雅、课堂有文化"在语文课堂上流淌。

3. 多元的课堂评价

低年级教学中最重要的是课堂组织,对于各种习惯尚未养成的一年级学生,课堂评价是课堂组织的重要手段,尤为重要。教师让"冰墩墩""雪容融"贯穿课堂教学全过程,评价不再是独立存在,而是融于课堂教学中孩子们的"学伴"。其中,有对个人的评价:发言后的"抱一抱冰墩墩",精彩创造性发言后的"和冰墩墩合个影";有对小组的评价:"本组同学听讲认真,都可以得到一张冰墩墩或雪容融卡片";还有对集体的评价:"获得五星以上的小组,都可以奖励一张冰墩墩和雪容融合影的卡片"。

多元评价使课堂异常活跃,也是调动学生学习积极性,保持孩子们学习兴趣的催化剂,更是课堂教学高效的保鲜剂。"冰墩墩""雪容融"的融入,使课堂评价更趣味十足。

二、识字与写字教学设计案例—2

统编小学语文教材一年级上册
第四单元　四季

(一) 教学内容

图 4-2　第四单元　四季　教学内容

(二)教学视频*

《四季》是统编小学语文教材一年级上册第四单元的一首富有童趣的儿歌。作者通过对春天的草芽、夏天的荷叶、秋天的谷穗和冬天的雪人这几种代表性事物的描述,表现了春、夏、秋、冬四季的不同特点,表达了对四季的喜爱之情。视频中,教师根据小学生的认知特点,运用多种方法地引导学生读准字音、认清字形、了解字义,并结合学生的认知基础进行拓展,增加学生的识字量与词汇量,培养学生的语言表达能力与想象能力。请打开二维码链接,观看本课时教学视频,并思考以下两个问题:

(1)教师运用了识字教学的哪些方法?
(2)教师是如何指导学生写字的?

扫码获取
案例视频

三、识字与写字教学设计案例—3

统编小学语文教材二年级下册
第七单元　小毛虫

(一)教学内容

22　小毛虫

一条小毛虫趴在一片叶子上,用新奇的目光打量着周围的一切:大大小小的昆虫又是唱,又是跳,跑的跑,飞的飞……到处生机勃勃。只有它,这个可怜的小毛虫,既不会唱,也不会跑,更不会飞。

小毛虫费了九牛二虎之力,才挪动了一点点。当它笨拙地从一片叶子爬到另一片叶子上时,它觉得自己仿佛周游了整个世界。

尽管如此,它并不悲观失望,也不羡慕任何人。它懂得:每个人都有自己

该做的事情。它,一条小小的毛虫,眼前最要紧的是学会抽丝纺织,为自己编织一间牢固的茧屋。

小毛虫一刻也没有迟疑,尽心竭力地工作着。它织啊,织啊,最后把自己从头到脚裹进了温暖的茧屋里。

"以后会怎样呢?"它在与世隔绝的茧屋里问。

"万事万物都有自己的规律!"小毛虫听到一个声音在回答,"你要耐心等待,以后会明白的。"

时辰到了,它清醒了过来,再也不是以前那条笨手笨脚的小毛虫。它灵巧地从茧子里脱出来,惊奇地发现自己身上生出了一对轻盈的翅膀,上面布满色彩斑斓的花纹。它愉快地舞动了一下双翅,如绒毛一般,从叶子上飘然而起。它飞啊飞,渐渐地消失在蓝色的雾霭之中。

本文作者是意大利的达·芬奇,译者张复生,选作课文时有改动。
96

---

* 本视频由安阳市飞翔学校苗晓娟老师提供。

98

图4-3　第七单元　小毛虫　教学内容

（二）教学视频*

本课时是统编小学语文教材二年级下册第七单元的一篇童话故事《小毛虫》。在《课标》中，对低年级的学习要求有这样的表述："阅读浅近的童话、寓言、故事，向往美好的情境，关心自然和生命，对感兴趣的人物和事件有自己的感受和想法，并乐于与他人交流。""借助提示讲故事"是本单元的阅读训练要素，也是本节教学中需要重点把握的内容。《小毛虫》的课后第二题，要求引导学生借助相关的词句和图片，把小毛虫三次蜕变的故事讲清楚。本节课课堂活动设计新颖，符合低年级学生的身心发展特点。教师创设昆虫王国故事大赛的情境，引导学生循序渐进、层层递进讲故事，是非常适合小学低年级学生阅读童话故事的教学策略。当学生把自己阅读的故事讲得有序、生动，就可以体会到童话人物的情感变化，更好地体会其中蕴含的道理。请打开二维码链接，观看本课时教学视频，并思考以下两个问题：

思考：

（1）教师是如何循序渐进地引导学生借助提示讲故事的？

（2）随文识字是低年级识字的重要方法，本课时是如何体现的？

扫码获取
案例视频

---

* 本视频由安阳市红庙街小学赵竹青老师提供。

[思考与练习]

(1) 谈谈你对识字与写字教学基本理念的理解。

(2) 从统编小学语文教材的汉语拼音单元中选择一课,写一份教学设计。

(3) 从统编小学语文低学段教材的识字单元中选择一课,写一份教学设计。

[参考文献]

1. 江平.小学语文课程与教学[M].3版.北京:高等教育出版社,2017.

2. 汪潮.小学语文课程与教学论[M].上海:华东师范大学出版社,2011.

3. 吴中豪,丁炜.小学语文课程教学[M].4版.北京:中国人民大学出版社,2023.

4. 黄淑琴,桑志军.语文课程与教学论[M].广州:广东高等教育出版社,2013.

5. 刘文奇,袁桂萍.小学语文有效教学艺术探究[M].长春:吉林人民出版社,2017.

6. 夏家发.小学语文教学设计与案例研究[M].北京:科学出版社,2012.

7. 李晓红,任庆世.做创造的教师:小学语文课堂教学的55个经典案例[M].成都:四川教育出版社,2006.

8. 吴海霞.低年级学生识字能力培养初探[J].文学教育,2019(9).

9. 刘英.趣味识字教法新探[J].小学教法参考,2019(9).

第五章
阅读与鉴赏教学

[内容提要]

阅读与鉴赏教学是指导学生阅读方法、培养学生阅读与鉴赏能力、提升学生语文核心素养的一系列语文实践活动,是小学语文教学的重要组成部分。本章主要从阅读与鉴赏教学的意义、目标、理念、内容与方法设计、过程设计等方面进行阐释,并结合相关案例进行分析。作为小学语文教师,只有熟练掌握阅读与鉴赏教学的基本理论与方法,才能顺利实施阅读与鉴赏教学,有效培养小学生的阅读与鉴赏能力。

[学习目标]

1. 了解阅读与鉴赏教学的意义,把握阅读与鉴赏教学的目标。
2. 理解阅读与鉴赏教学的基本理念。
3. 掌握阅读与鉴赏教学的内容、方法与过程。
3. 运用阅读与鉴赏教学的相关理论进行教学设计。

第一节 阅读与鉴赏教学概述

"阅读"是运用语言文字来获取信息、认识世界、发展思维,并获得审美体验的重要途径。"鉴赏"是对文物、艺术品等的鉴定和欣赏。语文教学中的鉴赏,指的是教师与学生对文艺作品进行感受、理解和评判的思维活动和过程。阅读与鉴赏教学需要教师充分调动学生的感知、理解和审美能力,引导学生对材料进行细读与深思,挖掘和发现材料的深刻意蕴,感受文学语言和形象的独特魅力,获得个性化的审美体验。阅读与鉴赏教学是小学语文教学的重要组成部分,对于培养学生语文能力、发展学生智力、陶冶学生情操、涵养学生品格具有重要意义。《课标》对小学阶段阅读与鉴赏教学的学段目标做出了具体规定。语文教师要充分把握阅读与鉴赏教学的目标,理解阅读与鉴赏教学的基本理念。

一、阅读与鉴赏教学的意义

(一) 阅读与鉴赏教学是培养学生语文能力的重要环节

1. 培养学生的识字能力

阅读必须以识字为基础,反过来,阅读又促进识字。通过反复阅读课文,有助于结合上下文读准生字的字音,揣摩生字词的意思,反复辨认字形,在阅读实践中增强识字效果,培养学生的识字能力;同时,学过的字词在新课文中反复出现,有利于复习学过的字词,更有效地巩固识字。因此,结合阅读识字,对于提高学生的识字能力,巩固识字成果,有着重要的作用。

2. 提高学生的写作能力

阅读是理解、学习语言文字的过程,写作则是运用语言文字的过程。要写好文章,必须具备多种条件,但最重要的是生活的积累和语言修养。通过阅读,可以扩充知识,形成正确的思想观点;同时,在阅读与鉴赏教学中学生掌握了大量的词汇、句式和表达方法,获得了遣词造句、谋篇布局的能力,才能自如地驾驭积累的各种素材。古人云:"读破万卷书,下笔如有神。"语文教材中一篇篇文质兼美的课文,为学生学习写作提供了精彩的范例。因此,阅读是写作的基础。

3. 锻炼学生的口语交际能力

阅读教材为学生提供了丰富的词汇,有助于学生学习规范化的语言,进一步规范、丰富自己的口头语言。阅读与鉴赏教学过程中,学生要认真倾听教师的讲解、同学的发言,自己也要提出问题、回答问题,参与讨论,还有朗读、复述、背诵等多种训练,对于提高学生的口语交际能力具有重要意义。

(二) 阅读与鉴赏教学是开阔学生视野、发展学生智力的重要手段

1. 开阔学生视野

语文课程具有丰富的人文内涵,这是语文课程的性质决定的。小学语文阅读教材的题材广泛,涉及古今中外、天文地理、劳动卫生、待人接物等多方面的知识。通过阅读,学生可以打破时空的局限,在学习语文的同时,纵览古今,坐观中外,了解自然与社会,开阔视野,增长知识。

2. 发展学生智力

古人云:"书犹药也,善读可以医愚。"阅读是由一系列复杂的心理活动构成的过程。在阅读与鉴赏教学过程中,需要学生进行观察、记忆、思维和想象等一系列的智力活动。通过观察插图、学习作者的观察方法,可以培养学生的观察能力;通过分析作者布局谋篇的思路,理解课文的词句、段落,可以培养学生的思维能力;通过评价、欣赏作者生动形象的描写,可以培养学生的想象能力;通过背诵一定数量的好词佳句、名家名作,使学生掌握记忆的方法,可以培养学生的记忆能力。因此,阅读与鉴赏教学的过程也是发展学生智力的过程。苏霍姆林斯基认为:"三十年的经验使我深信,学生智力的开发决定于良好的阅读能力""孩子阅读开始的越早,阅读时思维过程越复杂,对智力发展就越有益,七岁前学会阅读,就会练就一种很重要的技能——边

阅读,边思考,边领会。"

(三)阅读与鉴赏教学是陶冶学生情操,涵养学生品格的重要途径

1. 陶冶学生情操

阅读与鉴赏教学是充溢着情感与审美的活动。语文教材中的一篇篇课文,蕴含着丰富的语言之美与思想之美,给学生展现了一个美的世界。学生通过学习文质兼美的文章,在理解、掌握语言文字的过程中具体地感受到语言文字的精当巧妙、伟大人物的崇高形象、祖国山河的秀美壮丽、人类文明的源远流长,在语言、思想和情感上受到美的的熏陶感染,进而学会在生活和学习中欣赏美和创造美。

2. 涵养学生品格

阅读与鉴赏教学对学生形成正确的价值观和积极的人生态度具有重大的作用。语文教材中的课文都蕴含着丰富的思想感情,容易引起学生情感上的共鸣,对学生产生潜移默化的影响。学生在感知和理解课文内容的过程中,感受到作者的思想情感、人生态度、价值观念,从而引发他们对自己的生活态度、价值观念的深入思考,在积极的思维和情感活动中,获得思想启迪,重新认识自我,逐步形成正确的人生观、价值观、世界观,提升文化品位,形成健全人格。

二、阅读与鉴赏教学的目标

(一)《课标》对阅读与鉴赏教学目标的规定

《课标》对小学三个学段阅读与鉴赏教学的具体目标规定如下:

表 5-1　小学阅读与鉴赏教学的学段目标

学段	教学目标
第一学段 (1~2年级)	1. 喜欢阅读,感受阅读的乐趣。学习用普通话正确、流利、有感情地朗读课文。学习默读。 2. 结合上下文和生活实际了解课文中词句的意思,在阅读中积累词语。认识课文中出现的常用标点符号,在阅读中体会句号、问号、感叹号所表达的不同语气。借助读物中的图画阅读。 3. 阅读浅近的童话、寓言、故事,向往美好的情境,关心自然和生命,对感兴趣的人物和事件有自己的感受和想法,并乐于与人交流。诵读儿歌、儿童诗和浅近的古诗,展开想象,获得初步的情感体验,感受语言的优美。 4. 尝试阅读整本书,用自己喜欢的方式向他人介绍读过的书。养成爱护图书的习惯。 5. 积累自己喜欢的成语和格言警句。背诵优秀诗文50篇(段)。课外阅读总量不少于5万字。
第二学段 (3~4年级)	1. 用普通话正确、流利、有感情地朗读课文。初步学会默读,做到不出声,不指读。学习略读,粗知文章大意。 2. 能联系上下文,理解词句的意思,体会课文中关键词句表达情意的作用。能借助字典、词典和生活积累,理解生词的意义。在理解语句的过程中,体会句号与逗号的不同用法,了解冒号、引号的一般用法。 3. 能初步把握文章的主要内容,体会文章表达的思想感情。学习圈点、批注等阅读方法。能对课文中不理解的地方提出疑问,乐于与他人讨论交流。

(续表)

学段	教学目标
	4. 能复述叙事性作品的大意,初步感受作品中生动的形象和优美的语言,关心作品中人物的命运和喜怒哀乐,与他人交流自己的阅读感受。诵读优秀诗文,注意在诵读过程中体验情感,展开想象,领悟诗文大意。 5. 阅读整本书,初步理解主要内容,主动和同学分享自己的阅读感受。 6. 积累课文中的优美词语、精彩句段,以及在课外阅读和生活中获得的语言材料。背诵优秀诗文50篇(段)。养成读书看报的习惯,收藏图书资料,乐于与同学交流。课外阅读总量不少于40万字。
第三学段 (5~6年级)	1. 熟练地用普通话正确、流利、有感情地朗读课文。默读有一定的速度,默读一般读物每分钟不少于300字。学习浏览,扩大知识面,根据需要搜集信息。 2. 能联系上下文和自己的积累,推想课文中有关词句的意思,辨别词语的感情色彩,体会其表达效果。在理解课文的过程中体会顿号与逗号、分号与句号的不同用法。 3. 在阅读中了解文章的表达顺序,体会作者的思想感情,初步领悟文章的基本表达方法。在交流和讨论中,敢于提出看法,作出自己的判断。 4. 阅读叙事性作品,了解事件梗概,能简单描述自己印象最深的场景、人物、细节,说出自己的喜爱、憎恶、崇敬、向往、同情等感受;阅读诗歌,大体把握诗意,想象诗歌描述的情境,体会作品的情感。受到优秀作品的感染和激励,向往和追求美好的理想。 5. 阅读说明性文章,能抓住要点,了解文章的基本说明方法。阅读简单的非连续性文本,能从图文等组合材料中找出有价值的信息。尝试使用多种媒介阅读。 6. 阅读整本书,把握文本的主要内容,积极向同学推荐并说明理由。 7. 背诵优秀诗文60篇(段),注意通过语调、韵律、节奏等体味作品的内容和情感。扩展阅读面。课外阅读总量不少于100万字。

(二) 对阅读与鉴赏教学目标的把握

准确把握小学阶段阅读与鉴赏教学的目标,要注意以下几点:

1. 注重阅读能力的培养

阅读能力,是指接受和理解书面材料的意义和内容的能力,是构成一个人语文素养的重要因素,是学生获取知识、终身学习的重要能力。阅读能力一般包括认读、理解、记忆、阅读速度等几个方面。具备独立阅读的能力,首先要具备阅读的基本能力,包括理解词句、理清思路、把握主要内容、体会思想感情等正确解读文本的能力,能读懂书面材料;其次要掌握正确的阅读方法,能够根据阅读需要,合理选择并正确运用精读、略读、浏览等阅读方法,学会阅读。教师要确保学生的主体地位,让学生自主读书,自主感悟,才能逐步形成独立阅读的能力。

2. 重视积累,培养语感

《课标》的总目标中要求学生"主动积累、梳理基本的语言材料和语言经验,逐步形成良好的语感,初步领悟语言文字运用规律"。在阅读与鉴赏教学的学段目标中,也明确提出积累语言、培养语感的目标,如"积累自己喜欢的成语和格言警句""积累课文中的优美词语、精彩句段,以及在课外阅读和生活中获得的语言材料""诵读儿歌、儿童诗和浅近的古诗,展开想象,获得初步的情感体验,感受语言的优美""能复述

叙事性作品的大意,初步感受作品中生动的形象和优美的语言"。语感是人们在长期的语言实践中形成的对语言文字敏锐、丰富的感受领悟能力。夏丏尊先生认为:"在语感敏锐的人心里,'赤'不是只解作红色,'夜'不是只解作昼的反义,'田园'不是只解作种菜的地方,'春雨'不是只解作春天的雨。见到'新绿'二字,就会感到希望焕然的造化之功、少年的气概等说不尽的情趣。见到'落叶'二字,就会感到无常、寂寥等说不尽的诗味。"叶圣陶先生曾说:"文字语言的训练,我以为最要紧的是训练语感,就是对于语文的敏锐的感觉。"吕叔湘先生认为:"语文教学的首要任务是培养学生各方面的语感能力。"

　　语言的积累、语感的培养是一个长期的过程,离不开大量的、持久的阅读。阅读与鉴赏教学的学段目标中提出了朗读、默读、诵读等多种阅读方式,要求学生"能用普通话正确、流利、有感情地朗读课文""诵读优秀诗文,注意在诵读过程中体验情感,展开想象,领悟诗文大意""养成读书看报的习惯,收藏图书资料,乐于与同学交流"。通过朗读与诵读,有利于学生体验情感,体会到语言文字的优美;养成读书习惯,持之以恒的读书,有利于学生拓宽视野,丰富思想,积累材料。多读,也是我国语文学习的优良传统。我国宋代教育家朱熹在谈到读书时说:"读之,须要读得字字响亮,不可误一字,不可少一字,不可多一字,不可倒一字,不可牵强暗记。只是要多诵遍数,自然上口,久远不忘。"因此,教师要重视阅读,指导学生养成读书习惯,在课内与课外通过多种方式阅读,积累丰富的语言材料,提高对语言文字的感受力,形成良好的语感。

3. 重视核心素养的培养

　　《课标》在每个学段都围绕文化自信、语言运用、思维能力和审美创造等方面提出阅读与鉴赏教学的要求,着力于提高学生的核心素养。比如:第一学段,要求学生"喜欢阅读,感受阅读的乐趣""诵读儿歌、儿童诗和浅近的古诗,展开想象,获得初步的情感体验,感受语言的优美",侧重于培养学生的文化自信与审美创造能力;"结合上下文和生活实际了解课文中词句的意思,在阅读中积累词语。认识课文中出现的常用标点符号,在阅读中体会句号、问号、感叹号所表达的不同语气。借助读物中的图画阅读。"侧重于语言运用和思维能力的培养。因此,在每个学段的阅读与鉴赏教学中,都要兼顾学生的核心素养,促进学生在文化自信、语言运用、思维能力和审美创造等方面全面发展。

4. 注意阅读与鉴赏教学目标的阶段性和连续性

　　阅读与鉴赏教学各个学段的目标前后连贯并循序渐进,要注意各项目标应达到的"程度",也要注意各个学段目标之间的连续性。比如积累,第一学段目标是:"积累自己喜欢的成语和格言警句。背诵优秀诗文50篇。课外阅读总量不少于5万字。"第二学段目标是:"积累课文中的优美词语、精彩句段,以及在课外阅读和生活中获得的语言材料。背诵优秀诗文50篇。养成读书看报的习惯,收藏图书资料,乐于与同学交流。课外阅读总量不少于40万字。"第三学段目标是:"背诵优秀诗文60篇。注意通过语调、韵律、节奏等体味作品的内容和情感。扩展阅读面,课外阅读总量不少于100万字。"三个学段的目标层层递进,上一个学段的目标是实现下一个学段目标的基础。

三、阅读与鉴赏教学的基本理念

阅读与鉴赏教学的基本理念,是语文阅读教学的实践经验的总结与提升,反映了阅读教学的基本规律,体现了《课标》对阅读与鉴赏教学的基本要求。借鉴国内外阅读教学的实践经验和理论研究成果,可以将阅读与鉴赏教学的基本理念归纳为以下几个方面。

(一) 关注阅读教学中的对话

对话,现代汉语词典的解释为:"两个或更多的人之间的谈话"或"两方或几方之间接触或谈判。"对话意味着相互平等、相互沟通、相互包容、相互碰撞、共同建构。现代对话理论认为,阅读的过程正是读者与作者之间思维碰撞和心灵交流的过程。阅读与鉴赏教学过程中存在着多重对话关系。首先,教师和学生都是文本的阅读者,这样就形成了学生与文本之间的对话、教师与文本之间的对话。其次,文本编入教科书,有编者的编辑意图,教师和学生在阅读教科书中的文本时,要理解编者的编辑意图,这就形成了教师、学生与文本、编者之间的对话。再次,阅读教学是一种教学行为,具有师生双边互动的特征,教师和学生在阅读与鉴赏教学过程中是一种平等的对话关系。此外,教师和学生在阅读中所产生的主观体验与感受是不同的,不同的学生阅读同一篇文章所产生的理解也是各不相同的,因此在阅读与鉴赏教学过程中,教师和学生、学生和学生会面对作品平等交流,积极探讨,思维相互碰撞。

阅读与鉴赏教学中的多重对话关系,要求准确定位教师和学生的角色,才能确保阅读与鉴赏教学在师生平等对话的过程中进行。"对话"理念是相对于以往阅读教学活动中的"霸权"理念而言的,体现了新课程阅读与鉴赏教学的新理念。在"霸权"理念下,教师是课堂教学的主宰者,以知识的权威自居,把学生当成知识的容器、训练的对象,加以灌输、训练和操纵;在积极提倡自主、合作、探究学习方式的开放的阅读与鉴赏教学中,教师是阅读活动的组织者、学生阅读的引导者、平等交流的对话者,而学生是阅读、学习的主体,教师要尊重学生的主体地位,积极营造宽松、和谐的课堂氛围,师生之间才有真正意义上的平等对话、相互交流。

(二) 重视学生的个性化感悟

《课标》在"文学阅读与创意表达"学习任务群的教学提示中指出:"在主题情境中,开展文学阅读与创意表达活动,引导学生感受文学之美,表达自己的独特感受,促进学生的精神成长。"在"整本书阅读"学习任务群的教学提示中指出:"应创设自由阅读、快乐分享的氛围,善于发现学生阅读整本书的成功经验,及时组织交流与分享;善于发现、保护和支持学生阅读中的独到见解。"阅读与鉴赏教学的学段要求中也有多处强调学生的个性化感悟,比如:"对感兴趣的人物和事件有自己的感受和想法""与他人交流自己的阅读感受""在交流和讨论中,敢于提出看法,做出自己的判断"等。学生有不同的生活经历和思维方式,在阅读中会从不同的角度思考问题,产生不同的情感体验,教师应该重视学生在阅读过程中的主体地位,鼓励学生自己读书、思考,不要把教师对文本的解读强加给学生,不要用教师的分析和烦琐的提问代替学生的阅读。同时,在阅读中要提倡对文本的多元解读,珍视学生的独特感受、体验和理解。比如《小马过河》这篇课文,有的学生根据小马对松鼠和老牛很有礼貌,认识到讲礼貌的重要性;有的学生根据松鼠见小马要过河,生怕它被淹死,便赶忙阻止,认识到要关心他人;有的学生根据小马亲自过河,体会到河水既不像老牛说的那样浅,也不像松鼠说的那样深,认识到凡事要亲自尝试。这些都是文章本身包含的内容,是学生自己认真读书的独特感受,教师要鼓励学生的多元解读。

重视学生的个性化感悟,并不意味着要放弃教师应有的引导。学生在阅读中的个性化感悟、理解和体验,有时是无聊的,有时甚至是错误的。教师应根据学生的独特感悟与理解,灵活地分析,从思维方式、情感态度和价值观方面加以正确的引导,而不能片面强调学生的个性化感悟、体验和解读,而忘记应有的引导和指导。比如一位教师在教《狐狸和乌鸦》一课时,提出问题:"你想对狐狸和乌鸦说什么?"一位学生说:"狐狸,我喜欢你,因为你能开动脑筋想办法把自己想要的东西骗过来!"教师说:"你的想法真新颖,不错!"显然,此位教师对学生错误的观点做出肯定的评价是不恰当的。此外,重视学生的个性化感悟,并不意味着可以远离文本,漫无边际地进行多样化的理解。比如有位教师在讲《掩耳盗铃》时,为启发学生的思维,活跃课堂气氛,提出问题:"大家认为掩耳盗铃的人聪明吗?为什么?"当学生一致认为掩耳盗铃的人很笨时,教师又提出问题:"有没有什么办法既能盗得铃,又不被发现呢?"有的学生说:"拿一块棉布捂上铃,就不会被人发现。"有的学生说:"趁主人不在,爱怎样拿就怎样拿!"这样的"发散性思维"值得提倡吗?该位教师的引导已偏离了课文的寓意,让学生产生了错误的认识,是不值得提倡的。教师应该鼓励学生进行有创意的阅读,同时还应该注意落实课文的主流思想,不要往价值不大的想法甚至错误的想法上引导。

(三)注意随文学习语文知识,避免机械训练

《课标》在"语言文字积累与梳理"学习任务群的教学提示中指出:"语音、文字、词汇、语法、修辞等方面的知识,要避免围绕相关知识的概念、脱离实际运用进行机械训练。在教学中应根据语言文字运用的实际需要,从遇到的具体语言实例出发进行指导""语文知识的概念不作为考试内容。"针对语文知识提出这样的建议,并非否定语文知识的重要。语文知识是形成语文能力的基础,如语音知识、文字知识、语法知识、修辞知识、文学知识等,是语文学科中最基本的部分,也是现代公民必备的素养。但是,学习语文知识是为了运用,语文知识应服务于语文能力的培养。为了促使语文知识向语文能力方面转化,《课标》尽可能将知识要求转化为能力要求来表述,比如标点符号的要求,第一学段提出:"认识课文中出现的常用标点符号,在阅读中体会句号、问号、感叹号所表达的不同语气。"第二学段提出:"在理解语句的过程中,体会句号与逗号的不同用法,了解冒号、引号的一般用法。"第三学段提出:"在理解课文的过程中体会顿号与逗号、分号与句号的不同用法。"这些要求显然在强调标点符号的运用能力。在语文教学中,教师应根据语文运用的实际需要,从所遇到的具体语言实例出发,引导学生随文学习语文知识,培养学生的语言应用能力,不要脱离语文运用的实际去进行"系统"的讲授与练习。

案例5-1：

《在古观象台上》教学片段[①]

一、整体感知，了解课文主要内容

（略）

二、学习第2自然段，感受我国古代天文学家不屈的探索精神

……

师：我轻轻地踏上石阶，缓缓地向上走去，此时"我"又联想到了什么？出示本段中的排比句。观察一下这个句子，你们从中发现了什么？

生：这句话中连续出现了三个"他们"，三个"为什么"，这是一个排比句。

师：是呀，像这样用含有三个或三个以上类型的句子成分或分句来表示强调和层层深入的语句，我们称它们为排比句。

师：这句话该怎么读呢？练一练。（用越来越强的语势来读）

师：三个"为什么"之后用了一个省略号，如果你是古代天文学家，你还想向苍天提出什么问题？可以联系课文的第4自然段或根据天文学知识来进行思考。

生1：为什么有日出日落？

生2：为什么有电闪雷鸣？

生3：为什么有月亏月满？

……

师：谁能一口气提三个或三个以上的问题？

生4：为什么有阴云密布？为什么有烈日炎炎？为什么有细雨霏霏？为什么有雪花纷飞？

……

三、学习第3自然段，体会作者骄傲自豪的情感

……

师：我跨上最高一级台阶，在一件件天文仪器前，简直无法形容自己激动的心情。这是一件件怎样的天文仪器？请同学们默读批注。

师：能用精练的词语概括这是一件件怎样的仪器吗？

生1：这是一件件巨大而精巧的天文仪器。

师：你抓住了这段话中的重点词语。

生2：这是一件件形状各异的天文仪器。

师：你是从形状上概括的。

生3：这是一件件结构复杂的天文仪器。

[①] 夏家发. 小学语文教学设计与案例研究[M]. 北京：科学出版社，2011：198.

师：你是从结构上概括的。
生4：这是一件件巧夺天工的天文仪器。
师：你是从制作方面概括的。
生5：这是一件件精美的天文仪器。
师：你是用自己提炼的词语概括的。
生6：这是一件件值得我们骄傲和自豪的天文仪器。
师：你是从感情上概括的。
……
师出示排比句的填空：
这是一件件（　　）的仪器，这是一件件（　　）的仪器，这是一件件（　　）的仪器……
（学生发言）

在上面的教学片段中，教师首先引导学生从课文的例句中发现排比句句式的特点，明确了排比句的概念，并且让学生通过朗读感受排比句逐渐增强的语势。接着，教师巧妙地利用文本中的省略号，引导学生提出问题，将其顺势拓展为排比句式的训练，进一步掌握排比句的形式特点。在此基础上，教师引导学生用精练的词语概括天文仪器，教师则通过恰当的评价加强对学生语言的引导，使学生对排比句的理解从形式转向内容。教师通过巧妙设计，引导学生随文学习了排比句的知识，并且结合课文内容锻炼了学生运用排比句的能力，并没有脱离课文去单独进行排比句的讲授与训练。

（四）阅读与鉴赏教学和口语交际训练相结合

1. 在阅读与鉴赏教学中，有意识地加强学生的口语交际训练

阅读与鉴赏教学与口语交际有着密切的联系。在阅读与鉴赏教学中，学生听讲、质疑、回答、讨论，乃至朗读、复述等，都是在进行口语交际的训练。问题的关键是，这些训练是有意识的还是无意识的。语文教师应该在阅读与鉴赏教学中，有意识地加强学生的口语交际训练。一方面，教师要做出示范，用自己准确、生动、规范的语言去影响学生；另一方面，对学生的口语交际提出明确的要求。比如，要求学生认真、耐心倾听老师和同学讲话、读课文，能够边听边想；要求学生说普通话、用词恰当、语句完整通顺、没有语病、音量和语速适中、乐于参与讨论、敢于发表自己的意见等。课堂交流中，教师不仅要关心学生对课文理解得是否深入，对问题的回答是否正确，还要关心学生语言表达的质量。

2. 阅读与鉴赏教学和口语交际训练相结合的方式

在阅读与鉴赏教学的过程中，教师可以运用多种方式训练学生的口语交际能力。比如：让学生重述教师或同学的提问或发言，进行重述训练；采用换词、换句的办法，把原文的词、句改换后让学生进行听辨训练，体会和理解原文词、句的精妙之处，训练学生的听辨能力、思维能力、理解能力和表达能力；当学生朗读课文或回答问题后，引导学生分析、评价；当学生意见不一致时，引导学生展开讨论，鼓励大家说出自己的想法和理由；让学生读课文后谈谈收获、体会、续说故事等，既能锻炼学生的口语交际能

力,又可以加深对课文的理解。

(五) 阅读与鉴赏教学与习作训练相结合

1. 正确理解阅读与习作的关系

阅读与习作既有明显的区别,又有密切的联系。二者的区别在于有各自不同的过程与目的,阅读是内化与吸收的过程,目的是正确地理解别人的思想感情,积累语言材料和思维材料;而习作是外化与表达的过程,目的是准确地表达自己的思想感情。阅读与习作虽然有明显的区别,但它们又有共同性,关系十分密切。首先,从外在的形式上看,它们使用的都是书面语言,都离不开字、词、句、篇;其次,从内容上看,都离不开纷繁的事物和生活实践,离不开对事物的认识。就一篇文章来说,写文章的人必须解决为什么写、写什么和怎么写的问题,才能把文章写好。读文章的人同样要解决作者写了什么、为什么写和怎样写的问题,才算把文章读懂。叶圣陶先生曾说:"阅读是吸收,写作是倾吐,倾吐能否合于发度,显然与吸收有着密切的联系""阅读与写作是一贯的,阅读得其法,阅读程度提高了,写作程度没有不提高的。"显然,阅读是写作的基础。阅读和习作的"联系点"体现在构思、选材、布局谋篇、遣词造句等方面,阅读材料可以为学生习作提供内容与形式方面的"样式"。因此,教师要树立读写结合的理念,将阅读与鉴赏教学与习作训练相结合。

2. 阅读与鉴赏教学与习作训练相结合的方式

首先,在阅读与鉴赏教学的过程中,注意教材中的写作因素,为学生提供可资借鉴的写作方法,在习作课上练习运用。丁有宽老师提出"读写对应"的观点,强调把读的因素和写的因素对应起来,比如:从阅读学习解题,结合习作练习审题和拟题;从阅读学习分段、概括段意,结合习作练习拟写作提纲;从阅读学习区分文章主次,结合习作练习怎样安排详略;从阅读学习品评词句,结合习作练习遣词造句;从阅读学习作者怎样观察事物,结合习作练习观察方法。"读写对应"的观点,揭示了读写之间具体的联系,教师可以针对学生的写作实际,指导学生从读学写,循序渐进地锻炼学生的习作能力。

其次,教师在指导阅读时可以安排适当的习作练习。一般做法是以课文为示范,指导学生模仿课文的写法,进行片段训练。比如:《富饶的西沙群岛》中有一段话:"西沙群岛也是鸟的天下。岛上有一片片茂密的树林,树林里栖息着各种海鸟。遍地都是鸟蛋。树下堆积着一层厚厚的鸟粪,这是非常宝贵的肥料。"教师先指导学生分析上面这段话的写法,然后要求仿照上面这段话的写法,用"今天中午热极了"开头,写几句话。有位小学生的习作是这样的:"今天中午热极了。太阳像个大火球一样烤着大地,马路踩上去软绵绵的,花都niān了,树枝也往下垂,小鸟张着嘴,小狗伸着舌头,pā在阴凉的地方 chuǎn着粗气。"显然,这位小学生已经领会了文章示范段中"先总写后分写"的写法,并且通过仿写用到了自己的习作中。

教师在阅读与鉴赏教学中做到读写结合,要注意防止几种偏向。比如:阅读与鉴赏教学中只重视阅读理解,忽视读写结合,到习作课上再重新给学生讲解习作方法;学生尚未读懂课文就引导学生机械仿写;学习、借鉴只着眼在文章的方法、技巧上,不重视学生的习作内容等。

第二节 阅读与鉴赏教学设计

一、阅读与鉴赏教学的内容与方法

阅读是一种通过多种心理活动来理解书面语言材料,从中获得意义的过程。教师要结合一篇篇阅读课文,指导学生探索读书的门路,掌握正确的读书的方法,形成独立的阅读与鉴赏能力。因此,阅读与鉴赏教学既包括对词、句、段、篇的教学,又包括对朗读、默读、精读、略读等阅读方法的训练。

(一) 词语教学

词语是构成文章的基本单位,在阅读教学中,理解词语是理解课文的前提。每篇课文都会出现一些生词,因此词语教学在整个小学阶段都要重视。阅读教学中词语教学的内容主要包括三个方面:一是正确的读、写学过的词语,二是理解词语的意思,三是注意积累词语并能在口头和书面表达中正确运用。词语教学的三方面内容中,重点是准确地理解词义。如果不能理解词义,就难以理解课文、运用词语,积累词语也没有什么意义。《课标》在阅读与鉴赏教学的学段目标中明确提出了词语教学的要求,强调了词语的"理解"与"积累"。第一学段提出:"结合上下文和生活实际了解课文中词句的意思,在阅读中积累词语。""积累自己喜欢的成语和格言警句。"第二学段提出:"能联系上下文,理解词句的意思,体会课文中关键词句表达情意的作用。能借助字典、词典和生活积累,理解生词的意义。""积累课文中的优美词语、精彩句段,以及在课外阅读和生活中获得的语言材料。"第三学段提出:"能联系上下文和自己的积累,推想课文中有关词句的意思,辨别词语的感情色彩,体会其表达效果。"可见,教师要结合具体的语言环境,运用多种方法,指导学生学会理解和积累词语。

1. 理解词语的方法

(1) 查字典、词典

针对多音节词,一般可查领头字,按这个字的条目,查找需要的词条。如果查领头字查不到所需的词,可以先查生词中需查的字。一个词中有生字、有熟字,就查生字,然后把它们合释;如果词中每个字都是生字,就要逐个查,再合释。例如"居高临下"一词,"高"和"下"的意思学生已经理解,通过查字典,学生知道了"居"是"占据"的意思,"临"是"面对着"的意思,就能理解整个成语的意思是"占据高处,面对着低处"。

(2) 联系上下文

孤立的词语只有一般的词典的意义,当词语用在文章中,就会有它特定的语言环境。针对一词多义的情况,阅读时,只有联系上下文,才能正确理解词语在具体语言环境中的含义。如"左右"一词,在"老太婆盼咐左右把他从跟前赶开""左想右想,我终于想出了主意""我们在十点钟左右,装了满满一车的鱼"这三句中,有着不同的含义,教师要引导学生根据不同的语言环境,准确地理解词义。有些词义抽象的词,如"果然""因为""所以"等,需要放到具体的语言环境中,让学生结合上下文仔细体会词

111

义，比让学生死记硬背词语注释的效果要好得多。

（3）联系学生的生活经验和知识积累

生活是习作的源泉，阅读材料中所描写的人、事、物都来源于生活。小学生在生活中已经对很多事物有了初步的认识。阅读中碰到词义抽象、难以理解的词，如果能恰当地把这些难懂的词与学生的生活经验和知识积累联系起来，学生就能够准确理解词语的意思。如"颠簸"一词，教师可以引导学生联系自己在崎岖不平的山路上坐车时的感受来理解词义；"筹备"一词，教师可以引导学生联系庆祝节日或搞活动前的准备情况来理解词意。有位特级教师讲"祖国"一词，通过一步步启发引导，让学生联系生活经验与知识积累，认识到"祖国"不是"一个国家"，而是"我们自己的国家，我们祖祖辈辈生长的国家"，准确地理解了词义。

（4）比较辨析

词类比较适用于区分同义词或近义词。可以把生词与已掌握的同类熟词作比较，找出它们的异同之处，从而明确词义。比如，"诞辰"与"生日"，"逝世"与"去世"，这类词意义相同，但词的用法有所不同；"损坏"和"毁坏"词义相近，但有程度轻重的区别，不能互相替代；"时代、时期、时候"所指的时间长短不同，使用范围有大小之别。教师可以借助具体的语言环境，帮助学生比较、辨析词的含义及使用范围，不仅能加深对词义的理解，而且能提高学生准确运用词语的能力。

（5）直观法

词义是抽象的概念，小学生抽象思维的能力不强，用直观的方式，可以帮助学生凭借具体形象准确理解词义。对于学生不熟悉的表示事物名称的词语，如"珊瑚""琥珀"等，可以用实物、标本、图片、幻灯等，使学生得到清晰的认识。表示动作的词语，如"眺望""俯视"等，教师可以通过形象的动作表演，帮助学生理解词义。于永正老师在教《狐假虎威》一课时，讲到"骨碌"一词，问学生："谁懂了？能做个动作给我看吗？"学生转动眼珠儿，当于老师发现一位小朋友做得特别好时，就请他到讲台前，面向同学，转动眼珠，表演给同学们看，学生兴趣盎然，不但理解了"骨碌"一词的意思，而且从"狐狸眼珠子骨碌一转"读懂了狐狸在想主意、想点子，取得了很好的教学效果。

案例 5-2：

《只有一个地球》教学片段[①]

师：下面我还要检查同学们理解词语的情况。看屏幕。

先理解带点的字，再解释词语：

同茫茫宇宙相比，地球是渺小的。

生：渺，是细小。渺小，就是小的意思。

---

① 张文质，窦桂梅. 小学语文名师同课异教实录[M]. 上海：华东师范大学出版社，2008：85-86.

师：再用同样的方法解释下列词语

居住　遨游　扁舟　枯竭

师：请同学们相互说说。（学生相互说词语的意思）

师：请同学们认真思考一下，理解这些词语时，有没有规律可循？

生：这些词语前后两个字意思相近。我们在理解这些词时，可以用其中的一个字的意思来解释它。

师：再看下一个词。

举例解释词语：自然资源

师：请迅速地读课文，举例说说哪些属于"自然资源"。

生：矿物资源、水资源、森林资源、生物资源、大气资源。

师：现在我们将自然资源分为两类，你知道为什么这样分吗？

矿物资源（不可再生）

水资源、森林资源、生物源、大气资源（可以再生）

师：再看下面的一组词。

朗读理解词语：……不是……而是……甚至……

师：请找出有关的句子朗读，要把这些词语在句子中的意思读出来。

（学生练习后，教师请一学生读，表达得不是太好）

师："几百万年，甚至几亿年……"怎么才能把几百万年和"几亿年"读得区别开来？

（学生再读，理解得比较好）

师：课文中还有几组关联词，请找出有关的句子，用上面的方法自己读。

（学生读有关的句子）

上面的教学片段中，教师用了三种方法指导学生理解词语。针对"渺小"一词，教师指导学生"先理解带点的字，再解释词语"，然后引申出构词原理同类的词语，让学生发现理解这类词语的规律。针对"自然资源"一词，教师指导学生用举例的方法解释词语，举例是一种检测学生是否理解词语意义的重要方式，学生能举出"自然资源"的例子，比学生记住"自然资源"的概念对词义理解得更深刻。针对抽象的关联词，教师指导学生通过朗读，把这些词语在句子中的意思读出来。针对每一种方法，教师都特别注重迁移与练习，指导学生举一反三，运用刚刚掌握的方法去理解同类的词语，从而培养学生理解词语的能力。

2. 积累词语的方法

词语的积累是阅读与鉴赏教学的重要目标，是小学生发展语言的基本前提。"读书破万卷，下笔如有神""厚积而薄发"，强调的都是积累的重要性，因此，教师要高度重视学生词语的积累，把课内积累和课外积累结合起来。除了引导学生积累课文中的好词佳句，还要引导学生养成课外阅读的习惯，做好读书笔记，在日常生活中随时记录自己听到、看到的好词佳句，在大量的阅读中以及日常生活中积累丰富的语言材料，真正达到郭沫若先生所说的"胸藏万汇凭吞吐，笔有千钧任翕张"境界。教师要运

用多种方法,激发学生积累词语的兴趣与积极性,督促学生养成积累词句的习惯,而不应千篇一律地要求学生抄写、读背,让学生感到单调乏味。

(1) 通过朗读、背诵积累词语

背诵是积累知识、丰富语言材料的好方法。于永正老师曾说:"语言靠积累,能力靠实践。该记住的没记住,该积累的没积累是最大的失误之一。在孩子们记忆的高峰期不让他们读、背,我们是有愧的,而且对每个学生来说都是无法挽回的。"课堂上,针对课文中的好词佳句,教师可以引导学生在理解课文的基础上,划出自己喜欢的、生动优美的的词句,大声朗读、背诵,熟读成诵。有些诗歌、名言警句,则可以采用手抄和背诵相结合的方法。为了防止学生遗忘,要能熟读成诵,还要经常复习。长期坚持,学生会逐渐积累大量的好词佳句。

(2) 通过摘抄积累词语

俗话说:"好记性不如烂笔头。"教师要指导学生学会写读书笔记,并养成习惯,在阅读中随时随地积累词语。在阅读过程中,当看到自己喜欢的词语、句子、片段,随时摘录到读书笔记本上。可以指导学生用归类的方法积累词语,比如:按照词语描写的对象、词语结构、词语性质等分类摘抄。此外,在阅读自己订阅的报纸、杂志时,可以让学生把自己需要的、喜欢的内容或图画剪下来,贴到笔记本上,可以按照自己喜欢的方式,随心所欲地贴,还可以配上自己画的插图。这样学生在抄抄写写、剪剪贴贴中就会不断获取知识,积累词语。在造句、写话、习作的时候,就可以经常翻阅,灵活运用积累的词语。当学生掌握了积累词语的方法,并且用到了自己的说话与写作中,得到了教师的表扬与鼓励,就能在实践中乐此不疲,进行广泛的阅读和摘记,这对学生掌握词语,提高运用词语的能力很有帮助。

(3) 在日常生活中积累词语

学生在日常生活中,每天都跟周围的人、事、物接触,每天都会接收到众多的语言信息,尤其是老百姓的口头语言,都是语言中的精华,如俗语、歇后语、谚语。在上网、看电视或与人交谈时,可以把自己从中学到的优美词汇或语句摘记在笔记本上,有空时经常拿出来看一看,读一读。只要做生活的有心人,多看、多记、多用,就会逐渐积累丰富的词汇。

(4) 通过交流积累词语

当学生的词语积累到一定程度时,教师可以定期开展评价、展示与交流活动,组织学生相互学习,积累词语。比如,以"优美词句共赏析"作为手抄报的内容,办个人手抄报并相互交流;同学之间定期交换读书笔记本,把每个同学的读书笔记作为全班同学的共同财富,实现资源共享;在黑板报上的"学习园地"中开辟"优美词句赏析专栏",选登同学摘抄的优美词句。通过多种形式的展示与交流,激发学生积累词语的兴趣,督促学生养成积累词句的习惯。

3. 运用词语的方法

理解词语、积累词语的最终目的是能在说话和写作中准确、灵活地运用,只有熟练地运用词语,才有可能积淀为学生自己的词汇。教师可以通过多种方式,为学生创设运用词语的语境。比如:运用学过的词语组词、造句、写话;通过展示场景,让学生说说联想到的警句名言;组织学生玩成语接龙的游戏;组织分组竞赛,比赛哪组按要求写出的词语多。如写出表示"看"的字词、表示"人物心情"的成语、表示"春、夏、秋、冬"的成语、带有动物名称的成语、数字开头的成语等。通过一系列活动,复习巩固、运用所积累的词语,激发学生积累词语的兴趣。特级教师霍懋征老师在指导学生练习运用词语时,要求学生在动词"说"的前面分别加上一个字、两个字、三个字、四个字来形容说的方式,学生们就抢着说出"叙说、诉说、乱说、瞎说、再说、笑着说、哭着说、跳着说、走着说、躺着说、高兴地说、轻轻地说、小声地说、难过地说、开心地说、兴高采烈地说、颠三倒四地说、气急败坏地说、气喘吁吁地说、泣不成声地说"等一系列的词语。这样的练习方式,可以充分调动学生的阅读积累与生活积累,加深学生对词语的理解,提高学生运用词语的能力。

(二) 句子教学

句子是由词按照一定的结构规则组合而成的,句子教学是阅读与鉴赏教学的重要组成部分。句子教学一般包括三方面的内容:一是建立句子的概念,能把每一句话分清楚;二是准确理解句子的意思;三是正确读出句子的语气和停顿,正确理解和运用标点符号。句子教学的重点是准确理解句子的意思。

1. 建立句子概念的方法

建立句子的概念有一个逐步提高的过程,主要在低年级进行。一开始,教师带领学生读课文,要让他们知道,读课文不能一口气读下去,中间要有停顿,每一次较大的停顿,就是一句话。进一步,教师要引导学生认识到句子是由词按照一定的顺序组织起来的。比如"我爱妈妈"这句话,包括"我""爱""妈妈"这几个词,而且这几个词有先后顺序,不能随便颠倒。同时,要让学生知道,一个句子要表达一个完整的意思,比如,"我爱妈妈"这句话,是由"谁"和"怎么样"两部分组成的,缺少哪一部分意思都不完整。逐渐训练,学生就可以从丰富的语言现象中逐步认识到:一个句子一般都包含两个主要部分,"谁"或"什么","是什么""干什么"或"怎么样",缺少哪一部分都不是完整的句子。伴随着句子的认识,教师还要逐步让学生认识常用的标点符号,体会不同标点符号表达的不同语气。《课标》提出了各学段阅读教学中关于标点符号的要求,第一学段要求:"认识课文中出现的常用标点符号。在阅读中体会句号、问号、感叹号所表达的不同语气。"第二学段要求:"在理解语句的过程中,体会句号与逗号的不同用法,了解冒号、引号的一般用法。"第三学段要求:"在理解课文的过程中,体会顿号与逗号、分号与句号的不同用法。"体会标点符号的不同用法,有助于正确读出句子的语气以及准确理解句子的意思。

2. 理解句子的方法

在阅读教学中,并非每个句子都需要深入讲解,因为有些句子学生自己就可以读懂,没有必要逐个"串讲"所有的句子。从教学实践来看,教师要抓住几种句子指导学生重点理解:一是对于表现中心思想有较大作用的句子;二是含义深刻的句子;三是跟学生距离较远的句子;四是结构比较复杂的句子。在阅读教学中,教师要结合课文类型与学生情况,抓住句子的特点,运用多种方法指导学生理解句子,不断提高学生对重点句的理解能力。

(1) 抓住关键字、词

一句话中,作者所要表达的感情或思想,往往都会蕴含在一些关键的字、词之中。抓住这些字、词进行品味,对深入理解句子的含义将起到重要作用。如《桂花雨》中的一句话:"桂花盛开的时候,不说香飘十里,至少前后左右十几家邻居,没有不浸在桂花香里的。"句中的"浸"就是一个关键词。"浸"本来是指一个东西泡在水里,在这里指沉浸,就是说人们都陶醉在桂花香里了,由此写出了"桂花的香气,太迷人了"。又如"一桥飞架南北,天堑变通途"一句中,如果学生能理解"天堑"一词的含义,整个句子的意思就迎刃而解了。

(2) 联系上下文

联系上下文是理解句子含义最常用的一种方法。有些句子的含义与上下文有密切的关系,只有顾及全篇,才能理解句子的含义。因此,我们只要引导学生联系上下文细细品读,句子含义便会迎刃而解。例如:《小马过河》中的一句话:"原来河水既不像老牛说的那样浅,也不像松鼠说的那样深。"理解这个句子,就要把小马亲自过河的结果与前面老牛说河水很浅、松鼠说河水很深的话联系起来。

(3) 联系生活实际

有的句子所表达的含义,与学生的认知之间存在一定的距离。在教学时,如果教师善于发现其相通之处,引导学生把文章的内容与现实生活紧密相连,结合自己的生活经历和感受去理解,会使学生更好地理解作者所表达的含义。如《秦兵马俑》一文:"在三个俑坑中,一号坑最大,东西长230米,南北宽62米,总面积有14 260平方米。"读完这句话,学生能初步感受到一号坑很大,但对其中具体的数字没有什么特别的印象,教学中我们可以结合学生熟悉的教室进行对比教学,如我们的教室大约60平方米,一号坑的面积大约相当于238间教室那么大。这样,学生就能深刻地体会到一号坑面积之大。

(4) 联系时代背景

有的文章是作者在特定背景下写成的,离开了当时的背景,学生理解起来就比较困难了。这时我们可以通过补充相关的背景资料,帮助学生了解作者生平,了解作者写作的初衷、背景,有助于学生入情入境,理解语言文字背后的含义。如《难忘的一课》中"我是中国人,我爱中国"这一句话,如果只从字面上理解,那就是作为中国人要热爱自己的祖国。如果教学时引导学生联系当时的写作背景:台湾地区被日本人统治了五十年,刚刚光复,许多台湾地区的人不会说中文,不会写中文,他们需要重新学习祖国的语言文字。学生就会体会到"我是中国人,我热爱中国"出自被日本人奴役了五十年的台湾同胞之口,表达了台湾同胞热爱祖国的一片深情,从而激起一种民族自豪感。

(5) 变换句式

句式多种多样,常见的有陈述句、疑问句、反问句等。教学中采用变换句式的方法,会浅化内容,降低理解难度,对学生理解句子内容、体会思想情感起到重要的作用。如《滴水穿石的启示》中的一句话:"你看,古今中外所有成就事业的人,在前进的道路上,不都是靠着这种'滴水穿石'的精神,才'滴穿'一块块'顽石',最终取得成功的吗?"这是一句反问句,为了降低理解的难度,可以引导学生把这句话改成陈述句:"你看,古今中外所有成就事业的人,在前进的道路上,都是靠着这种'滴水穿石'的精神,'滴穿'一块块'顽石',最终取得成功的。"将两个句子比较着读一读,学生就会明白,只有目标专一、持之以恒才能获得成功。

3. 句式训练的方法

在大量的阅读活动中,儿童接触了各种各样的句子,逐步懂得了有不同语气的句子,如陈述句、疑问句、感叹句、祈使句等,还有不同动作关系的句子,如"被字句""把字句"等。句子教学要帮助学生认识、掌握常用的句式,并指导他们运用不同的句式说话或写话,增强学生的语言表达能力。教师要根据课文的教学要求及课后的练习设计,精心选择句式训练点,合理采用训练形式与方法,有的放矢地进行句式训练。句式训练常见的方法有:仿写句子练习,要求学生模仿课文中的句子写话,让课文成为学生语言表达的范例,从而培养学生遣词造句的能力;归类练习,把结构相同的句子放在一起,让学生观察、比较、分析,从而认识它们的共同特点;缩句练习,有些有修饰成分的长句,可让学生抓住主干,删去修饰限制性的非主要词语,变成表达意思完整的短句,从而帮助学生掌握句子的主要成分;扩句练习,给句子添加修饰成分,有助于学生学会把句子写得更加明白、具体、生动;变换句式练习,比如把"被字句"变为"把字句",把"陈述句"变为"反问句",可以使学生清楚地认识各种句式的不同特点和表达效果,学会用多种句式表达意思;加标点练习,可以帮助学生掌握不同语气的句式;修改病句练习,可以培养学生修改句子的能力和习惯。句式训练处于字词和段篇训练之间,它既是字词教学的"升华",又是段篇教学的"起点",起着"承上启下"的作用。进行扎实有效的句式训练,可以为学生的说话、写话乃至以后的写段、写篇打下扎实的基础。

(三) 自然段的教学

自然段又叫"小段"或"小节"。自然段由一句话或几句话按一定的顺序组成,表达一个主要意思。自然段的教学包括三方面的内容:一是从形式上认识自然段,知道从哪儿到哪儿是一段,里面共有几句话;二是在理解句意的基础上,知道句与句在内容上是怎样连起来的;三是知道整个自然段主要讲的是什么,能够归纳自然段的段意。

1. 从形式上认识自然段的方法

从形式上认识自然段是低年级教学应达到的要求。教学一篇课文,教师可以引导学生从分段书写的形式上找到自然段的始末位置,标出每个自然段的序号,并让学生数一数一个自然段里有几句话,想想这几句话连起来说的是什么意思。让学生结合具体的语言现象,知道一个自然段一般由意思上有联系的几句话组成,有时一句话就是一段。

2. 理解自然段的方法

有的自然段只有一两句话,内容比较简单,学生只要读懂了句子,也就理解了段的内容;有些自然段包含的句子比较多,内容比较复杂,要指导学生通过分层来理解层与层之间的关系,从而理解段的内容。分层的一般方法是:先弄清自然段中共有几句话,再读懂每句话的意思,然后把围绕一个意思说的几句话归纳为一层,如果一句

话就是一个意思，就可以作为一层。自然段中层与层之间的关系主要有承接关系、总分关系、并列关系、因果关系等几种。

有的自然段是按照事情的发展顺序（或时间顺序）进行叙述的，各层意思都是事情发展过程中的一个阶段，前后不能颠倒。如《盘古开天地》的第二自然段：

> 有一天，盘古醒来了，睁眼一看，周围黑乎乎一片，什么也看不见。他一使劲翻身坐了起来，只听咔嚓一声，"大鸡蛋"裂开了一条缝，一丝微光透了进来。巨人见身边有一把斧头，就拿起斧头，对着眼前的黑暗劈过去，只听见一声巨响，"大鸡蛋"碎了。轻而清的东西，缓缓上升，变成了天；重而浊的东西，慢慢下降，变成了地。

这一自然段共有四句话，先写盘古醒来，什么也看不见，接着写盘古翻身坐了起来，"大鸡蛋"裂开了一条缝，然后写盘古用斧头劈开"大鸡蛋"，"大鸡蛋"碎了，变成了天地，这几句话是按事情的发展顺序连接起来的，前后不能颠倒，层与层之间是承接关系。

有的自然段是按照先概括后具体或先具体后概括的顺序叙述的，例如《富饶的西沙群岛》第五自然段，共有四句话，先概括写西沙群岛是鸟的天下，再具体写岛上的鸟多、鸟蛋多、鸟粪多，层与层之间是总分关系。

> 西沙群岛也是鸟的天下。岛上有一片片茂密的树林，树林里栖息着各种海鸟。遍地都是鸟蛋。树下堆积着一层厚厚的鸟粪，这是非常宝贵的肥料。

有的自然段同时介绍两种或两种以上的事物，或者从几个方面介绍一种事物，每层意思就是事物的一个方面。例如《富饶的西沙群岛》第三自然段，分别介绍了海滩上的三种事物：珊瑚，海参和大龙虾，层与层之间是并列关系。

> 海底的岩石上长着各种各样的珊瑚，有的像绽开的花朵，有的像分枝的鹿角。海参到处都是，在海底懒洋洋地蠕动。大龙虾全身披甲，划过来，划过去，样子挺威武。

有的自然段，先叙述事情发生的原因，再介绍结果，或者先介绍结果，再分析事情发生的原因。例如《富饶的西沙群岛》第二自然段，先写西沙群岛一带海水五光十色，接着写海水色彩不同是因为海底高低不平，层与层之间是因果关系。

> 西沙群岛一带海水五光十色，瑰丽无比：有深蓝的，淡青的，绿的，淡绿的，杏黄的。一块块，一条条，相互交错着。因为海底高低不平，有山崖，有峡谷，海水有深有浅，从海面看，色彩就不同了。

在自然段教学中，学生只要能从内容上理解层与层之间的关系既可以了，不必给学生讲承接、总分、并列、因果等名词术语。通过多次分析,学生就能从大量的实例中逐步领悟到一些连句成段的方法,从读学写,学会有条理地写好一段话。

3. 归纳自然段段意的方法

归纳自然段段意,有利于抓住一段话的主要内容,分析自然段之间的关系,为进一步给课文分段、理清文章思路创造条件。归纳自然段段意的主要方法是"取主舍次",段中的几层意思能分清主次的,需要把主要层的意思归纳在一起;如果一段话中的几层意思分不清主次,需要把各层意思都归纳进去。

(四) 篇的教学

篇的教学要在学生能够理解词句、读懂自然段的基础上进行,内容主要包括:了解自然段之间的联系,给课文分段;归纳结构段段落大意;把握课文的主要内容;体会课文的思想感情。

1. 划分段落的方法

分段是把文章划分成几个结构段(或称逻辑段、大段)。结构段意思上比较完整,在文章中相对独立,但相互之间又有紧密联系。分段可以帮助学生了解文章的结构层次,理解文章内容,发展学生的逻辑思维能力。分段的主要方法是让学生在了解全文内容的基础上,大致把文章分成几个阶段或几个方面,然后把表达同一方面内容的几个临近自然段合并为一个结构段。如果一个自然段表达了一个完整的意思,这个自然段就可以独立成为一个结构段。这种分段方法与在自然段中分层的方法基本相同,教师可以引导学生将在自然段中分层的方法迁移到分段中来。

文章的结构类型不同,分段的依据也不同。叙事性文章,一般按照事情的发展顺序来划分段落,事情的发展分几个阶段,文章就可以分成几个结构段。说明性文章,一般用事物的几个方面作为分段依据,文章说明了几个方面的内容,就可以分为几个结构段。分段的目的是帮助学生深入理解课文内容,学习文章的表达顺序,锻炼学生的逻辑思维能力,而不是为了让学生记住文章分几段的结论。一篇文章的段落,常常有不同的分法,只要言之有理,教师就应当给予肯定,不要用固定答案去限制学生的思维。当然,求异之中也要求佳,当学生的意见不一致时,可以让学生讨论哪种分法更恰当、更合理。

2. 归纳结构段段意的方法

正确划分结构段后,就要进一步用简明扼要的语言概括段落大意。归纳结构段大意是理解课文内容、把握作者思路的重要手段,也是锻炼学生分析、概括、综合能力及语言表达能力的重要方法。归纳结构段段意的方法与归纳自然段段意的方法基本相同,教师要引导学生将归纳自然段段意的方法,用于归纳结构段的段意。归纳结构段大意的方法主要有三种:一是取舍法,如果一个结构段段中有好几个意思,就要抓主要的意思,舍去次要的意思;二是归并法,如果一个结构段中几个自然段的意思都很重要,就综合各自然段的意思;三是摘句法,有的段落里有现成的可概括段意的句子,就摘录取用。归纳段落大意,语言要简练,要抓住段的主要内容,还要注意段与段之间的联系,各段段意连起来能反映文章的主要内容。教师要结合课文的学习,逐步渗透给学生归纳段意的方法,锻炼学生的概括能力,不要代替学生分析与归纳段意。

3. 把握课文主要内容的方法

把握课文的主要内容建立在归纳段落大意的基础上。把握课文的主要内容,可以指导学生把各段段意连起来,组成连贯的一段话;也可以按照课文的思路提出几个问题,指导学生根据课文内容做出回答,再把回答的要点归纳到一起。比如,阅读叙事性文章,可以按照事情发生的时间、地点、人物以及事情的起因、经过、结果等提出问题,让学生回答问题,从而把握课文的主要内容;对于说明性文章,则可以根据文章说明的几个方面提出问题,引导学生把握课文的主要内容。概括课文的主要内容,要求重点突出、语言简练、概括完整。教师要结合课文的不同特点,指导学生在实践中掌握方法,并反复运用,形成能力。

4. 体会课文思想感情的方法

语文课程有很强的人文性,为了让学生在阅读中受到思想熏陶与感染,在理解课文的基础上,要指导学生体会课文的思想感情,做到不仅读懂课文,而且动心动情,在思想上与作者产生共鸣。《课标》针对阅读教学的目标,在第二学段明确提出了"能初步把握文章的主要内容,体会文章表达的思想感情",在第三学段明确提出了"在阅读中了解文章的表达顺序,体会作者的思想感情"。"体会"应该具有自主性、个性化、多元化,教师要运用多种方法,充分调动学生的主动性,鼓励学生独立思考,个性化感悟,深入体会课文的思想感情。

(1) 设身处地,身临其境

指导学生在阅读的时候,把心放到课文中去,设身处地地像作者那样去想,仿佛身临其境。例如,学习海伦·凯勒的《假如只有三天光明》,教师让学生闭上眼睛,塞住耳朵,切身体会一个既聋又盲的人,看不见且听不到外面的世界,只能凭触摸来了解世界的生活,学生对课文中的"一件东西一旦失去,才会留恋它"就能深入体会,就能被作者那种渴望光明、热爱生活、珍惜生命的思想感情深深地打动。

(2) 联系生活实际

体会课文的思想感情,教师还要注意启发学生联系自己的生活实际,体会字、词、句的内涵,把语言文字训练与思想感情体会融为一体。例如,霍懋征老师在教《我的战友邱少云》一课时,课文中有一句话:"烈火在他身上燃烧了半个多钟头才渐渐熄灭,而邱少云一动没动,两只手深深地插在泥土中。"一开始,同学们对句子中的"才"字读得平平淡淡,没有什么领悟。霍老师就引导同学们思考:"如果有人不小心把开水泼在你身上,你会怎样?""假如有开水不停地往你身上浇,你又会怎样?"同学们纷纷回答:"我会疼得受不了的""我会疼得大哭大叫,大喊救命的""我会疼得满地打滚儿""我会被烫死的"……这时候,霍老师再启发同学们思考课文,大家终于明白了"才"字的含义,于是抢着说:"这个'才'字说明大火燃烧的时间很长,说明敌人的凶残""邱少云同志被烈火烧了那么长时间都一动没动,这个'才'字表现出他为了战斗胜利,不怕牺牲自己的伟大精神"。霍老师启发学生联系自己的生活实际,深入体会到了邱少云的坚强意志以及为了顾全大局而不惜牺牲自己的伟大精神。

(3) 有感情地朗读

朗读是将理解与表达融为一体的阅读活动。通过有感情朗读,在读中理解,在读中感悟,既可以加深对课文语言文字的理解,又可以把体会到的思想感情表达出来。因此,朗读是深入体会课文思想感情的重要方法。教师要先引导学生进入文本,入情入境,析词酌句,深入理解文章的内容,然后再借助有感情地朗读来抒发内心积淀的感情,以读促悟,以读传情,充分发挥朗读的最佳效果。

案例 5-3:

特级教师王崧舟《我的战友邱少云》教学片段[①]

师:你们还从别的什么地方读懂了"纹丝不动"?

生:我从这段话中体会到了"纹丝不动"。(朗读课文)"为了整个班没发出一声呻吟。"我是抓住"挪动"和"呻吟"这两个词来体会的。"挪动"就是轻轻地移动,"呻吟"就是因痛苦发出声音。这时的邱少云,被熊熊烈火燃烧了半个多小时,他都没有挪动一寸地方,没发出一声呻吟。我觉得这就是"纹丝不动"。

师:体会得很好。你是从结果的角度读懂"纹丝不动"的。

(学生自由练读。)

(生有感情地朗读这段课文。)

师:读出了英雄钢铁般的意志。你为什么要将"千斤巨石"读得这样重?

生:我觉得"千斤巨石"这个词写出了邱少云"纹丝不动"的形象。

师:谁再来读读这段话?(生有感情地朗读这段课文)

师:你的朗读声中,包含着对英雄无限崇敬的感情,让人感动啊!"一寸地方""一声呻吟",这两个地方你为什么读得这样慢、这样轻?

生:我觉得烈火烧身的痛苦是巨大的,但邱少云却忍住了,直到最后牺牲。所以我觉得这个地方不能读得太响、太快。

师:还有谁想通过自己的朗读来抒发对英雄的感情?(生有感情地朗读这段课文)

师:尽管声音比较平淡,但老师能够感觉到,你对英雄的感情是非常真挚的。让我们一起,怀着对英雄的无限崇敬朗读这段话。

(生集体有感情地朗读这段课文。)

……

以上教学片段中,教师通过对"纹丝不动"一词的理解,引导学生理解感悟邱少云的英雄形象。在理解感悟的基础上,引导学生结合自己对课文的理解与体会,通过朗读表达出对英雄的崇敬之情,并且通过评价与提问,进一步加深学生对课文的理解,帮助学生体会朗读技巧,以读促悟,以评促读,将朗读与体会融为一体。

(五)朗读指导

朗读是阅读教学中最经常最重要的训练。朗读过程是眼、口、耳、脑并用的活动

[①] 薛法根. 推敲新课程课堂[M]. 南宁:广西教育出版社,2006:83-84.

过程,其中有视听觉器官、言语运动器官和大脑的协同活动,又有思维、想象、情感和言语活动的协同进行。通过朗读,有助于学生理解课文内容、掌握规范的语言,并受到思想情感的陶冶。

1. 朗读的要求

《课标》在三个学段的阅读与鉴赏教学目标中都明确提出朗读的要求。第一学段,要求学生"学习用普通话正确、流利、有感情地朗读课文";第二学段,要求学生"用普通话正确、流利、有感情地朗读课文";第三学段,要求学生"熟练地用普通话正确、流利、有感情地朗读课文"。可见,三个学段的关于朗读的共同要求都是"正确、流利、有感情"。所谓"正确",是指能用普通话朗读,发音标准,不读错字、不添字、不漏字;所谓"流利",是指把句子读完整,读出句与句之间、段与段之间的间歇、停顿,连贯顺畅,速度适中;所谓"有感情",是指能读出不同的语气,语调适当,有轻重缓急,能准确地读出课文的思想感情,能用自己的声音传情达意。其中,用普通话"正确"朗读是最基本的要求,"流利"和"有感情"朗读是进一步的要求。这三个层次的标准,既包含了对语音技术方面的要求,更包含了对文章理解程度的要求。对文章内容的理解是朗读的基础,声调则是朗读的外在表现形式。因此,朗读技能的提高,依赖于理解能力和表达能力的提高。

2. 朗读训练的方法

(1) 正确示范

小学生善于模仿,声情并茂的范读,对于激发学生的朗读兴趣、提高学生的朗读水平十分有效。可以由教师范读,也可以由朗读水平较高的学生范读,或者用音频、视频范读。范读可以读全文,让学生整体感受文章的思想内容与语言特点;也可以读一些重点句段或语言优美的句段,引导学生仔细品味语言,加深对课文的理解,积累好词佳句。

(2) 结合课文内容指导朗读技巧

朗读有一定的技巧,如停顿、重音、语调等,这些技巧要在朗读过程中让学生结合课文内容去体会、感受,不能空谈朗读知识和技巧。正确深入地理解文章的思想感情是朗读好课文的基础。要先启发学生深入体会文章的思想感情,在头脑中再现文章所描述的情景和形象,然后再以声传情,读出课文的思想感情。结合学生的朗读,教师再提示难点,指导朗读技巧,引导学生自然运用,掌握好分寸,要避免纯技巧性的形式化朗读。

(3) 读后评议

课内的朗读指导要读前有要求,读后有评议。评议可以由教师评,也可以由学生评,启发学生谈谈重音、停顿、语速、语调的处理,比如,案例5-3中王老师问学生:"你为什么要将'千斤巨石'读得这样重?"通过评议,可以帮助学生体会朗读技巧,提升朗读能力。

(六) 默读指导

默读是不出声的阅读,是一种最基本的阅读方式。朗读只能在一定的场合下进行,默读则不受阅读环境、场合的限制,随时可以进行,在日常的生活、学习、工作中运用范围最广,读书报,查资料,看通知、信件等,都要用到默读。默读由于比朗读少了外部发音和听觉器官"核准"的程序,甚至实现眼脑直映,可以做到注视次数少,知觉广度大,所以速度比朗读快。默读时不必辨认字词的语音声调,可以把精力集中在思考阅读材料的内容上,还能在不理解处或重要处停下来思考、比较、推敲,因而可以理解得更深入。

1. 默读的要求

《课标》在阅读与鉴赏教学的三个学段都明确提出默读的要求。第一学段,要求学生"学习默读";第二学段,要求学生"初步学会默读,做到不出声,不指读";第三学段,要求学生"默读有一定的速度,默读一般读物每分钟不少于300字"。可见,对于默读,要遵循循序渐进的原则,在第一学段只能要求学生开始学习默读,学生还做不到完全不出声,第二学段要求学生逐步做到"不出声,不指读",到了第三学段,再对学生提出"默读有一定的速度"的要求。

2. 默读指导的方法

(1) 在朗读的基础上指导学生学习默读

从阅读的能力发展过程来看,朗读为默读准备了条件,默读是阅读的高级阶段。小学生默读技能的形成需要经历两个阶段,先是"小声读"阶段,逐步过渡到"无声读"阶段。"小声读"阶段,会不时发出轻微、急促的声音,嘴唇不断翕动,还不能完全不出声,是由朗读向默读过渡的阶段;"无声读"阶段,才能完全不出声音,速度加快,是真正的默读阶段。因此,默读要在学生具有一定朗读能力的基础上开始练习,在学习默读的开始阶段,有意识地将大声朗读和小声读结合起来,逐步要求学生学习小声读。教师也可以用轻声带读法,由教师小声读课文,学生跟着教师的阅读速度,不出声,只用眼睛看课文,逐步向无声读过渡。

(2) 指导学生边读边想

小学生默读课文时,往往漫不经心,或者只粗浅了解字面意思,不能深入理解课文。因此,教师要注意指导学生学会集中注意力,边读边想,做到默读三到:眼到、心到、手到。眼到,就是要认清每一个字,不能一目十行,以免养成不求甚解的不良习惯。心到,就是集中注意力,一边读一边想,读后能理解课文的内容或回答有关的问题,能提出自己不懂的问题,养成认真阅读的习惯。手到,就是在默读时,边读边动笔,养成不动笔墨不读书的习惯。可以画出重点词句,或标出段中的层次,也可以记下自己不懂的问题、做简单的批注等,提高默读的效果。为了让学生边读边想,教师可以在学生默读前提出具有启发性的问题,引导学生带着问题有目的地读书,读思结合。

(3) 逐步提高默读速度

阅读理解程度和阅读速度是衡量默读能力的两个重要指标,读得快而又理解得深,才是高水平的默读。在日常的学习、工作中,默读的速度快,就能在短时间内阅读大量的材料,提高工作与学习的效率。因此,随着年级的升高,要重视训练学生默读的速度。为了提高默读速度,在平时阅读时要让学生牢固熟练地掌握字词,默读时不需要把注意力放在字词上,而是放在对内容的理解上,这样能更好地提高默读的速度。要指导学生学会"扫读",默读时集中注意力,扩大视觉范围,减少眼停的时间与

次数,一眼就扫过一句、一行、甚至几行,尽量不出现回视,逐步扩大扫视范围。还可以提出时间要求,让学生在规定时间内默读某篇文章,然后检查默读效果。坚持训练,学生就能逐步提高阅读效率。

(七) 精读指导

精读是对文本进行深入钻研、咬文嚼字的一种阅读,是充分理解文本的重要方法。精读需要对文本的遣词造句、篇章结构、表达方法等方面进行深入探究、仔细品味,从而深入理解课文内容,把握课文语言特色。通过精读,有助于培养学生的感受、理解、欣赏、评价、分析和概括能力,提高学生理解和运用语言文字的能力。

1. 精读的要求

《课标》在阅读与鉴赏的学段目标中提出了关于精读方面的要求。第一学段,要求学生"结合上下文和生活实际了解课文中词句的意思,在阅读中积累词语";第二学段,要求学生"能联系上下文,理解词句的意思,体会课文中关键词句表达情意的作用""学习圈点、批注等阅读方法""能对课文中不理解的地方提出疑问,乐于与他人讨论交流";第三学段,要求学生"能联系上下文和自己的积累,推想课文中有关词句的意思,辨别词语的感情色彩,体会其表达效果";"在阅读中了解文章的表达顺序,体会作者的思想感情,初步领悟文章的基本表达方法"。教师要根据学段要求,指导学生精细研读、深入探究,逐步掌握阅读方法,形成阅读能力。

2. 精读指导的方法

(1) 精心设疑,引导学生研读探究

读书贵有疑。宋人朱熹说:"读书无疑者须教有疑,有疑者却要无疑,到这里方是长进。"明人陈献章说:"前辈谓学者有疑,小疑则小进。疑者,觉悟之机也。一番觉悟,一番长进。"教师要善于抓住重点处、关键处,精心设计问题,引导学生带着问题有目的地读书,对课文内容、语言进行深入思考、仔细品味,在研读探究的读书过程中进一步获得个人感受和独特体验。在深入思考的基础上,师生、生生之间开展对话,鼓励学生大胆发表富有个性的见解与感受,师生之间相互碰撞,相互启发,对重要语句段落达到透彻理解,从而使整个教学过程成为师生交往、积极互动、共同探究、共同发展的过程。

(2) 以读为本,注重阅读实践

"书读百遍,其义自见",注重学生多读,是我国传统语文教育的宝贵经验。在阅读教学中,教师要重视阅读实践,以读为本,多读少讲。在课堂上要留给学生充足的时间,让学生通过朗读、默读、诵读等多种形式,在读中深入理解文本内容、丰富语言积累,掌握阅读方法,提高阅读能力。比如,对于课文中的重要句子、段落,通过默读感悟,让学生在积极主动的思维和情感活动中,自读自悟,字斟句酌,获得独特的感受和体验,享受阅读乐趣;通过有感情地朗读,引导学生把语言的品析与情感的体味联系起来,使学生透过语言文字感受到作者的感情,在读中感悟,在读中传情。对于教材中文质兼美的文章、段落,引导学生反复诵读,熟读成诵,帮助学生积累大量的佳词妙句、精美篇章,并从诵读中进一步领悟作者谋篇布局、遣词造句的精妙,奠定深厚的语文基础。

（3）读写结合，学习表达方法

"精读"的目的之一在于从阅读中学习表达方法，在学生了解领悟了文章的表达方法之后，如果能适时创设情境，引导学生运用课文中的表达方法进行写作实践，就能让学生充分经历由领悟表达方法到形成写作能力的过程，实现读与写的有机结合。有的教师在教学《麻雀》一文时，在学生领悟了"作者是怎样把老麻雀的无畏写清楚的"之后，创设了这样的一个情境，引导学生进行片段练笔：小麻雀和老麻雀脱险了！请发挥想象，用一两句话写小麻雀或老麻雀的兴奋、激动。练笔的目的是让学生学习作者的方法，通过看到的、听到的、想到的，把"兴奋、激动"写清楚。因为有范例在前，又有表达的情境，学生的练笔是成功的。有的学生写道："老麻雀脱险了，可它的叫声并没有停息。嘶哑的声音中，没有了愤怒和恐惧，而是充满着开心和喜悦。它走近小麻雀，啄了啄小麻雀的羽毛，似在亲吻，又似在私语。"可以看出，这样的练笔是有效的，学生已经内化吸收课文的表达方法并能熟练运用。这样的教学过程引导学生从"了解"表达方法到"运用"表达方法，从读学写，提高了精读教学的实效。[①]

案例 5-4：

《鸟的天堂》教学片段[②]

师：作者是怎样描写榕树的呢？请同学们认真读读第八自然段，多读几遍，看看哪些语句自己能读懂，哪些语句自己读不懂，在旁边做好批注，一会儿提出来大家讨论交流。（生自主读、画、思、注。）

师：现在大家交流一下，你自己读懂了哪些语句？感悟到哪些内容？

生：我读懂了这一句"那么多的绿叶，一簇堆在另一簇上面，不留一点儿缝隙"，说明榕树非常茂盛，叶子非常多。

师：同学们，再认真读读这句话，这句话中是怎样把榕树叶子的"多"生动、准确地表现出来的？

生：一个是"簇"，一个是"堆"，写出了榕树叶子又多又密。

师：这两个字为什么能体现榕树叶子又多又密呢？

生："簇"写出了叶子聚集在一起，挨挨挤挤，"堆"写出了叶子层层叠叠，这两个字让我们感受到了榕树的茂盛。

师：很好，就是要这样精读词句，感悟课文内容，领悟作者的表达方法。你们还读懂了哪些语句？

生："那翠绿的颜色……照耀我们的眼睛。"这句话写出了榕树叶子的绿，让我们感到榕树叶子绿得发亮、绿得耀眼、绿得迷人。

[①] 刘荃.统编版习作单元"精读课文"教学探寻：以《麻雀》教学为例[J].语文教学通讯，2019(7)：153-155.

[②] 张礼.如何指导学生精读课文[J].学周刊，2011(1)：58-59.

师：你描述得很生动，你又是怎样感受到的呢？
生：我是从"照耀"这个词感受到的。
师：其他同学如果也读懂了这句话的，也可以发表自己的见解。
生：我感受到这棵榕树充满了生机。
师：你又是从哪里体会到的？
生：我是读了"每一片绿叶都有一个新的生命在颤动"后感受到的，那么多的绿叶，那么多的生命在树上跳动，大榕树就像在欢呼、在跳舞、在歌唱……就像活了起来。
师：我们通过精读课文体会到作者从榕树叶子的多和绿两个方面生动、准确、具体地写出了这株榕树茂盛的特点。看到这株充满活力的大榕树，作者不禁发出了怎样的赞叹？
生：（齐读）这美丽的南国的树。
师：我们应该带着怎样的感情来读呢？
生：带着喜爱、赞美的感情来读。
师：对，还要带着向往的感情。
现在速度放慢一些，充满感情地，让我们一起来读一读、背一背。
……

在以上教学片段中，教师让学生带着"作者是怎样描写榕树的"这个问题，精读第八自然段，在自主阅读感悟的基础上交流阅读体会。在师生交流中，教师通过层层深入的追问，引导学生大胆表达自己对词语、句子的感悟与体会，通过对语言的仔细品味领悟到作者的表达方法，避免了面面俱到的逐句串讲，从而有效地培养了学生的感受、理解、欣赏与评价能力，提高了课堂教学效益。

（八）略读指导

略读，就是粗略地读，提纲挈领地读，不必作精细的分析。与精读相比，略读就是运用已经形成的精读能力，快速、准确地把握阅读材料的基本内容、主要思想，不要求咬文嚼字，只要求"粗知课文大意"。叶圣陶先生曾说："就教学而言，精读是主体，略读只是补充；但是就效果而言，精读是准备，略读才是应用。……如果只注意精读，而忽略了略读，工夫就只做到一半。"从实用角度看，在现代信息时代，略读更能迅速、便捷地获取大量信息，在日常生活和工作中，略读比精读应用更为广泛。一个人在平时的阅读过程中，两种阅读方法是交叉运用的。精读的第一步是了解大意，需要进行略读；有时在略读中发现了问题或重点，就需要精读，深入研究、仔细琢磨。只有将精读和略读这两种阅读方式有效地结合在一起，才能有效提升阅读效率。

1. 略读的要求

《课标》在第二学段的阅读与鉴赏教学中明确提出了略读的要求："学习略读，粗知文章大意。"在"整本书阅读"学习任务群的教学提示中提出："引导学生了解阅读的多种策略，运用浏览、略读、精读等不同阅读方法。"与精读的字斟句酌不同，略读的要求是粗知文章大意，整体把握文本内容。

2. 略读指导的方法
（1）指导学生学会浏览

浏览，意思是粗略、快速地简单看一下。浏览的主要任务是从阅读材料中捕捉重要信息，为准确地对这些信息进行提炼和概括做准备。浏览的优势是，用较少的时间获取较多的信息。要想增加阅读量，扩大视野，浏览是一种很好的阅读方法。浏览时，要指导学生注意文章或书籍中的一些关键信息。浏览一篇文章，首先要看文章题目，题目是文章的眼睛，往往集中概括了全文的主要内容，通过读题目，可以对文章有一个总体的认识，此外，注意文章开头、结尾以及中间各段的中心句，将这些关键部分浏览完毕后，会对文章形成总的印象。如浏览一本书，先看书名，接着看序或前言，了解作者的写作背景及主要观点，然后再看目录页，了解这本书的基本结构，如果有结束语，再看一遍结束语，就能了解书的大致内容。在了解了文章或书籍的主要内容后，根据自己的兴趣和需要捕捉有用信息，确定需要深入精读的内容。

（2）指导学生运用扫读法

扫读法是指对文章内容一目数行地扫读，以大容量获取信息的一种快速阅读方法。扫读法最显著的特点是目光先横后竖的快速移动，一眼看几行文字，边看边抓住所读文章的脉络，寻求所需要的内容，不但阅读的速度非常快，而且不影响人们的理解程度。要熟练掌握扫读法必须经常专门训练，比如经常做一些视力扩展训练，在平时阅读时要注意克服逐字逐句阅读的习惯，有意识地扩大视野范围，努力做到一目数行；读书时眼脑结合，高度集中注意力，一眼看过去就要看清楚，尽力不要复看。

（3）指导学生运用跳读法

跳读法是指在阅读过程中，跳过一些无关紧要的部分，而直接选取读物的关键性内容的一种快速阅读方法。跳读与扫读不同，扫读是逐页扫视，而跳读则是有所取舍地跳跃式前进，只停留在那些最有价值的内容上阅读，其他次要内容则大段大段甚至整页整页地略过。所以，教学生善于运用跳读法阅读，不但可以提高阅读速度，而且能够很快抓住关键，把握文章要旨。跳读的具体方法有多种：可以抓住标题、小标题、黑体字等关键处跳读，这些往往都是文中主要内容、中心题旨；可以抓住文章的开头、结尾，文中段落的首句或尾句、关键性总结句等跳读，这些是文章的主要观点；对于记叙文，可以沿着情节发展线索跳读，主要情节之外的纯景物、人物的大段静态描写可直接略过。

（九）课外阅读指导

课外阅读是语文教学的重要组成部分。通过课外阅读，不仅有利于学生巩固课内学过的字词和读写知识，而且有利于进一步拓展知识，积累语言，形成语感。苏霍姆林基斯认为，对于学习困难的学生，不要补课，也不要靠没完没了的"拉一把"，而要靠阅读、阅读、再阅读。经验表明，凡是语文水平较高的学生，大多得益于大量的课外阅读。因此，教师要重视学生的课外阅读及指导，培养学生良好的课外阅读习惯。

1. 课外阅读的要求

《课标》在阅读与鉴赏教学的三个学段针对课外阅读都提出明确要求。第一学段要求学生："喜欢阅读，感受阅读的乐趣""课外阅读总量不少于5万字。"第二学段要求学生："养成读书看报的习惯，收藏图书资料，乐于与同学交流。课外阅读总量不少

于40万字。"第三学段要求学生:"扩展阅读面。课外阅读总量不少于100万字。"可见,在小学阶段的课外阅读中,既要培养学生的阅读兴趣,保证足够的阅读量,又要培养学生良好的阅读习惯,还要拓宽学生的阅读面。

2. 课外阅读指导的方法

(1) 推荐适合本班学生的课外阅读篇目

小学生求知欲旺盛,喜欢阅读生动形象的各种读物,但是辨别能力不强,不能正确选择课外读物,因此,教师应根据学生的年龄特征和教育需要,向学生推荐内容健康、语言规范、深浅适度、形式多样的高质量课外读物。首先要考虑学生的年龄特点。比如,对于小学低、中年级的学生,可以向他们推荐神话传说、寓言故事、童话故事等,对于小学高年级的学生,则可以向他们推荐人物传记及传奇故事等。其次要注意结合课内所学课文,向学生推荐课外读物。比如,课内学习了《草船借箭》,推荐学生课外阅读《三国演义》;课内学习了《三打白骨精》,推荐学生课外阅读《西游记》,将课内阅读与课外阅读相结合。再次,推荐读物还要注意兼顾各种文体,让学生有广泛的阅读面。要注意兼顾各个国家,各个时期,各种风格,各种文体。既要读童话、寓言故事,又要读诗歌、散文、成语故事、科普读物、人物传记等;既要读中国作品,也要读外国作品;既要读现当代作品,也要读古代作品;逐步扩大学生的阅读面。

(2) 上好课外阅读指导课

每个学期可以在语文课时内拿出几节课,作为课外阅读指导课。课外阅读指导课可以有多种类型,比如读物介绍课、读书方法指导课、课外阅读展示与交流课等。读物介绍课上,可以由教师介绍书名、书的主要内容与特点、精彩片段、读后感受等,也可以由学生向同学推荐自己读过的好书,激发学生的阅读兴趣。读书方法指导课上,要指导学生将精读与略读相结合,教给学生写读书笔记、读后感的方法,让学生学会读书,养成不动笔墨不读书的习惯。进行课外阅读展示与交流可以采用多种方式,如采用"课外阅读成长记录袋"的方式,记录学生课外阅读的成果,并定期展示交流,让学生产生成就感,也可以举行读书经验交流会,促进学生相互交流,共同提高。

(3) 组织丰富多彩的课外阅读活动

《课标》在"整本书阅读"学习任务群的教学提示中明确指出:"设计、组织多样的语文实践活动,如师生共读、同伴共读、朗诵会、故事会、戏剧节,建立读书共同体,交流读书心得,分享阅读经验。"教师要善于组织丰富多彩的课外阅读活动,营造浓厚的读书氛围。可以组织读书小组,由小组长负责组织成员在课外一起读书,相互帮助、相互促进,并定期进行课外阅读成果汇报。可以组建班级图书角,鼓励学生把自己的书拿到图书角,由专人负责管理,全班同学相互交换,共享阅读资源。也可以设计专题开展读书活动,比如,开展"我是小小推荐家""我是小小评论家""我是课外阅读小博士""与作家面对面"等一系列活动。还可以定期举办各类主题竞赛,如故事大王赛、诗歌朗诵赛、手抄报赛、演讲赛、成语接龙赛等。让学生在各种活动中感受到读书乐趣,激发学生课外阅读的热情。

(4) 妥善安排课外阅读的时间

有的小学生每天把大量的课外时间用于看电视、玩电脑,用来课外阅读的时间太少,没有养成课外阅读的习惯。针对这种情况,语文教师可以每周从语文课里抽出一课时,作为读课外书的专用时间;也可以在保证课堂教学质量的前提下,每周抽出一节语文课,一节活动课,一节自修课,集中在一个半天,带领全班同学到阅览室自由阅读。还要在布置作业时增加阅读作业,指导学生养成利用零碎时间阅读的习惯,坚持每天进行课外阅读,确保课外阅读的时间,提高课外阅读的实效。

二、阅读与鉴赏教学的过程设计

阅读与鉴赏教学的过程,是指教学某一篇课文的实施步骤与操作程序。任何一篇文章都是内容和形式的统一体,是通过字、词、句、段、篇来表达一定的思想内容。小学生要读懂一篇课文,一般是从理解具体的字、词、句、段、篇入手,理解文章内含的思想、观点和感情。阅读与鉴赏教学要遵循学生的认识规律,引导学生通过语言文字正确理解文章的思想内容,受到思想情感的熏陶感染,进而还要指导学生理解文章的思想内容是如何通过语言文字来表达的,从而培养学生理解、鉴赏和运用语言文字的能力。

一般来说,阅读与鉴赏教学的过程可以按照由整体到部分再到整体的顺序进行教学。一篇课文的教学过程大体上有以下几个阶段。

(一)初读课文,整体感知

在教学一篇课文之初,一般都要让学生认真阅读整篇课文,从整体上初步感知课文。在初读课文之前,教师可结合教学目标、教学重难点以及学生的实际,提出明确的阅读要求。通过初读课文,学生可以认识生字词,扫除阅读障碍,大体了解课文内容,初步感受文章的语言特色,还可以把不懂的词语、句子画出来,提出疑难问题,为进一步学习课文打下基础。

(二)精读课文,重点深究

精读课文是阅读与鉴赏教学的核心环节。在精读课文阶段,教师要引导学生深入阅读课文,加深对文章思想内容、语言文字的理解。精读课文,并不是不分主次,逐句、逐段地串讲,而是要抓住重要的、学生难以理解的词、句、段,熟读精思,理解品味,对于非重点的、学生自己可以读懂的内容,可以一带而过。在理解语言文字、思想内容的过程中,要充分体现阅读教学的理念,以学生为主体,运用自主阅读感悟、小组合作交流、师生对话等多种形式,进行朗读、默读、口语交际、写作等多种训练,培养学生的阅读与鉴赏能力。

(三)巩固运用,整体把握

精读课文之后,要在理解词句段的基础上,从整体上理解课文的思想内容,体会课文的思想感情,安排必要的拓展练习;在熟读课文的基础上,引导学生背诵精彩句子、段落,积累语言;在领悟文章表达方法的基础上,引导学生从读学写,安排适当的写作练习。通过书面的、口头的各种练习,巩固知识,积累语言,强化阅读体验。

阅读教学过程并不是一成不变的,教师应当根据学生实际、教学内容特点、教学情境等各种因素,充分发挥创造性,灵活设计不同的教学过程,从而充分发挥学生的主体作用,提高阅读教学效率,实现教学过程的最优化。

第三节　阅读与鉴赏教学设计案例赏析

一、阅读与鉴赏教学设计案例—1

统编小学语文教材二年级下册
第一单元　找春天*

（一）教学内容

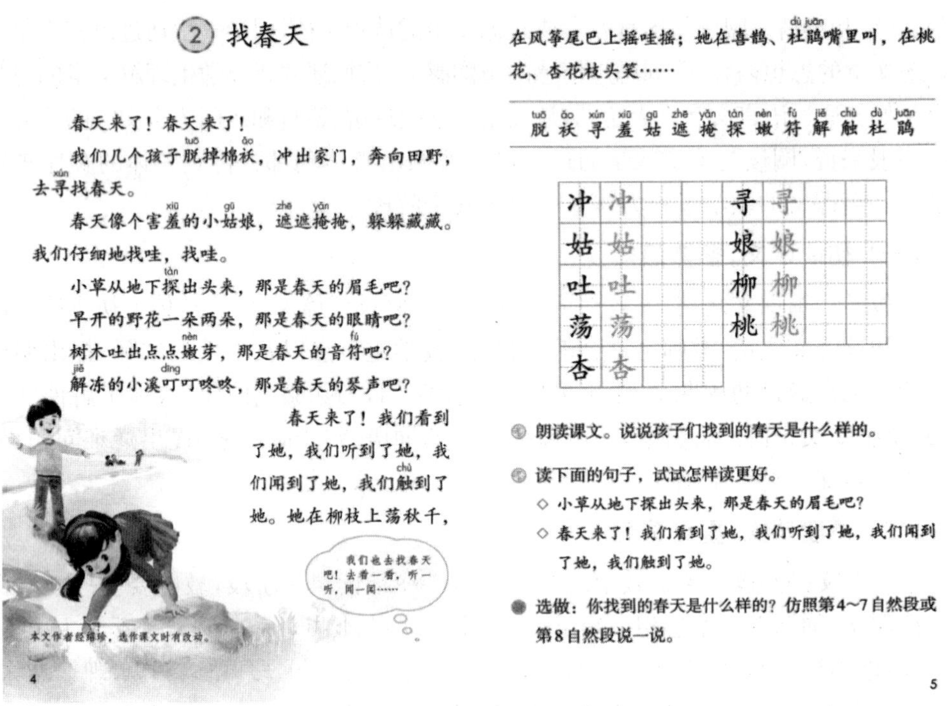

② 找春天

春天来了！春天来了！

我们几个孩子脱掉棉袄，冲出家门，奔向田野，去寻找春天。

春天像个害羞的小姑娘，遮遮掩掩，躲躲藏藏。我们仔细地找哇，找哇。

小草从地下探出头来，那是春天的眉毛吧？

早开的野花一朵两朵，那是春天的眼睛吧？

树木吐出点点嫩芽，那是春天的音符吧？

解冻的小溪叮叮咚咚，那是春天的琴声吧？

春天来了！我们看到了她，我们听到了她，我们闻到了她，我们触到了她。她在柳枝上荡秋千，在风筝尾巴上摇哇摇；她在喜鹊、杜鹃嘴里叫，在桃花、杏花枝头笑……

本文作者缪绍玲，选作课文时有改动。

4

tuō 脱　ǎo 袄　xún 寻　xiū 羞　gū 姑　zhē 遮　yǎn 掩　tàn 探　nèn 嫩　fú 符　jiě 解　chù 触　dù 杜　juān 鹃

冲　姑　吐　荡　杏　寻　娘　柳　桃

朗读课文。说说孩子们找到的春天是什么样的。

读下面的句子，试试怎样读更好。

◇ 小草从地下探出头来，那是春天的眉毛吧？

◇ 春天来了！我们看到了她，我们听到了她，我们闻到了她，我们触到了她。

选做：你找到的春天是什么样的？仿照第4~7自然段或第8自然段说一说。

5

图5-1　第一单元　找春天　教学内容

（二）教学设计

【教材分析】

《找春天》是统编小学语文教材二年级下册第一单元的课文，是一篇语言优美、充满儿童情趣的散文。一个“找”字，说明春天的景象尚没有完全显露出来，是早春时节。早春的景象与仲春、暮春有所不同，文中可以看到：“小草从地下探出头来”“早开的野花一朵两朵”“树木吐出点点嫩芽”“解冻的小溪叮叮咚咚”，都在暗示春天才刚刚开始，还没到春光烂漫的时候。“春天来了！春天来了！”连用两个感叹句，以欢呼起笔，突出了春天到来时孩子们喜悦的心情。

---

* 本案例由安阳市红庙街小学苏丽萍老师、和凌芳老师提供。

【学情分析】

本课的教学对象是小学二年级下学期的学生,通过一年多的学习,学生具有好奇、爱探索、易感染的特点,喜欢朗读,有最基本的朗读能力。本节课通过创设情境让学生体验、感受,达到情感的共鸣,同时也较多地利用学生已有的生活素材,并把它们运用到自己的朗读感悟中。关于识字,学生已有一定的能力和方法,鼓励学生继续运用学过的方法,自主识字。

【教学目标】

(1) 认识"探""解"2个生字。

(2) 正确、流利地朗读课文,能注意语气和重音。

(3) 能说出文中孩子们找到的春天是什么样的。

(4) 了解句式特点,仿照课文第4~7自然段和第8自然段的句式说出自己找到的春天的样子。

(5) 积极参与语文实践活动,发展学生观察、表达、合作的能力。

【教学重难点】

(1) 正确、流利地朗读课文,能注意语气和重音。

(2) 能说出文中孩子们找到的春天是什么样的。

(3) 了解句式特点,仿照课文第4~7自然段和第8自然段的句式说出自己找到的春天的样子。

【教学流程】

激趣导入　揭示课题

(1) 小朋友们,老师先问你们一个非常简单的问题,相信你们都能回答出来,现在是什么季节?你是怎么知道的?

(2) 现在让我们带着全身的感官一起和文中的小朋友去找春天吧!请伸出小手和老师一起书写课题。

板书:找春天

【设计意图】

调动学生各种感官,感同身受,和文中的作者一起寻找春天,从不同角度感受到春天的到来,激发学生寻找春天的兴趣。

感悟朗读4~7自然段

1. 出示自学要求

请小朋友们打开书,自由读4~8自然段,借助拼音读通句子。想一想孩子们找到的春天是什么样的。用横线画出相关句子。

2. 师生互动

孩子们找到的春天是什么样的?谁来读一下你画的句子?

你找得非常准确,看大屏幕,再读这几个句子,读着读着,你仿佛看到了什么?用简洁的语言说出来。

谁来说一说你仿佛看到了什么?

现在你们就是地下的小草,低下小脑袋,趴在桌上。春天来了,春天来了,小草慢

慢地做出探的动作。哇,终于钻出地面探出头来,那就是告诉我们小草怎么样啦?
　　板书:小草发芽图
　　3. 认读"探"字
　　出示"探"字。看这个字拼读两遍。说说怎么记住它的字形。
　　师:你还看到了什么?
　　板书:野花盛开图
　　师:用简洁的语言说说后两句讲了什么。
　　板书:小树吐芽图;小溪解冻图
　　4. 认读"解"字
　　出示"解"字,拼读两遍,怎么记住它的字形?
　　【设计意图】
　　阅读教学中应注重培养学生的概括能力,同时适时教会学生具体的概括方法。继续随文自主识字,在语境中认读生字新词。
　　5. 想一想
　　作者为什么说小草、野花、嫩芽和小溪是春天的眉毛、眼睛、音符和琴声呢?再读这几个句子,想一想。
　　出示小草图:小草和眉毛怎么联系在一起呢?
　　(刚刚发芽的小草,细细的,弯弯的,像人的眉毛)形状多像啊,这样的比喻写出了小草清清浅浅,稀稀疏疏,多么可爱,多么亲切,请读出这种感觉来。(练习朗读)
　　指名朗读。
　　谁再来读一读?
　　出示野花盛开图:为什么野花是春天的眼睛呢?
　　(两朵野花就像人的两只眼睛。)是啊,野花那么鲜艳,明媚。像我们人明亮的眼睛,作者的想象非常丰富,读出你的感受吧! 练习朗读。
　　指名朗读。
　　我们一起来读读吧。
　　出示树木吐芽图:嫩芽和音符怎么会联系在一起呢?
　　(树木吐出的嫩芽,像五线谱的音符。)
　　出示小溪和琴声图:小溪和琴声怎么又会联系在一起呢?
　　(小溪发出的叮咚声和琴声一样,声音一样)多么形象,多么生动啊! 练习朗读这两个句子,谁来读给大家听。
　　【设计意图】
　　借助图片,了解两者之间联系,体会比喻的妙处,感悟春天的美好。学会问句、重音的朗读方法,了解句式特点。
　　6. 仿说
　　小朋友们,让我们也展开丰富的想象,把自己看到春天的样子,用这样的句式说一说。
　　"……那是春天的……吧?"
　　(1) 出示图片,可以说图上的内容也可以说其他内容。同桌互相说一下。

相互交流仿说的句子。

(2)你们的仿说,让我们又一次感受到了春的气息,你们看到了她的颜色,听到了她的声音,闻到了她的气味,触到了她的形体,让我们把找到春天的好心情分享给所有人吧。

【设计意图】

抓住读写结合点,把课内课外的春天美景有机结合,训练学生的口头语言表达能力。

朗读感悟第8自然段

(1)出示句子朗读。

我们看到了她,我们听到了她,我们闻到了她,我们触到了她。

指名朗读。

一起来读。

(2)春天这么美好,我们继续寻找,她还在哪里?读一读有关的句子。

(出示句子:她在柳枝上荡秋千,在风筝尾巴上摇啊摇,她在喜鹊、杜鹃嘴里叫,在桃花、杏花枝头笑……)

再读这个句子,你仿佛看到了怎样的画面?用自己的话具体说下来。

她会在柳枝上荡秋千吗?那是怎样的情景呢?

学生描绘画面,出示柳枝飘荡图。

我们学过的哪句诗和这个画面相似?

在风筝尾巴上摇啊摇,又是怎样的画面?

学生描述画面。出示放风筝图。

老师好像看到这样的情景。又和我们学过的哪句诗是一样的?

她在喜鹊、杜鹃嘴里叫,在桃花、杏花枝头笑……又是怎样的情景呢?

学生描述画面。出示喜鹊枝头叫图和桃花杏花盛开图。

这样的画面可以用这两句诗描写,出示图片诗句齐读。(喜上枝头春意暖;红杏梢头,二月春犹浅)

让我们读出春天的美好吧!一起朗读一下。

指名读。

【设计意图】

在读中感悟,激发想象,做到读、想和说的结合,学生的口头语言表达能力得到训练。画面与诗句结合,做到诗、画、文的融合统一。

(3)出示生字卡"桃、杏"。"桃、杏"是要求会写的生字,观察一下,怎么写好这两个字?

(桃是左右结构,左窄右宽。杏是上下结构,上大下小)

这两个字还有什么相同的地方?写的时候要注意什么?

(都有木。桃的木字旁要写得窄长。杏的木字头要写得宽短)

教师书写示范,学生在书上描一遍,写一遍,注意写字姿势。

【设计意图】

指导学生掌握观察汉字、书写汉字的方法,培养学生养成良好的书写习惯。教师

书写为学生起到很好的示范作用。

文章的最后是什么号?(省略号)省略了什么?

春天在许多地方,春天在每一个角落,春天在我们的身边。她还会在哪里,干什么呢?

(4)仿照这样的句式说一说。出示句式:她在……,在……

学生仿照句式练习说话。

【设计意图】

思考句子特点,尝试找规律揣摩领悟,反复练习内化为自己的语言模式,迁移运用,规范学生的语言表达。

美文欣赏

春天就是这样的美好,充满希望,充满活力,许多作家都写下文章赞美她,歌颂她!

(1)请欣赏朱自清的散文《春》的片段。(播放朗读视频)

小结:朱自清笔下的春天,像小娃娃,像小姑娘,像健壮的青年,写出了春天的活力,春天的妩媚,春天的力量啊!

(2)还有一首十分动听的歌曲《春天在哪里》也赞美了春天,你们会唱吗?随着音乐一起唱起来吧!(播放音乐和视频)

【设计意图】

通过欣赏散文和歌曲,学生了解到赞美春天的多种形式,为开展语文实践活动做好铺垫。

布置作业

小朋友们,让我们在歌声的陪伴下走出教室,来到校园,来到大自然,看一看,听一听,闻一闻,触摸春天的足迹吧!选择一种方式,展示"我眼中的春天",可以读春天的美文,写春天的习作,画春天的美景,唱春天的赞歌。(出示作业:我眼中的春天 读春天 写春天 画春天 唱春天)

【设计意图】

开展语文实践活动,发展学生观察、表达、合作的能力,实现课内与课外、语文与其他学科的融合。

教学板书

找春天

小树吐芽　小草发芽　小溪解冻　野花盛开

【设计意图】

运用图片板书,形象直观地展示课文内容,感悟到春光的美好,激发学生亲近大自然的乐趣。

(三) 教学视频

本课时是统编小学语文教材二年级下册第一单元课文"找春天"的第二课时。教师根据课文各个自然段的表达特点,采用不同的方法指导学生阅读理解,通过多形式、多层次的朗读感受早春的特点,感受语言的生动、形象,为学生仿照课文说"春天是什么样的"做好铺垫。通过欣赏散文、歌曲,欣赏多种赞美春天的形式;引导学生开展语文实践活动,实现课内与课外、语文与其他学科之间的沟通融合。请打开二维码链接,观看本课时教学视频,并思考以下两个问题:

(1) 教师是怎样指导学生通过反复朗读感悟春天的美好的?

(2) 教师是怎样指导学生仿说课文中的句式,从而培养学生的语言表达能力的?

扫码获取
案例视频

(四) 案例评析

《找春天》是一篇语言优美,充满儿童情趣的散文。教学本文时,不仅要引导学生从文中的语句中感悟春天的美好,还要仿照课文中的语段练习说话,更要结合时节激发学生到大自然里去寻找、发现春天。学习这篇课文时,正是春天万物复苏的时候,孩子们通过自己全身的感官已经发现春天的足迹,对春天有了一定的了解,这些生活积累同样可以让孩子们对这篇课文有很好的感性认识,也为仿照课文中的语段说话提供了丰富的内容。

1. **识字写字贯穿课堂的始终**

识字、写字是低年级的教学重点,在课堂上注重随文"自主识字写字"的教学。在阅读教学中特别注重对"探"和"解"的认读学习。首先认读生字的正确读音,然后结合学生已有的识字方法,说一说自己记住字形的独特方法,学生思维方式不同,识字方法各异,如:加一加、换一换、比一比、字理识字、猜字谜等。学生对自主识字环节特别感兴趣,方法多,趣味强,记得牢。指导书写"桃、杏"这两个字,先让学生自己观察字形结构特点,整体把握规律,然后引导学生通过观察,了解每一部分的占位,再对两个字相同的部分——"木"比较,然后老师示范书写,对重点笔画讲解示范。最后学生描红书写。

2. **朗读感悟贯穿课文始终**

《找春天》语言生动优美,充满了儿童情趣和文学色彩,特别适合学生朗读。在教学中,指导学生读出疑问、重音的方法,通过声情并茂的朗读,学生感悟到春天的美好以及作者的表达方法。学生多形式,多层次的朗读,读出找到春天的喜悦之情,读出春天的画面感。通过多种形式的练习,掌握了朗读的技巧,激发了他们的朗读兴趣。

3. **仿说环节贯穿课文始终**

在《找春天》教学中,结合课后的仿说要求,在教学中设计巧妙的仿说时机,让学生在不知不觉中习得方法,学会仿说。在第四至七自然段学习中,通过反复朗读感悟,学生明白作者采用四段疑问句,突显孩子们找到春天后的又惊喜又喜悦的心情,

恰当的比喻写出了春天的美好。然后让学生结合生活实际或图片上的春天美景图，说一说什么怎么样，是春天的什么？学生根据课前的观察和图片的内容，展开丰富的想象，一句句生动形象的话语脱口而出，文中的语言已经内化为他们自己的语言模式。在第八自然的学习中，通过反复朗读，让文中的语句通过学生的描述展开春天美丽的画面，然后再用具体诗句描写所说的画面，最后让学生把看到的其他的春天还会在哪里的画面用语言表达出来，在文中走了一个来回，学生一篇篇描写春天的优美散文展现在了面前，他们的语言表达得到了充分的训练。

4. 课内外学科间沟通融合

《找春天》是第一单元围绕"春天"这个主题的一篇课文，在这个单元中，编排了四篇课文，课文体裁各异，有古诗，有童话故事，有散文，课文表现了春天里的美景和人们的活动，尽显春天的美好。为了让学生开阔眼界，了解更多的赞美春天的表达方式，学生欣赏了最有名的朱自清的散文《春》的美文视频，通过一幅幅美丽的画面和优美的语言，学生再次感受到春天的活力妩媚和力量。又通过一首悦耳动听的儿童歌曲《春天在哪里》感受到了另一种歌颂春天的方式，学生在欢快的氛围中结束了这节课的学习，然后以"我眼中的春天"为主题，开展语文实践活动，学生根据自己的特长，从几个任务中任选其一，组成小组开展活动。读春天的美文；写春天的习作；画春天的美景；唱春天的赞歌。实现了课内与课外、语文与其他学科的融合。

二、阅读与鉴赏教学设计案例—2

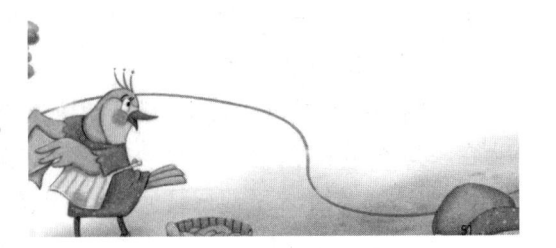

统编小学语文教材三年级上册
第四单元　胡萝卜先生的长胡子

（一）教学内容

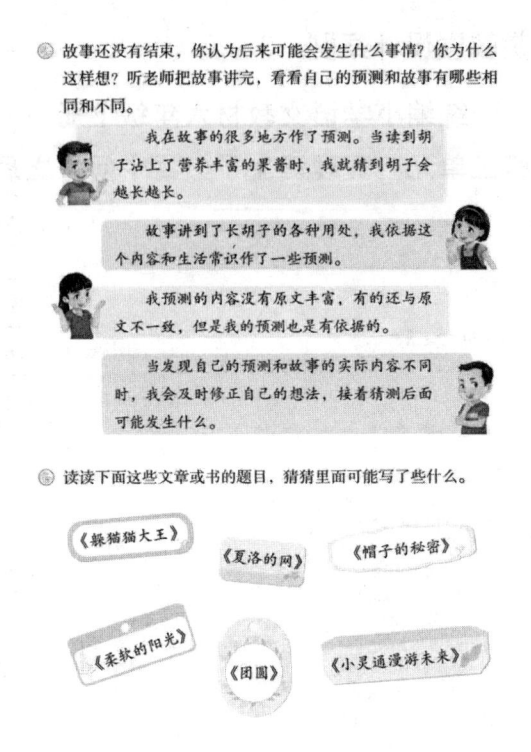

◎ 故事还没有结束,你认为后来可能会发生什么事情?你为什么这样想?听老师把故事讲完,看看自己的预测和故事有哪些相同和不同。

> 我在故事的很多地方作了预测。当读到胡子沾上了营养丰富的果酱时,我就猜到胡子会越长越长。

> 故事讲到了长胡子的各种用处,我依据这个内容和生活常识作了一些预测。

> 我预测的内容没有原文丰富,有的还与原文不一致,但是我的预测也是有依据的。

> 当发现自己的预测和故事的实际内容不同时,我会及时修正自己的想法,接着猜测后面可能发生什么。

◎ 读读下面这些文章或书的题目,猜猜里面可能写了些什么。

《躲猫猫大王》 《夏洛的网》 《帽子的秘密》
《柔软的阳光》 《团圆》 《小灵通漫游未来》

图 5-2　第四单元　胡萝卜先生的长胡子　教学内容

(二) 教学视频*

本文是统编小学语文教材三年级上册第四单元的第二篇课文,是学习了《总也倒不了的老屋》之后的一篇自读课文。本单元围绕"预测"这一阅读策略进行编排,目的是引导学生将这种无意识的阅读心理转变为一种有意识的阅读策略,在阅读过程中主动地进行预测,成为积极的阅读者。本文主要写了胡萝卜先生的一根胡子得到了果酱的营养后不断变长,后来给小男孩做风筝线、给鸟太太当晾尿布的绳子的故事。它是篇不完整的故事,留给学生更多预测的空间。文前的学习提示,要求学生边阅读边预测故事的发展、结局,旨在引导学生进一步练习猜想和推测的方法,同时感受童话故事中的丰富情节和快乐情感。本节课教学过程中,教师引导学生依据课文内容、结合生活实际展开合理的想象,抓住故事细节有依据地进行猜测,是指导学生提升语感、抓住细节、有序推测的教学范例。请打开二维码链接,观看本课时教学视频,并思考以下两个问题:

(1) 教师是如何引导学生抓住故事细节有依据地进行预测的?
(2) 本节课教师是如何导入的?请对教师的导入进行评价。

扫码获取
案例视频

---

* 本视频由安阳市红庙街小学王艳霞老师提供。

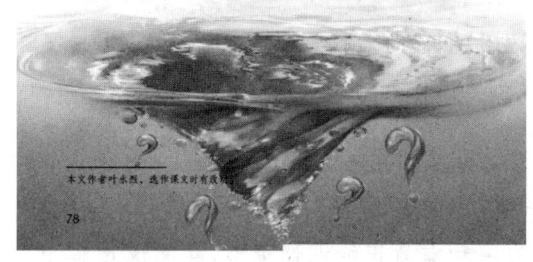

三、阅读与鉴赏教学设计案例—3

统编小学语文教材六年级下册
第五单元 真理诞生于一百个问号之后

（一）教学内容

图 5-3 第五单元 真理诞生于一百个问号之后 教学内容

(二) 教学视频*

《真理诞生于一百个问号之后》是统编小学语文教材六年级下册第五单元中的一篇精读课文,课文的题目"真理诞生于一百个问号之后"就是文章的主要观点。课文主要用事实论述了"只要善于观察,不断发问,锲而不舍地追根求源,就能在现实生活中发现真理"的科学规律。本单元要落实的语文要素是"用具体事例说明观点"。教学过程中,教师循序渐进地引导学生逐步体会课文用典型事例说明观点的写作方法,并引导学生仿照课文的写法,用具体事例说明一个观点,有效突出了单元的语文要素;同时,也让学生认识到科学发现的一般规律,从中感受、领悟到见微知著、独立思考、锲而不舍、不断探索的科学精神。教师教学思路清晰,课堂结构严谨,重难点突出。请打开二维码链接,观看本课时教学视频,并思考以下两个问题:

(1) 教师是如何引导学生体会课文中用典型事例说明观点这一写法的?

(2) 教师设计的板书具有哪些特征?请对教师的板书进行评价。

[思考与练习]

1. 谈谈你对阅读与鉴赏教学基本理念的理解。
2. 联系实际,谈谈理解词语、句子、自然段、篇的方法。
3. 阐述朗读、默读、精读、略读及课外阅读的指导方法。
4. 从统编小学语文中、高学段教材中选择一篇精读课文,写一份教学设计。

[参考文献]

1. 刘本武. 小学语文课程与教学[M]. 北京:北京师范大学出版社,2013.
2. 黄淑琴,桑志军. 语文课程与教学论[M]. 广州:广东高等教育出版社,2013.
3. 熊开明. 小学语文新课程教学法[M]. 北京:首都师范大学出版社,2004.
4. 夏家发. 小学语文教学设计与案例研究[M]. 北京:科学出版社,2012.
5. 薛法根. 推敲新课程课堂[M]. 南宁:广西教育出版社,2006.
6. 刘荃. 统编版习作单元"精读课文"教学探寻:以《麻雀》教学为例[J]. 语文教学通讯,2019(7).
7. 张礼. 如何指导学生精读课文[J]. 学周刊,2011(1).
8. 张文质,窦桂梅. 小学语文名师同课异教实录[M]. 上海:华东师范大学出版社,2008.

---

* 本视频由安阳市人民大道小学王晓霞老师提供。

第六章 习作教学

[内容提要]

写作能力是学生语文素养的综合体现，习作教学对于提高学生的语文素养具有重要作用。本章分为习作教学概述、习作教学设计、习作教学设计案例赏析三个小节。习作教学概述主要从习作教学的意义、习作教学的目标解读、习作教学的基本理念展开阐述；习作教学设计主要从低年级写话教学内容与方法设计、中高年级习作教学内容与方法设计、习作教学的过程设计三个方面展开阐述，以期学习者能对习作教学意义、目标解读、设计理念进行整体把握，并能够进行具体的习作教学设计；习作教学案例赏析主要从习作教学目标、教学过程以及教学评价展开。

[学习目标]

1. 了解习作教学的意义，把握习作教学目标。
2. 理解习作教学的基本理念。
3. 掌握习作教学的内容、方法与过程。
4. 运用习作教学的相关理论进行教学设计、案例评析。

第一节 习作教学概述

写作是全面提高学生语文素养必不可少的一个部分。写作是小学生运用语言文字进行表达和交流的重要方式，学生写作的过程也是认识世界、认识自我、创造性表述的过程，学生写作能力是学生语文素养的综合体现。《课标》总目标对于学生的写作能力要求是"能根据需要，用书面语言具体明确、文从字顺地表达自己的见闻、体验和想法。"

一、习作教学的意义

（一）有利于语文学科工具性的体现

习作教学是语文教学的重要组成部分。在习作教学过程中，教师发挥自己的主导作用,按照一定的习作训练序列,逐步帮助学生学会习作。学生从写一句话、两句话的写话训练,到写一个段落一个段落的段落训练,再到篇章的习作训练。篇章中的习作训练还包含不同文体,包括书信、便条的书写训练,记实作文、想象作文以及常见的应用文习作训练,还包括逗号、句号、问号、感叹号等标点符号的使用训练。在这里我们可以发现习作教学就是帮助学生进行语文"写"的这一方面工具性的掌握。

(二)有利于语文学科人文性的体现

著名语文教育家叶圣陶说:"小学作文教授之目的在令学生能以文字直行情感,了无隔闳;朴实说理,不生谬误。至于修辞之工,谋篇之巧,初非必要之需求。能之固佳,不能亦不为病。"语文教育是文道统一的教育,在教授习作时,不仅仅是教授小学生组织语言、谋篇布局,进行单纯的习作训练,同时也是培养小学生有意识地观察生活,认识生活,激发习作欲望,表达真情实感,提高小学思想意识和审美情趣的过程。

(三)有利于语文综合素养的提高

皮连生等人认为,语文素养包括人文素养和语文能力,人文素养是从语文课上习得的课文内容知识、价值观和行为习惯;语文能力包括语文专门知识、语文基本技能、语文高级智慧技能。[①]《课标》中提道:"义务教育语文课程培养的核心素养,是学生在积极的语文实践活动中积累、建构并在真实的语言运用情境中表现出来的,是文化自信和语言运用、思维能力、审美创造的综合体现。"写作教学有助于学生语文写作能力的提高,有助于学生思维能力的发展,有助于学生观察生活,积累经验,进而有助于提升小学生整体语文综合素养。

二、习作教学的目标解读

课标中关于写作的总的目标是:"能根据需要,用书面语言具体明确、文从字顺地表达自己的见闻、体验和想法。"总的写作目标要求学生在写作时能够言之有物,不说假大空的话,不写假大空式的作文;能够根据需要行文通顺,流畅即可,要摒弃华丽的辞藻和过于繁杂的修饰;能够写出自己的见闻,有自己的真情实感,不写假话套话空话。"发展书面语言运用能力"则有别于发展口语语言的表达能力,体现了写作对于学生更加严谨、更加具有逻辑性和语法规范的书面语表达能力要求。对于写作有一个总的目标要求之外还有分学段的具体要求,在分学段表述写作要求时,对于写作有着更加具体、明确的要求。关于写作的称谓表述沿用了 2011 课标版本的说法,在第一学段(1~2 年级)称之为写话;在第二学段(3~4 年级)和第三学段(5~6 年级)称之为习作,从命名上我们可以看出小学阶段的写作意在突出练笔的性质。

(一)第一学段的写话教学目标

《课标》在第一学段对写话是这样要求的:

(1)对写话有兴趣,留心周围事物,写自己想说的话,写想象中的事物。

---

① 皮连生,等.小学语文学习与教学论[M].上海:华东师范大学出版社,2018:36.

在写话中乐于运用阅读和生活中学到的词语。

(2) 根据表达的需要,学习使用逗号、句号、问号、感叹号。

一年级的小学生刚刚入学,这个时候的写话教学不宜做过多的要求,以免小学生对习作产生畏难心理。这个时期主要以激发学生的习作兴趣和习作自信心为主,鼓励学生观察自然、观察生活,乐于运用阅读和生活中学到的词语,根据表达的需要适当地学习一些简单的标点符号,写出自己想说的话,鼓励学生大胆想象。

(二) 第二学段的习作教学目标

《课标》在第二学段对习作是这样要求的:

(1) 乐于用口头、书面的方式与人交流沟通,愿意与他人分享,增强表达的自信心。

(2) 观察周围世界,能不拘形式地写下自己的见闻、感受和想象,注意把自己觉得新奇有趣或印象最深、最受感动的内容写清楚。能用便条、简短的书信等进行交流。尝试在习作中运用自己平时积累的语言材料,特别是有新鲜感的词句。

(3) 学习修改习作中有明显错误的词句。根据表达的需要,正确使用冒号、引号等标点符号。课内习作每学年16次左右。

在第二学段除了继续激发学生的习作兴趣、增强习作自信心外,还鼓励学生"观察周围世界,能不拘形式地写下自己的见闻、感受和想象"。这一阶段除要求学生能写简短的书信、便条外,对于文体的规范性不做过多的要求,鼓励学生大胆地习作。目标还对学生修改习作、冒号和引号等标点符号学习、习作次数做了要求。

(三) 第三学段的习作教学目标

《课标》在第三学段对习作是这样要求的:

(1) 懂得写作是为了自我表达和与人交流。养成留心观察周围事物的习惯,有意识地丰富自己的见闻,珍视个人的独特感受,积累习作素材。

(2) 能写简单的记实作文和想象作文,内容具体,感情真实。能根据内容表达的需要,分段表述。学写读书笔记,学写常见应用文。

(3) 修改自己的习作,并主动与他人交换修改,做到语句通顺,行款正确,书写规范、整洁。根据表达需要,正确使用常用的标点符号。习作要有一定速度。课内习作每学年16次左右。

第三学段是小学的最后一个阶段,本学段习作目标对于文体有了一定的要求,要求学生能写简单的记实作文和想象作文,学写常见应用文。对于习作的修改做了明确的要求,要求学生能够评改自己的作文,并且能够和同学互评,做到文从字顺,正确

使用标点符号,习作要求有一定的习作速度。

总的来看,三个学段的要求呈现渐近性、阶梯性,如第一学段中"写自己想说的话,写想象中的事物",到第二学段中"能不拘形式地写下自己的见闻、感受和想象,注意把自己觉得新奇有趣或印象最深、最受感动的内容写清楚",到第三学段"能写简单的记实作文和想象作文,内容具体,感情真实。能根据内容表达的需要,分段表述"。三个学段在写作训练上体现了从易到难,突出练笔性质,并且照顾到了儿童的身心发展特点,例如对于学生观察的要求从刚开始"留心周围事物"到第二学段"观察周围世界"再到第三学段"养成留心观察周围事物的习惯,有意识地丰富自己的见闻,珍视个人的独特感受,积累习作素材"就体现了循序渐进的特点。写作要求中还特别重视学生的情感目标要求,如在第一学段中要求学生"对写话有兴趣",第二学段中要求要"乐于用口头、书面的方式与人交流沟通,愿意与他人分享,增强表达的自信心",第三学段中要求要"懂得写作是为了自我表达和与人交流",这些都体现了对于学生写作兴趣的培养要求。

三、习作教学的基本理念

(一) 注重学生习作兴趣和习惯培养

当前不少语文教师面临的问题是语文习作难教,学生习作难写。有研究表明小学生之所以对习作缺乏兴趣,主要是因为教学方法陈旧;学生语文基础差阅读量少;教师评价方式单一;教师专业素质亟待提高等问题。[①] 因此,应该注重学生习作兴趣的培养,更新陈旧的教学方法,改变单一的填鸭式教学方式,改变单一的命题写作方式;要根据学生实际情况和心理特点对学生的习作做出符合实际的要求,不刻意拔高;要鼓励学生写自己感兴趣的人和事物;要注重教师自身写作素养的提高,提倡和学生一道写下水作文,深入了解小学生写作的实际情况,把握写作学生写作的难点。另外还应注重学生阅读兴趣、读书习惯的培养,要引导学生养成爱观察、勤动笔、会修改的好习惯,鼓励学生多读书,读好书,读整本书,鼓励学生把阅读中积累的词语和阅读中学到的篇章布局、表达方式、修辞手法等运用到写作中去,达到读写结合。

(二) 贴近学生生活,鼓励写放胆文

课标中写作的学习目标是要求学生在1~2年级开始写话,3~6年级进行习作,7~9年级进行写作,由此可见新课标中写作学习目标有意放缓了写作的坡度。因此在学生刚开始写话、习作的时候,要求不要太多、太高,要努力贴近学生实际生活,使得学生易于动笔、乐于表达。要鼓励学生大胆地写,刚开始时只要句子写通顺即可,待到学生有一定的写作经验的时候,可以适当地提高要求,精益求精。教师在鼓励学生大胆习作时要注意营造宽松的习作氛围,为学生习作提供有利条件和空间,注意尊重学生个人的独特感受,在作文命题方式上要提倡学生自主选题,减少对学生写作的束缚,鼓励学生进行自由表达和有创意地表达。

---

① 王宇. 小学生作文兴趣缺失及对策研究[D]. 内蒙古:内蒙古师范大学,2017:21-23.

（三）采取多样的评价方式，重视学生习作实际表现

习作评价是检验学生习作质量的重要环节，对于学生习作能力的提升起重要作用。但是长久以来，习作评价大多存在评价方式固化、评价主体单一、评价用语简单、评价内容片面、评价标准模糊、评价效果不理想等问题。因此习作教学要采取多种评价对学生习作进行评价，首先可以在评价方式上采用多样化的形式，改变以往过于注重书面评价方式，增加口头评价、课堂评价等评价方式。其次，在评价主体上改变以往全是教师评价的局面，增加学生评价。学生相互评价不仅丰富了评价的形式，激发的学生评价的热情，还提高的学生评价的技巧，提高了写作能力。最后，教师在评价用语上要丰富、优化评价用语，提高评价语的针对性和实用性；在评价标准上可以根据课程标准和具体习作目标，制定习作评价要点，构建习作评价量表。总的来说，教师要重视习作过程评价，关注学生习作能力的发展变化，及时调整习作教学策略，实现过程评价与结果评价并重。

第二节　习作教学设计

一、习作教学的内容与方法

习作教学内容以《课标》和统编小学语文教材关于习作的内容安排为依据，先结合已有的研究成果和教学经验梳理统编小学语文教材关于习作的内容，再给出相应的教学方法，呈现相应的教学案例。

（一）低年级写话教学内容与方法

据统计，统编小学语文一、二年级写话练习共有17次。一年级4次，其中一年级上册1次，下册3次；二年级13次，其中二年级上册6次，二年级下册7次。从训练的次数上看，写话的次数是随着年级的增长而增多，在写话要求上从一句话到多句话，从自己写话到仿写再到自己写话，训练要求随着年级的增长而提升；从训练形式上看，有写贺卡、写自己的愿望、字词句仿写、看图说话写话、写留言条、编写童话故事、人物描写等。以下是统编小学语文一、二年级写话练习的统计情况：

表6-1　低年级写话教学内容

册次	出处	内容
一年级上册	《语文园地八》	新年快到了，给家人或者朋友写一句祝福的话吧！
一年级下册	《我多想去看看》	以"我多想……"开头，写下自己的愿望，再和同学交流。
一年级下册	《荷叶圆圆》	读一读，写一写。 荷叶圆圆的，绿绿的。苹果_____，_____。

(续表)

册次	出处	内容
一年级下册	语文园地八	【字词句运用】 你有过下面这些心情吗？说一说，写一写。 高兴　生气　害怕　难过
二年级上册	语文园地三	【写话】 每个人都有自己喜爱的玩具。你最喜爱的玩具是什么？它是什么样子的？它好玩在哪里？先和同学交流，再写下来。 （我会写在方格纸上。） （我知道标点符号也要占一格。）
二年级上册	《黄山奇石》	读句子，用加点的词语说说图片里的石头，再选一张图片写下来。 ◇ 它好像从天上飞下来的一个大桃子，落在山顶的石盘上。 ◇ 那巨石真像一位仙人站在高高的山峰上，伸着手臂指向前方。
二年级上册	《葡萄沟》	读读下面的句子，照样子写一写。 　葡萄一大串一大串地挂在绿叶底下，有红的、白的、紫的、暗红的、淡绿的，五光十色，美丽极了。 ◇ 公园里的花都开了，有桃花、杏花、迎春花，＿＿＿＿＿＿＿＿ ＿＿＿＿＿＿＿＿。 ◇ 下课了，同学们在操场上活动，＿＿＿＿＿＿＿＿＿＿＿＿，丰富多彩，热闹极了。
二年级上册	语文园地四	【写话】 学写留言条。 先写是留给谁的。　→　妈妈： 再写有什么事。　→　　外婆打来电话说她做了我爱吃的红烧肉，我就不在家吃午饭啦。外婆还要我给你们带好吃的，晚饭您少做点菜。 最后写自己的名字和时间。　→　　　　　　　　李新 　　　　　　　　11月4日中午 选择下面一种情况，写一张留言条。 ◇ 去办公室还书，老师不在。 ◇ 通知小芳明天上午九点到学校参加书法小组的活动，但是她家里没有人。
二年级上册	语文园地七	【写话】 看看下面这幅画，想想小老鼠在干什么，电脑屏幕上突然出现了谁，接下来会怎么样…… 快把你想到的写下来吧！
二年级上册	《纸船和风筝》	【选做】 小熊也想写一张卡片，挂在风筝上送给松鼠，请你替他写一写吧。

(续表)

册次	出处	内容
二年级下册	语文园地二	【写话】 照样子,写一写你的一个好朋友。向大家介绍一下:他是谁?长什么样子?你们经常一起做什么? | 谁	长什么样子	我们经常做的事
张池	◇ 他掉了一颗门牙。 ◇ 他的脸圆圆的,笑起来有个小酒窝。	◇ 我们天天一起上学,一起回家。 ◇ 我们经常一起打乒乓球。	
二年级下册	《彩色的梦》	你想用彩色铅笔画些什么?试着仿照第2小节或第3小节,把想画的内容用几句话写下来。
二年级下册	《枫树上的喜鹊》	看到下面的情景,你会想到什么?试着写下来。 我看见喜鹊阿姨找了一条虫子回来,站在窝边。喜鹊弟弟一齐叫道:"鹊!鹊!鹊鹊鹊!" 我懂得,他们的意思是:"＿＿＿＿＿＿＿" 喜鹊阿姨把虫子送到喜鹊弟弟嘴里,叫起来:"鹊,鹊,鹊……" 我知道,她是在说:"＿＿＿＿＿＿＿"
二年级下册	语文园地四	【写话】 看图,想一想:小虫子、蚂蚁和蝴蝶用鸡蛋壳做了哪些事情?它们有什么有趣的经历?把它们这一天的经历写下来吧! 写的时候,可以用上下面的词语。 早上　过了一会儿　到了下午　天黑了
二年级下册	语文园地六	【写话】 为什么星星会眨眼睛? 为什么雨后天上挂着彩虹? 树叶的形状为什么是各种各样的? 花为什么是五颜六色的呢? 下雨前蜘蛛逃到哪儿去了? 是谁告诉蝉要下雨了? 石头上怎么会有贝壳呢? …… 大自然真是奇妙啊!你的心中是不是也藏着很多"问号"?把它们写下来吧! 写完后可以做成卡片,问问小伙伴知不知道答案。
二年级下册	语文园地七	【写话】 如果可以养小动物,你想养什么?写写你的理由,试着多写几条。
二年级下册	语文园地八	【字词句运用】 读句子,想象画面,再仿照例句写一写。 最后一个太阳害怕极了,慌慌张张地躲进了大海里。 李明杰＿＿＿＿＿,＿＿＿＿＿跑进了教室。

根据对统编小学语文一至二年级的写话教材内容整理,结合已有的课标要求和以往的写话教学经验对低年级写话教学内容与方法设计总结梳理如下。

1. 学习四种基本句式

语文有常用的基本句式,分别为陈述句、疑问句、祈使句和感叹句。课标中在写话目标3中有"根据表达的需要,学习使用逗号、句号、问号、感叹号"的要求,那么学习这几个标点符号的同时也可根据具体情况,引导学生学习陈述句、疑问句、祈使句和感叹句。刚开始学习写话的时候可以建立在仿写的基础上,统编小学语文教材的写话中就有很多仿写的安排,如一年级下册写话《荷叶圆圆》中可以要求学生仿照"荷叶圆圆的,绿绿的"句式写"苹果＿＿＿＿,＿＿＿＿"。学习先认识陈述句、疑问句、祈使句和感叹句四种句式,然后根据具体的句式,仿照说一说,再写下来。

2. 四素句的学习

"四素句"是丁有宽老师提出的,包括"时间""地点""人物""事件"四个要素。"时间""地点""人物""事件"是记叙文的四要素,用一句话完整的话把这四个要素说清楚,丁老师把这样的句子叫作"四素句"[①]。学习的时候可以由"谁＋干什么"的两素句、"谁＋地点＋干什么"或者"什么＋地点＋怎么了"的三素句到"时间＋谁＋地点＋干什么"四素句阶梯式的训练。刚开始入门时,学生学习两素句的难度不大,结合儿童已经有的生活和学习经验,找学生熟悉的"谁＋干什么"句子作为范例即可,再结合一些变式训练,学生基本能够掌握两素句的内容。学习三素句的时候,可以结合学生已经有的两素句的学习经验,结合常见的句子引导学生按照"谁＋地点＋干什么"或者"地点＋谁＋怎么了"说一句话,例如我回家吃饭、我在公园里放风筝。四素句的学习可以引导学生按照"时间＋地点＋人物＋事件"的格式说一句话,当然时间、地点、人物的先后顺序可以根据需要调整。

3. 句群的学习

学生在学习了单个句子写话后可以进行句群的写话学习,句群的学习也可以为以后中学段段落的习作做好铺垫。丁有宽老师根据小学生写话的实际需求一共总结了四种重点学习的句群,它们分别是连续句句群、并列句句群、总分句群、概括与具体句群。连续句句群就是一句接连一句地说出连续的动作或者连续发生的事情。[②] 并列句句群就是用几句话分别说明或描述事物,它们之间的关系的是平等并列的。[③] 总分句群由两个以上的句子组成,一般第一句话是概括性的总说,后面的句子分别进行具体的阐述或说明;或者前面的句子分述,最后一句总说。概括与具体句群就是先用一句话概括出句群的主要意思,再用几句话展开具体的阐述。[④] 学习这些句群可以先结合具体句子,比如教材中出现的句子,引导学生认识每一类句型,再引导学生发现每一种句型的特点,引导学生概括出句型的特点,根据这类句子的特点进行仿

[①] 黄朝霞.丁有宽语文教学艺术研究[M].福州:福建教育出版社,2017:121-122.

[②] 黄朝霞.丁有宽语文教学艺术研究[M].福州:福建教育出版社,2017:96.

[③] 黄朝霞.丁有宽语文教学艺术研究[M].福州:福建教育出版社,2017:98.

[④] 黄朝霞.丁有宽语文教学艺术研究[M].福州:福建教育出版社,2017:101-102.

147

写,达到举一反三的效果。

如统编小学语文二年级上册《葡萄沟》中的写话练习:

> 葡萄一大串一大串地挂在绿叶底下,有红的、白的、紫的、暗红的、淡绿的,五光十色,美丽极了。
> ◇ 公园里的花都开了,有桃花、杏花、迎春花,_____。
> ◇ 下课了,同学们在操场上活动,_____,丰富多彩,热闹极了。

引导学生认识总分总句式特点,"公园里的花都开了"是总写,"有桃花、杏花、迎春花"是分写,最后再概括出它们的特点又是总写。认识总分总句式的特点以后,再仿写总分句群相对而言就简单了。

(二) 中高年级习作教学内容与方法

据统计,统编小学语文三至六年级教材共有习作 62 篇。总的来看,中高年级的习作可以分为写实类作文、想象类作文、应用类作文。习作内容和要求呈现序列性,训练要求随着年级的增长而提升。纪实类所占的习作次数最多,大约占56.5%,纪实类又可以具体分为状物、写景、记事、写人四类,其中状物 7 篇、写景 5 篇、记事 15 篇、写人 8 篇,以记事习作篇训练次数为最多;应用类 14 篇,占总习作数量的 22.6%;想象类 12 篇,占总习作数量 19.4%;自由表达类 1 篇,占总习作数量的 1.6%。如表 6-2 所示:

表 6-2 中高年级习作篇目总数、类别统计

类别						
纪实类				应用类	想象类	自由表达类
状物	写景	记事	写人			
7 篇	5 篇	15 篇	8 篇	14 篇	12 篇	1 篇

根据习作的不同类别,分别整理如下:

(1) 状物类共 7 篇,其中三年级安排 3 次习作,四年级安排 2 次习作,五年级安排 2 次习作,6 年级没有此类的习作安排,具体如表 6-3 所示:[①]

表 6-3 中高年级状物类篇目、目标统计

册次	话题	目标要求
三上	我们眼中缤纷的世界	仔细观察,写印象最深的一种事物或场景
三下	我的植物朋友	通过看、闻、摸等方式观察一种植物,写清楚名称、样子、颜色、气味等方面

---

① 陈先云.国家统编小学语文教科书教学指导:与其他版本教科书对比研究[M].北京:语文教育出版社,2019:312.

(续表)

册次	话题	目标要求
三下	国宝大熊猫	学会整合信息,围绕问题介绍事物,表达准确,条理清晰,掌握通过几个方面介绍一个事物的方法
四上	写观察日记	连续用日记记录观察植物的变化及当时的想法和心情,图文并茂,乐于分享
四下	我的动物朋友	在特定情境中,从多个方面写清楚动物的特点
五上	我的心爱之物	融入感情,从多个方面状写事物
五上	介绍一种事物	细致观察、搜集资料深入了解要写的事物,抓住事物的主要特点,运用恰当的说明方法介绍事物的几个方面

(2) 写景类共 5 篇,其中三年级安排 1 次习作,四年级安排 3 次习作,五年级安排 1 次习作,6 年级没有此类的习作安排,具体如表 6-4 所示:[①]

表 6-4 中高年级写景类篇目、目标统计

册次	话题	目标要求
三上	这儿真美	围绕中心句写清楚观察到的场景
四上	推荐一个好地方	练习把好地方的特别之处写清楚,写清推荐的理由,对照要求主动及时修改
四下	我的乐园	练习列写提纲,从多个方面写具体
四下	游_____	借助画游览路线图理清思路,写清楚游览的过程,印象深刻的景物要作为重点来写,把它的特点写出来
五上	_____即景	观察并描写自然现象或景物的动态变化

(3) 记事类共 15 篇,其中三年级安排 4 次习作,四年级安排 4 次习作,五年级安排 1 次习作,6 年级 6 篇习作安排,具体如表 6-5 所示:[②]

表 6-5 中高年级记事类篇目、目标统计

册次	话题	目标要求
三上	那次玩得真高兴	写清楚事情的过程,写出心情
三下	看图画,写一写	写清楚图中人物、事件、动作,想象他们的语言
三下	写一个传统节日	写清楚自己家过节的过程或节日中发生的印象深刻的故事
三下	我做了一项小实验	把做小实验的经过写清楚,并写出做实验时的心情、实验中的有趣发现等

[①] 陈先云.国家统编小学语文教科书教学指导:与其他版本教科书对比研究[M].北京:语文教育出版社,2019:313.

[②] 陈先云.国家统编小学语文教科书教学指导:与其他版本教科书对比研究[M].北京:语文教育出版社,2019:314-315.

(续表)

册次	话题	目标要求
四上	生活万花筒	按一定的顺序把生活中的事情经过写清楚。参考同学修改建议
四上	记一次游戏	按照顺序写清楚游戏情景,融入心情
四上	我的心儿怦怦跳	叙述清楚事情的经过和当时的感受
四下	我学会了_____	按照一定顺序,写清楚学会事情的过程以及学习过程中所克服的困难、心情的变化
五下	那一刻,我长大了	把自己受到触动、感到长大的那个瞬间写具体,记录当时的真实感受
六上	多彩的活动	练习写清楚活动过程,突出重点,点面结合
六上	_____让生活更美好	选取典型事例来体现对生活的影响
六上	围绕中心意思写	围绕中心意思,从不同方面或选择不同事例来写
六上	我的拿手好戏	按顺序叙述事情,注意详略结合
六下	家乡的风俗	查阅资料或询问长辈,有条理地介绍一种风俗的主要特点、来历,写清楚一次风俗活动现场情况、自身感受及看法
六下	让真情自然流露	在有条理、具体叙述事情的过程中,真实自然地表达情感的变化

(4) 写人类共 8 篇,其中三年级安排 2 次习作,四年级安排 2 次习作,五年级安排 3 次习作,6 年级 1 篇习作安排,具体如表 6-6 所示:[1]

表 6-6 中高年级写人类篇目、目标统计

册次	话题	目标要求
三上	猜猜他是谁	抓住人物外貌、性格等一两点特征描写一个同学,体会分享自己习作的乐趣
三下	身边那些有特点的人	通过一两件具体事例,写出人物特点来,并把事情写清楚、写具体
四上	小小"动物园"	转换视角,注意人与物的相似之处,把印象最深的地方写出来。写出人物主要特点,与他人分享习作
四下	我的"自画像"	介绍自己的外貌、性格、爱好特长及其他情况,结合事例,运用语言、动作等多种方法写出自己的特点
五上	"漫画"老师	抓住人物多方面的特点,选择一两件能突出其特点的具体事情来写人物。用一两个典型事例反映人物特点
五下	他陶醉了	根据话题,写清楚事情的前因后果,写具体人物当时的动作、神态、语言
五下	把一个人的特点写具体	选取最典型的事例来表现人物的特点,综合运用多种方法具体描写人物特点
六上	有你,真好	选取典型事例表现人物,在具体叙述事情的过程中融入真挚的情感

---

[1] 陈先云. 国家统编小学语文教科书教学指导:与其他版本教科书对比研究[M]. 北京:语文教育出版社,2019:316-317.

(5) 应用类共 14 篇,其中三年级安排 2 次习作,四年级安排 2 次习作,五年级安排 7 次习作,6 年级 3 篇习作安排,具体如表 6-7 所示:①

表 6-7 中高年级应用类篇目、目标统计

册次	话题	目标要求
三上	写日记	了解日记的格式、内容及写日记的好处,选择一件最有意义的事写成日记,并逐步培养自己写日记的习惯
三上	我有一个想法	写清楚现象和想法
四上	写信	练习书信
四下	合作编小诗集	学习按照一定顺序归类编排
五上	缩写故事	运用删减、摘录、改写、概括等方法缩写民间故事,做到通顺、完整、连贯
五上	我想对您说	运用书信方式给特定的对象提建议,用恰当的语言表达自己的看法和感受
五上	推荐一本书	练习抓住书名、作者、出版社等基本信息推荐书籍,重点写推荐的理由
五下	写读后感	简单介绍文章或书的内容,重点介绍留下印象最深的内容。联系自己的阅读积累和生活经验写出自己真实、具体的感受
五下	把感兴趣的内容写成一份研究报告	学写简单的研究型报告
五下	中国的世界文化遗产	查阅、整理资料,利用已有信息,通过多种形式生动、准确地介绍中国的世界文化遗产
五下	漫画的启示	从社会现象中获得启示,叙事明理
六上	学写倡议书	围绕关心的问题写一份倡议书,标题要鲜明,掌握倡议书的格式,正文写清楚倡议的内容,可以分点说明
六下	写作梗概	掌握写作梗概的要领
六下	学写策划书	策划简单的校园活动,学写策划书

(6) 想象类共 12 篇,其中三年级安排 4 次习作,四年级安排 3 次习作,五年级安排 2 次习作,6 年级安排 3 次习作,具体如表 6-8 所示:②

表 6-8 中高年级想象类篇目、目标统计

册次	话题	目标要求
三上	我来编童话	依据情境,抓住"时间、地点、人物、事件"等要素,展开丰富而合理的想象
三上	续写故事	依据故事情境及生活常识推测情节发展,续写故事

---

① 陈先云.国家统编小学语文教科书教学指导:与其他版本教科书对比研究[M].北京:语文教育出版社,2019:318-319.

② 陈先云.国家统编小学语文教科书教学指导:与其他版本教科书对比研究[M].北京:语文教育出版社,2019:320-321.

(续表)

册次	话题	目标要求
三下	奇妙的想象	写出自己大胆的想象
三下	这样想象真有趣	展开大胆、丰富、新奇的想象,尝试把故事情节拉长
四上	我和_____过一天	转化视角,注意现实生活与作品人物的联系,按"起因、经过、结果"把故事写清楚。听取同学修改意见
四下	我的奇思妙想	借助思维导图,有条理地从多方面写清楚想象发明的事物
四下	故事新编	选择一个熟悉的故事,创新编故事,想象合理,情节新奇有趣
五上	二十年后的家乡	根据话题,想象场景或者梳理事件,按照自己编写的习作提纲,分段叙述,把重点部分写具体
五下	神奇的探险之旅	根据话题,展开丰富合理的想象,把事情过程写具体,适当写出心情的变化
六上	变形记	生动叙述所想象事物特定的经历
六上	笔尖流出的故事	根据特定情境,围绕主要人物创编完整的吸引人的故事,写出故事发生的环境、人物的心理活动
六下	插上科学的翅膀飞	展开想象,写科幻故事,介绍故事中人物的生活环境、不可思议的科学技术使故事中的人物有了怎样的奇特经历

根据对统编小学语文三至六年级的习作教材内容整理,结合已有的课标要求和以往的习作教学经验对中高年级习作教学内容与方法设计总结梳理如下:

1. 学习观察方法

丁有宽老师总结出了一系列的次序观察方法,即由远及近或由近及远,从上而下或从下而上,从左到右或从右到左,先中间后四周或先四周后中间,从人到物或从物到人,从因及果或从果及因,从静到动或从动到静,由表及里或由里及表。我们可以指导学生学习综合的观察方法,先从局部入手再到整体,或者先从整体入手再到整体;指导学生学习突出重点的观察方法,突出文章的中心,使得文章生动;指导学生学习比较观察的方法,目的在于区别事物的特征;指导学生学习观察中加入想象的方法。[①] 学习有次序的观察方法有助于学生习作思维的条理性表达,如统编小学语文三年级下册《国宝大熊猫》这篇习作中要求学生"学会整合信息,围绕问题介绍事物,表达准确,条理清晰,掌握通过几个方面介绍一个事物的方法"。学习综合的观察方法,有助于学生全面地认识事物;学习有突出重点的观察有助于把文章的重点部分写得具体、生动、形象,如统编小学语文五年级上册习作《介绍一种事物》中要求"细致观察、搜集资料深入了解要写的事物,抓住事物的主要特点,运用恰当的说明方法介绍事物的几个方面";比较观察不仅有助于区别事物的特征,也有助于观察到事物之间的共性特点,如统编小学语文四年级上册《小小"动物园"》这篇习作,就是需要观察家人和动物们之间的相似之处。

---

① 丁有宽.丁有宽与读写导练[M].北京:北京师范大学出版社,2006:75-78.

2. 记事类习作方法

丁有宽老师总结了语文教材里常见的四种记叙文的习作顺序，第一种是按照事情发展顺序安排材料，第二种是按照时间的先后顺序安排材料，第三种是按空间（地点）转换顺序安排材料，第四种是按事物性质分类安排材料。① 按照事情发展顺序安排材料，如统编小学语文四年级上册《生活万花筒》要求按一定的顺序把生活中的事情经过写清楚，可以按照事情的起因、经过、结果的顺序写。按照时间的先后顺序安排材料，如统编小学语文四年级上册的习作《记一次游戏》可以按照游戏前、游戏中、游戏后的顺序写清楚游戏情景，并融入情感体验。按空间（地点）转换顺序安排材料，如统编小学语文六年级上的习作《多彩的活动》可以要求写清楚活动过程，突出重点，点面结合。按事物性质分类安排材料，如统编小学语文六年级上册的习作《围绕中心意思写》要求围绕中心意思，从不同方面或选择不同事例来写。

3. 写人类习作方法

写人一般需要练习好八个基本功：有四项单项训练，具体有人物的外貌描写、语言描写、行为描写、心理活动描写；四项综合训练，具体有人物综合描写、一事表人、几事表人、几方面品质表人。② 如统编小学语文三年级上册《猜猜他是谁》要求抓住人物外貌、性格等一两点特征描写一个同学，体会分享自己习作的乐趣。习作还对他的外貌、性格、爱好进行举例，这样的习作适合训练描写人物的一两个特点，适合单项训练。统编小学语文四年级下册的习作《我的"自画像"》要求介绍自己的外貌、性格、爱好特长及其他情况，结合事例，运用语言、动作等多种方法写出自己的特点，则属于人物描写的综合训练。统编小学语文五年级上册的习作《"漫画"老师》要求学生抓住人物多方面的特点，选择一两件能突出其特点的具体事情来写人物，用一两个典型事例反映人物特点同样属于综合训练。学习时可以先训练单项人物描写练习，然后逐步进行多项的人物描写练习，最后再过渡到人物描写的综合练习。

4. 应用类习作方法

从教材关于应用类习作内容来看，统编小学语文教材设计了日记、书信、编诗集、推荐书籍、写读后感、写研究报告、介绍中国的世界文化遗产、漫画启示、倡议书、作品梗概、策划书等应用题材习作。应用文实践性质较强，它一方面与社会生活联系密切，是人们直接交流信息的重要工具；另一方面应用文对于格式的要求比较具体，每一种应用文都有相应的格式要求。因此，在教授学习应用文习作的时候，一方面要把握应用文的实用性，引导学生学习应用文的实用价值，引导学习应用文习作解决实际生活的需要；另一方面要把握应用文的格式要求，使学生初步掌握应用文的格式。例如统编小学语文三年级上册的习作《写日记》可以要求学生了解日记的格式、内容及写日记的好处，选择生活中的事情写成日记，并逐步培养自己写日记的习惯，再如统编小学语文五年级上册的习作《推荐一本书》可以要求学生习作时介绍书名、作者、出版社等基本信息，并要求学生重点写出推荐这一本书的理由。

---

① 黄朝霞.丁有宽语文教学艺术研究[M].福州：福建教育出版社，2017：121-122.
② 黄朝霞.丁有宽语文教学艺术研究[M].福州：福建教育出版社，2017：133.

5. 想象类习作方法

想象类习作在统编小学语文教材中共有12篇，占总习作数量19.4%，可见想象类习作在整个小学语文习作练习中占据的重要地位。从统编小学语文教材中12篇想象习作内容看，主要有童话类想象、续写故事、故事新编、自己的奇思妙想、对于未来生活的想象、科学的想象等类型。教师在教授想象类习作的时候，第一是鼓励学生们大胆想象，想象要丰富、新奇，对于学生的奇思妙想不要做太多的限制，例如统编小学语文三年级下册的习作《奇妙的想象》要求学生写出自己大胆的想象，创造出属于自己的想象世界，习作《这样想象真有趣》要求学生选择一种动物作为主角，展开大胆、丰富、新奇的想象，编写一个童话故事。第二是要求学生想象要合理，想象不能乱想象，如统编小学语文五年级下册的习作《神奇的探险之旅》就是要求学生根据话题，展开探险之旅丰富合理的想象，六年级下册的习作《插上科学的翅膀飞》要求学生展开想象。写科幻故事，要求学生介绍故事中人物的生活环境、不可思议的科学技术使故事中的人物有了怎样的奇特经历等，都要求想象具有合理性。

二、习作教学的过程设计

（一）写话教学的过程设计

从现行的统编小学语文教材来看，写话一般有两种分布形式：一种是随课文分布，一般分布在课后的练习题中，这样的写话训练形式一共安排了7次；另外一种是专题式的，一般分布于语文园地，这样的专题式写话训练一共安排了10次。随课文的分布可以根据课文教学设计安排，因此在这里不再赘述，这里主要讲的是专题式写话教学过程设计。根据研究者对于已有的写话教学设计的研究成果来看，写话教学设计一般可以由以下几点构成，当然以下的过程设计可以根据不同的写话训练要求做适当的调整。

1. 激发兴趣，学生乐写

著名特级教师管建刚在《我的作文教学主张》中列出的第一个作文教学主张就是"兴趣重于技能。"[①]小学生刚开始写话时对写话不熟悉、不感兴趣，有畏难情绪。因此在写话教学的过程设计中应该努力激发学生的写话热情、调动兴趣，创设写话情境，降低写话难度，营造良好的写话氛围，帮助学生克服畏难情绪，真正做到激发学生的兴趣，达到学生乐写的目标。例如统编小学语文二年级上册语文园地三中关于自己喜爱的玩具的写话教学设计案例：

---

① 管建刚.我的作文教学主张[M].福州：福建教育出版社，2010：1.

案例 6-1：

《写话》教学设计[1]

1. 图片激趣

（1）图片激趣。出示玩具图片，激发学生兴趣。师：同学们家里一定有不少玩具，哪一件是你最喜爱的？

（2）出示插图。出示书中插图，对学生不太了解的毽子、陀螺进行补充，让学生感受不同时代的玩具，与"识字加油站"中的内容相结合。

2. 厘清条理

（1）教师引导。师：怎样能把自己喜爱的玩具讲清楚，让别人也喜欢上它呢？思考可介绍玩具的哪些方面，可以说说它的样子，也可以介绍它的玩法。

（2）学生练说。师：这些内容怎样安排才能讲得更加清楚？引导学生有顺序、有条理地进行描述。师：通过文字把玩具的样子展示在我们眼前，明白它多有趣，让人感受到你对它的喜爱之情。

3. 以说促写

（1）伙伴交流。鼓励学生之间进行交流。

（2）自由练写。复习标点符号在方格纸上的写法。师：将刚才构思好的内容写在方格纸上。

4. 点评修改

（1）示范修改。教师选择两篇学生写话稿（一篇较差，一篇较好）进行点评。重点指导写话的格式、标点、表达顺序等。

（2）同桌互评。同桌互相评价，说说同桌哪些地方写得好值得学习，哪些地方需要再改一改。

（3）自我修改。学生根据老师、同学的意见，对写话稿进行二度修改。

[设计意图]这是第一次正式出现写话，如何让学生将对写话对象的兴趣转化为对写话的兴趣是关键，将主动权交给学生，鼓励他们畅所欲言，教师进行指导。重点指导学生注意写话的格式、标点等。

2. 指导观察，学生有写

低年级学生的生活阅历和语文方面的积累都比较少，这导致一些学生无话可说、无话可写，那么教师应该在教学设计时有意识地指导学生学会观察、教授一些观察技巧，力求在观察中有发现、有收获，并把观察到的内容写下来。指导学生观察时可以布置一些具体的任务，一般可以先从静物开始，由静到动，由易到难。

---

[1] 汪潮. 小学语文部编教材文本解读及学习设计：二年级上册[M]. 福州：福建教育出版社，2017：120.

案例 6-2：

《写出人物特点》教学实录片段[①]

师：非常好。刚才是用黄老师名字的三个字组词。下面要求高一点，你们看出我这个人有什么特点吗？

生：慈祥。

师：慈祥，好啊。这位女同学，你讲讲。

生：忠厚，善良。

师：忠厚，善良，我就写忠厚，因为我觉得善良应该是人的共同特点。

生：聪明。

师：你能看出我聪明，说明你也很聪明了。

生：和蔼。

师：和蔼。还有不同的举举手。

生：谦虚，朴实。

生：开朗。

师：开朗，性格比较开朗。

生：有孩子的特点。

师：有童心。很多同学说我有这个特点。

生：幽默风趣。

师：我觉得我们班的同学记叙文一定写得好。因为你们词语丰富，观察敏锐，几分钟就能捕捉到人的特点，非常不容易。但要写出一个人的特点，还要有其他材料。现在请大家拿一张纸，一支笔，写段话表现我的一个特点。只给5分钟，看看谁写得最多最好。提醒大家注意：写一个人的特点，一般可以从哪些方面入手？

3. 培养想象，学生敢写

小学时期是小学生想象力比较丰富的时期。低年级小学生写话时，特别是编写与童话相关内容时，要鼓励学生大胆合理想象。培养学生想象的时候可以与具体的童话题材课文相结合，延伸童话课文中的空白点，也可以续写童话故事，达到读想结合、读写结合的目的。当然也可以与学生生活中具体形象的事物或者事件相结合，培养想象力，也可以根据看图写话的内容要求进行合理想象。

---

① 黄厚江. 听黄厚江讲作文[M]. 上海：华东师范大学出版社，2016：20-21.

案例 6-3：

《写话》教学设计片段①

1. 看视频激发兴趣

出示《猫和老鼠》的视频。师：说说你看到了什么，谈谈《猫和老鼠》中你觉得最有趣的片段。

2. 指导看图说话

（1）看图。师：图上有什么？猫是怎样的表情？老鼠是怎样的表情？

（2）猜猜。师：猫出现以前，小老鼠可能在干什么？猫是怎么出现的？

（3）续编。师：想想接下来又会发生什么样的故事。试着说一说。指名说，教师点评、指导。同桌互说。

3. 续写故事

（1）明确写话格式。呈现写话的格式：开头空两格，一个标点符号一般占一个格子，不会写的字先暂时用拼音代替。

（2）学生学写故事。教师巡回指导，特别关注相对较弱的学生。

4. 讲评故事

选择优秀作品在实物投影中呈现，师生共同修改。在修改过程中，一是修改错别字，二是修改病句。另外，让学生评评哪些地方写得好。

5. 修改习作

（1）自我修改。师：小朋友们，请大家先试着读读自己编的故事，想想句子是否通顺，有没有错别字。

（2）同桌互改。师：将习作读给你的同桌听，两人相互讨论、修改。

［设计意图］重点指导学生仔细观察图画，然后运用"思前想后"的方法大胆续编故事，培养学生的观察能力，提升学生的语言表达能力，激发学生读童话、编童话的兴趣。

4. 例句示范，学生仿写

低年级学生刚开始写话，写话的能力处于起步阶段，写话仿写的训练必不可少，这个时候的写话离不开教师的示范、引导。教师可以针对不同的写话训练要求，对写话进行讲解，还可以进行范写，以方便学生仿写。当然，有的写话训练就放在课文后面的习题里，这样就方便了句式、内容的仿写，例如统编小学语文二年级上册课文《葡萄沟》后面的仿写练习，要求仿写"葡萄一大串一大串地挂在绿叶底下，有红的、白的、紫的、暗红的、淡绿的，五光十色，美丽极了"这句话，并给出了"公园里的花都开了，有桃花、杏花、迎春花，＿＿＿＿＿＿＿＿＿＿＿＿＿"这样的仿写句式。教师可以在

---

① 汪潮.小学语文部编教材文本解读及学习设计：二年级上册[M].福州：福建教育出版社，2017：288.

学生学完全文的基础上,引导学生进行语言积累,照着课文中例句的样子仿写。

5. 展示交流,学生会写

低年级的小学生活泼好动,课堂上乐于发言,因此教师应该把握住小学生这个时期的心理特点,创设交流的活动场景,引导学生先说后写,开阔学生的写话思路、降低写话坡度,激发学生的写话兴趣。在学生写完之后,教师依然可以引导学生进行成果展示交流,再次激发学生的写话欲望,还能在此基础上引导学生相互评改、说一说谁写得好,对于写得不那么好的学生如何帮助他修改一下。这样可以对小学生的写话进行修改、修正,既展示了优秀学生的写话成果,也对尚缺乏写话能力的学生提供了帮助。

案例6-4：

《写出人物特点的教学实录》教学实录片段[①]

师:好,现在我们开始交流。哪位愿意展示自己的习作?

生:黄老师是一个很有童心的人。说话时有一点小幽默,语言风趣,容易交流,和孩子们打成一片,而且他的脸上时常带着一丝浅浅的微笑,就觉得非常友好可亲,忍不住想和他去交朋友。

师:请问同桌,你觉得他写得怎么样? 生:很好。

师:写出了什么特点? 生:童心。

师:对。哪一句最好?

生:他的脸上时常带着一丝浅浅的微笑。

师:对,两位同学,一位写得好,一位评点得也很好。紧紧围绕着童心,都是具体的描写,很好。当然,还可以更充实点。这位同学你自己读,好吗?

生:他是一位幽默风趣的老师,眉宇间透着慈祥与和蔼,在与学生交谈时,举手投足间闪现着一股孩子气。岁月的沧桑使他的皱纹不经意间爬上了他的眼角,但掩盖不了他一颗炙热的童心,他就是我们敬爱的黄老师。

师:好,这位同学很有文采,也写得很好,但是也有不足。有没有同学对他提出修改的建议? 没有吗? 我再读一遍。我们一起讨论。

"他是一位幽默风趣的老师,眉宇间透着慈祥与和蔼,在与学生交谈时,举手投足间闪现着一股孩子气。岁月的沧桑使他的皱纹不经意间爬上了他的眼角,但掩盖不了他一颗炙热的童心",后一句话我自己就不读了。我们首先看主要写了我的什么特点?

生:有童心。

师:也是有童心? 后面有哪些具体内容可以表现童心呢?

生:眉宇间透着慈祥与和蔼,在与学生交谈时,举手投足间闪现着一股孩子气。

---

① 黄厚江.听黄厚江讲作文[M].上海:华东师范大学出版社,2016:23-24.

师：的确如此,这句话,尤其是后面一句"在与学生交谈时,举手投足间闪现着一股孩子气"很能表现童心的特点。但"眉宇间透着慈祥与和蔼"和童心关系不紧密。还有哪些句子和童心的特点关系不紧密？

生：他是一位幽默风趣的老师。

生：岁月的沧桑使他的皱纹不经意间爬上了他的眼角。

师：这些句子,或者联系不紧,或者特点表现得不具体。大家能不能帮助他修改一下？

生：眉宇间透着慈祥与和蔼,又闪烁着孩子的顽皮。师：非常好。

生：被很多皱纹包围的眼睛中,有着孩子的光彩和单纯。

师：改得真好。有没有同学集中写幽默的特点呢？好的,这位同学。

生：黄老师眼睛虽小,但是炯炯有神,总是笑眯眯的,给人以慈祥的样子,言语中也不乏幽默,反映出了他的博学与睿智,他像爷爷般给人以亲切感。

师：好的。他写得怎么样？

生：我觉得他的语言不错,也写了很多的特点,但是不能突出地表现幽默。

师：评价得非常好。这位同学用了很多褒义词,但是大家要注意他有两个问题。"黄老师眼睛虽小,但是炯炯有神",这表明了什么？"总是笑眯眯的,给人以慈祥的样子,言语中也不乏幽默,反映出了他的博学与睿智,他像爷爷般给人以亲切感",这几句话又写了什么特点？大家一定要记住,特点写多了等于没有特点。写人的文章一定要突出特点。

(二) 习作教学的过程设计

1. 明确目标,指导审题

现行的统编小学语文教材关注到了习作学习的序列性,每一个习作训练都有明确的要求。因此在进行习作教学时师生应明确地知道本次习作训练的目标是什么,这样有助于习作目标的达成。例如统编小学语文四年级上册习作"生活万花筒"要求学生选择一件印象深刻的事,按一定的顺序把生活中的事情经过写清楚,教师在习作目标明确的基础上,指导学生审题,如《生活万花筒》这次习作训练,可以指导学生选择自己经历过的事情,也可以选择自己看到或者听到的事情,要求学生写的是一件事情,一件印象深刻的事情。

2. 例文示范,指导构思

教师与其空洞地教学生应该如何写,不如展示几篇和本次习作相关的范文,让学生可以借鉴、模仿。这样再根据范文指导构思,指导立意,学生接受起来就比较容易了。学生既可以看到这篇习作范文又能清楚地知道这篇习作是如何构思的,如何立意的,如何选材的。范文可以从教材中选取,比如统编小学语文六年级上册习作训练"围绕中心意思写"就给出了《爸爸的计划》《小站》两篇范文以做参考,这样通过范文让学生清楚地看到作者是怎样围绕中心意思写的。除了从课文中选取之外,教师还可以从课外选取优秀的习作。如果教师能自己写一篇下水作文作为示范,能帮助学生更清晰地认识本次习作的重点和难点,也能更好地指导学生习作。

3. 合理选材,谋篇布局

小学生习作容易眉毛胡子一把抓,有时候内容会写得很多,但是层次不清、中心

不明、选材也不精练。教师应该引导学生合理地进行选材,选材时可以围绕本次习作中心意思选,距离中心立意较远的内容可以舍弃;可以围绕真情实感选,假大空的内容可以舍弃;可以围绕感触最深的内容选,没有代表性的可以不选等。关于谋篇布局,我们所熟悉的文章结构有"凤头、猪肚、豹尾"之说,在学生谋篇布局的时候可以根据需要适当补充一些文章开头、中间、结尾写作技巧。

4. 合作交流,互评互改

中高年级习作目标上有关于学生乐于分享、互评互改的目标要求,在具体的教学过程中我们应该设计合作交流、互评互改的活动。这样可以使得学生明白习作的本质也是一种表达交流,同样这也可以训练学生修改习作的能力。在具体的活动中可以以小组为单位,进行小组之间内部的互评互改,也可以是小组与小组之间的互评互改。教师可以教授学生修改的方法,比如对于错误的句子如何删除、如何更换不合适的词语、如何调整句子和段落结构、如何增添修饰词等之类的方法,引导学生做小老师,也可以先进行评改的示范,以求得评改达到实效。

案例6-5:

《我来编童话》教学设计[①]

一、文本解读

童话故事以其曲折动人的故事情节、优美生动的语言和对人间真善美情感的揭示,深深地吸引了少年儿童的心。通过第三单元的看童话、听童话、学童话,学生已经对童话的特点有了初步的了解。游历奇妙的童话王国,感受童话丰富的想象,本单元习作"我来编童话",就是让学生试着自己编童话、写童话,这正好顺应了三年级学生喜欢编故事讲故事的心理。本次习作是一次想象作文的练习,通过编写童话,培养学生丰富的想象力,提高学生的语言表达能力和对生活的感悟能力。

为了帮助学生拓展思路,教材出示了9个词语。这9个词语又可以分为3类,其中"国王、啄木鸟、玫瑰花"是故事人物,"黄昏、冬天、星期天"是故事时间,"厨房、森林超市、小河边"是故事地点。又通过"写之前想一想"几个问题的引导,让学生发现,要写好一个童话故事,首先得选定故事中的人物,定好事情发生的时间、发生的地点,想好发生的事件。随着引导,学生的思路一步一步展开,慢慢走进自己编的故事里。

为引导学生学会欣赏、学会修改,本次习作最后安排的是"写完以后小声读一读,看看句子是否通顺"。培养学生独立构思、认真修改的良好写作习惯。"试着给故事加一个题目"也能激发学生思考和创作的热情。

[①] 汪潮.小学语文部编版教材文本解读及学习设计(三年级上册)[M].福州:福建教育出版社,2018:101-106.

二、学习目标

1. 基础目标

（1）选择几个喜欢的角色做故事的主人公，编一个童话故事。

（2）合理地运用想象，想象他们之间可能会发生的事情，把故事写下来。

2. 特色目标

依据童话特色，鼓励学生大胆想象，激发学生想象的兴趣，引导学生有不同的想象，提高创新能力。

3. 发展目标

（1）引导学生掌握编写完整的童话故事需要的故事四要素：时间、地点、人物、事件（起因、经过、结果）。

（2）让学生在分享交流、欣赏评价中产生创编童话的兴趣与自信。

三、核心内容

项目	具体内容
语言内容	（1）了解童话语言的生动、富有趣味 （2）学习童话语言拟人、夸张的特点，并进行创作
思维内容	（1）在写童话时，思路要开阔，不要被现实生活所束缚 （2）想象要为所表达的思想展开，为表现主题及刻画的形象服务
文化内容	（1）感受童话的真善美 （2）体会创编童话的乐趣
方法内容	（1）掌握童话编写四要素：时间、地点、人物、事件 （2）根据角色发挥想象，写清楚故事的起因、经过、结果，使故事更加生动有趣

四、学习设计

第一课时

板块一　走进童话屋　发现童话特点

1. 做一个小游戏

（1）比一比。学生说说自己知道的童话故事名字，比比谁知道得多。

（2）说一说。出示世界著名童话的图片，小组竞说故事名称。

2. 发现童话特点

（1）说说理由。师：（课件出示第三单元的童话故事图片）让我们一起走进童话屋，看看里面还住着哪些童话故事。你能很快叫出它们的名字吗？简单说一说喜欢这些童话故事的理由。

（2）概括特点。根据学生的回答，板书童话的特点：情节神奇、想象丰富、描写夸张。

（3）教师小结。师：你们真了不起，连童话创作的奥秘都能发现。是啊，这就是童话，作者通过大胆的想象和拟人、夸张等手法使一个个主人公奇特有趣，使情节曲折、离奇，童话里的事物常常暗示或代表生活中的某种人或某种现象，读完后还能使人从中受到一些教育，得到一些启迪。童话多有意思！

3. 揭示习作主题

师:小朋友们,你们想成为中国的安徒生或者中国的格林兄弟吗?今天,就让我们张开想象的翅膀,试着自己编一编童话吧!(板书课题:我来编童话)

[设计意图]从学生感兴趣的话题入手引导学生思考,易于激发学生的学习兴趣。再通过回顾课文总结出童话的几个特点,让学生在交流中认识童话最基本的特征,让学生知道一篇好的童话所包含的众多方面,最后自然引入本次习作的主题——"我来编童话"。

板块二　展开合理想象　填写编写计划

1. 呈现词语

课件出示9张词卡

国王	黄昏	厨房
啄木鸟	冬天	森林超市
玫瑰花	星期天	小河边

2. 摘取词卡

师:看到上面的9张词卡,你的脑海里浮现出了怎样的画面,想到了什么样的故事?要做一个好编剧、好导演,让你的角色演出生动、有趣的故事。让我们来摘取自己的词卡,开启我们的创编之路吧!

3. 思考故事

(1) 故事里有哪些角色?

(2) 故事发生在什么时间?是在哪里发生的?

(3) 他们在那里做什么?他们之间发生了什么故事?

4. 填写计划

我的编写计划卡

```
我想写的童话的主人公是:＿＿＿＿＿＿
主人公的特点有:＿＿＿＿＿＿＿＿＿＿
故事发生在＿＿＿＿＿(时间)＿＿＿＿＿(地点)
起因:＿＿＿＿＿＿＿＿＿＿＿＿＿＿＿＿
经过:＿＿＿＿＿＿＿＿＿＿＿＿＿＿＿＿
结果:＿＿＿＿＿＿＿＿＿＿＿＿＿＿＿＿
```

[设计意图]采用选用词卡的形式,帮助学生选择创编素材,并搭配"我的编写计划卡",让学生发现,要构思好一个完整的童话故事,首先得选定好故事中的人物,定好事情发生的时间、发生的地点,想好发生的事件(起因、经过、结果)。让学生的思路自然展开,慢慢走进自己编的故事里。

板块三　交流新编作品　师生、生生互评

1. 作品交流

师:先把你的计划和同桌说一说,也可以为你的同桌提提建议。(学生交流编写计划卡,互评)

2. 学习总结

师:要构思好一个完整的童话故事,首先得选定好故事中的人物,定好事情发生的时间、发生的地点,想好事情发生的起因、经过、结果。

3. 学会拟题

师:你的大脑中已经有个大致的思路了,现在我们为自己的童话取个别致的名字吧!

[设计意图]交流编写的计划卡,是为了引导学生在互评的过程中,检查自己构思、想象的逻辑是否具有合理性,是否具有一个完整的框架,为写这个故事打下基础。

板块四　自主创编童话

1. 细化要求

回顾板书,并提示写作要求:开头空两格,标点符号占一格,
文章标题要居中。

2. 学生创编

教师巡视指导。

3. 自读故事

师:写完的同学,可以自己先读一读,看看是不是把故事写清
楚、编有趣了。

[设计意图]回顾童话的特点及编写童话的四要素,再一次强调写好一个优秀童话故事的要求。

第二课时

板块一　谈话导入　再游童话

师:你们的想象力可真丰富,老师发现每个同学都是故事大王呢!现在,就让我们一起到你们建造的童话世界里游一游吧!

[设计意图]轻松的谈话导入,既肯定了学生在本次习作中的进步,又自然过渡到第二板块。

板块二　分享交流　欣赏评价

1. 观点交流

师:一篇好的文章,往往题目就很出彩。老师把各组习作题目打在了课件上,请大家结合习作要求评价,这些题目好在哪里。(学生交流自己的看法)

2. 小结归纳

师:我们发现这些题目都能够紧扣习作要求,而且很新颖,很吸引人,正所谓"好题文一半"。

3. 总体回顾

师:这次习作中涌现出了一批优秀的小作家,有几名同学写出了好文章,有几名同学的文章有了明显的进步,还有一些同学只要在这节课认真听、虚心学,把自己的文章稍做修改,也能写出好文章。

4. 方法评议

(1) 格式是否正确。(开头空两格,标点符号占一格,标题居中)

(2) 有无错别字和病句。

(3) 童话故事是否完整,语句是否通顺。

(4) 想象是否合理有趣,故事是否具体生动。

(5) 读后是否能给人以启发。

5. 进行互评

以四人小组为单位开展互评活动。

6. 展示交流

每组选出一位优秀作文代表进行展示。

7. 作品誊改

(1) 师:相信通过刚才的讲评与交流,同学们一定对自己编的故事又有新的想法了。接下来,请再拿起自己编的故事读一读、改一改,改的时候,不用擦掉,就写在旁边吧!

(2) 师:改好后,读给同桌听听,让同桌给你点赞。如果你觉得同桌写得特别有趣,你也可以学着写一写。

(3) 反馈:你刚才改了哪个地方?把你改好的句子读给大家听一听。

8. 学习小结

师:要写好童话故事,我们要大胆想象,要把事情的过程写清楚、写具体,还可以用上自己平时积累的语言材料,而且"文章不厌百回改"。

[设计意图]每一次的交流都会给学生带来收获,他们都会从别人的故事中受到启发,将自己的故事不断完善。因此本环节安排了同桌交流、小组交流、班级交流,让学生在相互交流评价中,学会欣赏,学会修改。

板块三　整理材料　课后延伸

1. 誊抄作文

让学生再次修改习作,并誊抄在作文本上。

2. 汇编故事

给学生留出编故事的时间,教师指导。

3. 展示分享

收集优秀作品,汇编班级"童话故事集",在班级里进行展。

[设计意图]兴趣是最好的老师。汇编班级"童话故事集"将极大增强学生写作文的兴趣和写好作文的进取心,激励学生写出更多、更好的童话故事。

第三节　习作教学设计案例赏析

一、习作教学设计案例—1

统编小学语文四年级上册
第二单元　小小"动物园"*

（一）教学内容

习 作

小小"动物园"

小明说："我的爸爸胖胖的，憨憨的，像一只熊。"小红说："我的姐姐游泳特别好，在水里像一条自由自在的鱼。"小兰说："我的爷爷很威严，就像一只大老虎。"如果你把自己的家想象成一个"动物园"，是不是很有趣呢？

- 都是波浪卷
- 都爱吃素
- 性格都很温和

想一想：你的家人和哪些动物比较像？什么地方像？每天生活在这个"动物园"里，你感觉怎么样？

给家里的每个人都写上一段。写好了读给同桌听，看看有没有不通顺的句子。回家读给家人听，请他们评评写得像不像。

30

图6-1　第二单元　小小"动物园"　教学内容

---

* 本案例由周口市中原路小学王清爽老师提供。

（二）教学设计

【教材分析】

《小小"动物园"》是统编小学语文教材四年级上册第二单元的习作。本次习作要求学生写家里的人，通过把家人想象成某种动物，写出家人最突出、最明显的特点。

教材第一部分由一段文字和一幅图画组成。文字部分以朋友间对话的方式，把自己的家比作"动物园"，将家人变成了各具特点的"动物"，以新鲜别致的比喻，激发学生的写作兴趣。图画部分以直观形象的方式，提示学生把家人比作动物时要合理，可以把外貌、喜好、性格结合起来，综合表现人物特点。

第二部分和第三部分分别对习作内容和交流修改提出了建议。在习作内容上提示学生写清楚家人与哪种动物相似，什么地方相似，以及自己生活在"动物园"里的感受。在习作交流修改上要求学生将习作读给同桌听，看看语句是否通顺，读给家人听，看看写得像不像。以上内容意在引导学生运用规范的语言进行表达，验证是否准确表现了人物特点，同时也促进了学生与家人之间的情感交流。

【学情分析】

进入四年级学生已具有基本的习作能力，一般能够写通顺简单的习作。三年级下册第六单元习作《身边那些有特点的人》已经为本次习作打下了基础。本次习作也是要求学生写人，通过把家人想象成某种动物，写出家人最突出、最明显的特点。家人与学生朝夕相处，可以说是学生最熟悉的人，找到家人和动物的相似之处是本次习作的前提条件。本次习作而言难点是应该怎样抓住家人与动物的相似之处，如何清晰表现人物特点。本次习作将以此为突破口，既给予基本思路的指导支撑，又教给修改提升的方法，让学生感受到家人的可爱、家庭生活的趣味以及表达的乐趣。

【教学目标】

（1）能够找出家人和对应动物间的相似点，享受家人角色转换的趣味，感受小小"动物园"的氛围。

（2）发现并初步运用将家人写出动物特征的方法，获得新经验。

（3）感受表达过程中收获习作的快乐与成就感。

【教学重难点】

（1）能够找出家人和对应动物间的相似点，享受家人角色转换的趣味，感受小小"动物园"的氛围。

（2）发现并初步运用将家人写出动物特征的方法，获得新经验。

【教学过程】

游戏导入

游戏名称：动物猜猜猜

游戏规则：一位同学背对黑板，一位同学通过简单的几句语言描述（要求：① 不能超过3句话；② 不能出现该动物的名字，让背对黑板的同学猜是哪一种动物。）

通过玩游戏，引导学生总结游戏秘诀：抓住动物身上最明显、最突出的特点。

【设计意图】

通过玩动物猜猜猜游戏，培养学生观察事物的能力，激发学生的学习兴趣和求知

欲望,进而引导学生总结游戏秘诀:抓住动物身上最明显、最突出的特点。

明确习作要求

1. 谈话导入

师:今天的习作和动物有一定的联系,请同学们齐读习作主题(小小"动物园"),今天的动物园里很热闹,有一个标点符号来串门,它是谁呢?(双引号)为什么要在动物园的头上加双引号呢?请同学们打开课本,自由朗读习作提示和要求并思考。引导学生理解小小"动物园"在这里指的是——家。

过渡:我们每个人都有家。家,对于我们而言,是难舍的亲情,是温馨的港湾,是充满了爱的世界。家,更像一个小小的"动物园",家庭的每位成员都像动物园里的一种动物,各有各的性格特征,各有各的喜好习惯。如果把你的家庭想象成一个"动物园",那么每一位成员都会是什么动物呢?他们有着什么特征呢?

2. 再次默读习作提示和要求,明确本次习作的任务,完成填空

审清主题:

本次习作是写人(写人 记事 状物)的作文,要写的是自己的每一位家人。

审清内容:

本次习作要求把自己的家想象成一个"动物园",抓住家人和动物之间的相似之处。将家人的某一"动物特征"介绍清楚,还要写出自己生活在这个"动物园"里的感受。

【设计意图】

教师通过谈话方式进入今天的习作内容,巧妙引导学生理解这里的"动物园"指的是家,家庭成员就像动物园的动物,各有各的特点,启发学生思考如果把自己的家庭想象成一个"动物园",那么每一位成员都会是什么动物呢?他们有着什么特征呢?通过再次默读习作提示和要求,并且以填空的方式明确本次习作的任务,使得学生目标更加明确。

创设情境

正如我们在习作提示中认识的3位小朋友,他们的家人给他们留下了什么印象呢?

小明说:"我的爸爸胖胖的,很憨厚,像一只猫。"(样子 性格)

小红说:"我的姐姐游泳特别好,在水里像一条自由自在的鱼。"(特长)

小红说:"我的爷爷很威严,就像一只大老虎。"(性格)

总结:采用比喻的修辞手法,新鲜有趣,把每一个人都比作一种动物,这是人物和动物的关系。通过每个人不同方面的特点来描写人物,这在我们作文中也是常见的,这叫作"抓住特点"。这把金钥匙,在我们平时的习作中都可以运用。

还有一位小朋友把自己的妈妈比作一只绵羊,理由是:都是波浪卷,都爱吃素,性格都很温和。(结合课本上插图,帮助学生理解这位小朋友抓住妈妈的外形、饮食习惯、性格特点多方面来综合表现人物特点)。

【设计意图】

通过创设符合学生生活实际情况的情景,借助范例帮助学生学习如何抓住特点

建立每位家庭成员与动物之间的对应关系。

探究交流,打开思路

在你家的小小"动物园"里,每一位成员会是什么动物呢?现在请大家仿照以下句式以同桌为单位相互说一说你的家人分别像什么动物,哪里像。

句式一:我家还有绵羊,妈妈妈妈、公鸡爸爸……

句式二:我的弟弟像一只顽皮的猴子。

学生代表分享。

【设计意图】

先交流交流各自家的小小"动物园"里每一位成员会是什么动物,让学生有话可说,并为学生说一说你的家人分别像什么动物,哪里像提供了句式。这样先说后写、为学生提供支架的方式有效地降低了学生的畏难情绪,也为后面习作做好了铺垫。

技法点拨

思考:如何将家人写得更像动物,更有趣,更形象?

1. 多媒体出示两段话,学生进行对比,思考哪一段写得好?好在哪里?

从对比分析中引导学生领悟写作要领:

(1) 找出家人与动物之间的相似之处。(找相似)

(2) 抓住家人的特点,选择典型事例,通过人物的外貌、语言、动作、爱好等描写来具体表现人物形象。(抓特点)

2. 表达具体,语言幽默,有真情实感。(写具体)

【设计意图】

想一下让学生找出家人与动物之间的相似之处,并且抓住特点,写得具体并不容易。但是通过多媒体出示的两段话,由学生进行对比,并思考哪一段写得好?好在哪里?再从对比分析中引导学生领悟写作要领就比较容易了。

练习写作

同学们是不是已经迫不及待想写写自己的家人了?现在请大家选择一位你最想写的家人为他写一段话。

学生分享自己的习作,师生点评。

【设计意图】

设计让学生写写自己的家人,分享自己的习作,有助于实现课标中乐于分享自己习作,懂得写作是为了自我表达和与人交流的要求,师生共评也有助于提高学生习作修改能力。

情感升华

交流生活在这个"动物园"里的感觉。

布置作业

(1) 给家里的每个人都写上一段。写好了读给同桌听,看看有没有不通顺的句子。

(2) 回家读给家人听,请他们评评写得像不像。

【设计意图】

把本课习作的学习由课内延伸到课外,读给同桌听,读给家人听,既能引导学生运用规范的语言进行表达,也对学生是否准确写出了人物特点进行验证,这样既能够将所学知识与生活相结合,又让学生体验到习作的成功与快乐。

板书设计

小小"动物园"
找相似
抓特点
写具体

(三)教学视频

本视频是统编小学语文四年级上册教材《小小"动物园"》的一节习作课视频。本单元的语文要素是"阅读时尝试从不同角度去思考,提出自己的问题""写一个人注意把印象最深刻的地方写出来"。本次习作要求学生写家里的人,通过把家人想象成某种动物,写出家人最突出、最明显的特点。视频中,教师创设情境让学生,以师生互动的方式激励每个孩子积极参与动物猜猜猜,大胆表达猜到的动物,以填空的方式明确本次习作的任务,视频中教师通过引导学生探究交流,打开习作思路,通过对比点拨学生抓特点,并引导学生练习习作,进行师生共评。教师遵循学生的心理特点和认知规律,教学活动生动有趣,学习内容由浅入深。学习习作的同时,教师了照顾学生实际感受,交流生活在这个"动物园"里的感觉。请打开二维码链接,观看本课时教学视频,并思考以下两个问题:

(1)教师在教学中体现了习作教学的哪些基本理念?
(2)教师是如何通过引导学生突破教学难点的?

(四)案例评析

本案例是统编小学语文四年级上册教材《小小"动物园"》的习作教学案例。本次习作要求学生能够找出家人和对应动物间的相似点,享受家人角色转换的趣味,感受小小"动物园"的氛围;发现并初步运用将家人写出动物特征的方法,获得新经验;感受表达过程中收获习作的快乐与成就感。教师创设与学生实际生活接近的教学情境,引导学生进入情境,使得学生有话可说,并引导学生在谈话中关注到动物最显著的特点,并鼓励学生大胆表达,乐于分享、修改自己的习作。该教学案例有以下特点:

1. 贴近生活创设情境

语文是一门综合性实践性课程。该教师在习作教学中创设了大量真实的语言运用情境,比如在导入时创设了动物猜猜猜的游戏,这样既激发学生的学习兴趣和求知欲望,也培养学生观察事物的能力;在引导学生如何抓住特点时也同样创设符合学生生活实际情况的情境,并借助范例帮助学生学习建立每位家庭成员与动物之间的对应关系。这样的情境创设使得学生既觉得不陌生,又觉得生动有趣,激发了学生的兴趣、求知欲和写作欲。

2. 先说后写,降低坡度

习作主要是规范的书面语言训练。这次习作要求学生写人,通过把家人想象成某种动物,写出家人最突出、最明显的特点,这对于四年级的学生来说无疑是有一定

难度的。该教师创设了多种交流情境,如让学生说动物特点,猜动物,让学生仿照句式相互说一说你的家人分别像什么动物,哪里像,这样无疑打开了学生的话匣子,使得学生有话可说,有章可循,为学生后面的习作既降了坡度又为学生进行习作打了基础。

3. 乐于分享、交流修改

学生的习作兴趣一直是课标关注的内容,课标在第二学段明确要求学生愿意与他人分享,增强表达的自信心,除此之外,课标还对学生习作的修改做了要求。本课例中教师引导学生先交流各自家的小小"动物园"里每一位成员会是什么动物,哪里像,然后又让学生选择一位最想写的家人为他写一段话并分享自己的习作,最后由师生点评。这些无不体现了教学对于习作情感目标和交流修改目标的回应。

二、习作教学设计案例一2

统编小学语文教材二年级上册
语文园地四　留言条

（一）教学内容

| 写话 |

学写留言条。

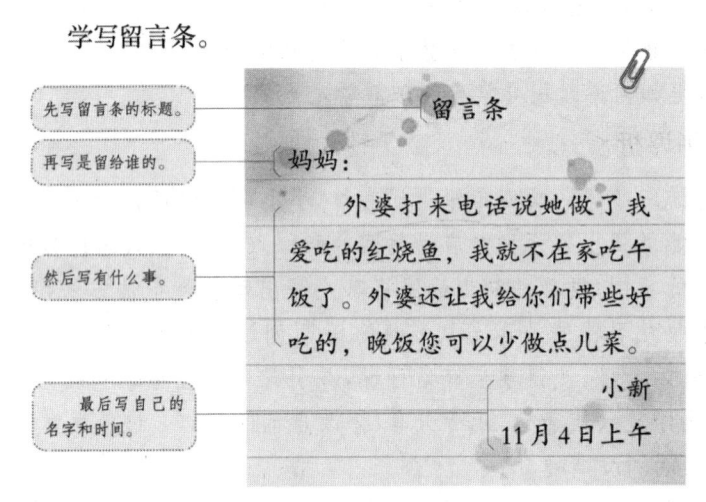

先写留言条的标题。

再写是留给谁的。

然后写有什么事。

最后写自己的名字和时间。

留言条

妈妈:

外婆打来电话说她做了我爱吃的红烧鱼,我就不在家吃午饭了。外婆还让我给你们带些好吃的,晚饭您可以少做点儿菜。

小新

11月4日上午

◎ 从下面选择一种情况,写一张留言条。

◇ 去办公室还书(shí),老师不在。

◇ 去小红家里,通知她明天上午九点到学校参加书法小组的活动,但是她家里没有人。

55

图6-2　语文园地四　留言条　教学内容

（二）教学视频*

《留言条》是统编小学语文教材二年级上册语文学习园地四的教学内容。本节课的学习目标是了解留言条的基本内容与格式，能根据实际需要写留言条。在视频中，教师根据小学二年级学生的认知特点，运用多种方法地引导学生了解留言条的基本内容与格式，并结合学生的实际情况学写留言条。请打开二维码链接，观看本课时教学视频，并思考以下两个问题：

（1）教师运用了习作教学的哪些方法？
（2）教师是如何指导学生的写留言条的？

扫码获取
案例视频

三、习作教学设计案例—3

统编小学语文教材五年级上册
第一单元　我的心爱之物

（一）教学内容

习作

我的心爱之物

每个人都有自己特别钟爱的东西，像琦君笔下故乡的桂花，冯骥才眼中可爱的珍珠鸟。你的心爱之物又是什么呢？
是你最爱的玩具小熊，还是你亲手制作的陶罐？
是你养了三年的绿毛龟，还是你在海滩上拾到的贝壳？
是爸爸奖励你的旱冰鞋，还是妈妈在寒冷冬夜为你赶织的围巾？
是好朋友转学时送你的风铃，还是舅舅在你生日时送的瓷虎？
……

想想你的心爱之物是什么，写写它是什么样子的，你是怎么得到的，为什么会成为你的心爱之物。
围绕心爱之物，写出自己的喜爱之情。
办一期"我的心爱之物"习作专栏，贴上习作和图片，和同学分享。

12

图6-3　第一单元　我的心爱之物　教学内容

---

* 本视频来自国家中小学智慧教育平台，史春义老师——《留言条》。

(二) 教学视频*

本课是五年级上册第一单元的一节习作课。本单元语文学习要素是"初步了解课文借助具体事物抒发感情的方法；写一种事物表达感情"，本课的主要学习目标是能把自己心爱之物的样子、来历和成为心爱之物的理由写清楚，表达自己的喜爱之情并乐于和同学分享自己的思考和习作。本节课课堂活动设计符合五年级年级学生身心发展特点，教师通过明确本课习作要求，讲讲自己的心爱之物等活动环节引导学生循序渐进、层层递进完成本节课的习作任务。请打开二维码链接，观看本课时教学视频，并思考以下两个问题：

扫码获取
案例视频

思考：

(1) 教师是如何循序渐进地引导学生讲自己心爱之物并形成习作思路的？
(2) 教师对于学生的习作采取了哪些评价方式进行评价？

[思考与练习]

1. 谈谈你对习作教学目标的理解。
2. 选择一个写话内容，写一份教学设计。
3. 选择一个习作内容，写一份教学设计。

[参考文献]

1. 中华人民共和国教育部. 义务教育语文课程标准(2011年版)[S]. 北京：北京师范大学出版社，2011.
2. 皮连生等. 小学语文学习与教学论[M]. 上海：华东师范大学出版社，2018.
3. 中华人民共和国教育部. 义务教育语文课程标准(2022年版)[S]. 北京：北京师范大学出版社，2022.
4. 于永正. 于永正：我是怎样教语文[M]. 北京：教育科学出版社，2014.
5. 王宇. 小学生作文兴趣缺失及对策研究[D]. 内蒙古：内蒙古师范大学，2017.
6. 朱洁. 小学语文习作评价研究[D]. 乌鲁木齐：新疆师范大学，2016.
7. 成丹丹. 小学高段习作评价现状调查与分析[D]. 牡丹江：牡丹江师范学院，2022.
8. 黄朝霞. 丁有宽语文教学艺术研究[M]. 福州：福建教育出版社，2017.
9. 陈先云. 国家统编小学语文教科书教学指导：与其他版本教科书对比研究[M]. 北京：语文教育出版社，2019.
10. 教育部师范教育司. 丁有宽与读写导练[M]. 北京：北京师范大学出版社，

---

* 本视频来自国家中小学智慧教育平台，郭红艳老师——《我的心爱之物》。

2006.

11. 管建刚.我的作文教学主张[M].福州:福建教育出版社,2010.

12. 汪潮.小学语文部编版教材文本解读及学习设计:二年级上册[M].福州:福建教育出版社,2017.

13. 汪潮.小学语文部编版教材文本解读及学习设计:三年级上册[M].福州:福建教育出版社,2018.

第七章
口语交际教学

[内容提要]

《课标》中口语交际部分归属于识字与写字、阅读与鉴赏、表达与交流、梳理与探究学习四个学习板块中的表达与交流板块。口语交际是义务教育阶段语文课程学习的重要内容,这对全面提高学生的语文素养具有重要意义。教师在进行口语交际教学时应充分把握口语交际的特点,改变以往对于口语交际教学等于听说教学的错误认识,明确口语交际教学的意义,掌握课标中关于口语交际的学习目标要求,掌握口语交际教学常用的方法,并能够根据学生的不同年级特点、不同口语交际类型进行口语交际教学设计。

[学习目标]

1. 正确认识口语交际教学的意义,把握口语交际教学目标。
2. 掌握口语交际教学的内容、方法与过程。
3. 运用口语教学的相关理论、方法进行教学设计。

第一节 口语交际教学概述

我国 2000 年颁布的《九年义务教育全日制小学语文教学大纲(试用修订版)》在教学内容和要求上改变以往教学大纲中关于听和说的学习目标要求,首次提出口语交际的目标要求,并在总的目标中要求:"口语交际要讲究文明礼貌。听人说话能领会主要内容。坚持说普通话,能用普通话清楚明白地表达自己的意思。"后续颁布的《全日制义务教育语文课程标准(实验稿)》和《课标(2011 年版)》中都对口语交际基本能力做了要求。口语交际得以和识字与写字、阅读、写作、综合性学习四个学习板块并列,体现了口语交际在课标中举足轻重的地位。《课标》中对口语交际与写作两个板块进行了整合,两者都归属于表达与交流板块。下面我们结合《课标》中课程目标、内容、理念和已有的研究成果,从口语交际内涵、特点,口语交际教学的意义、口语交际教学的目标三个方面进行口语交际教学的概述。

一、口语交际的内涵和特点

（一）口语交际的内涵

正确把握口语交际的内涵是我们正确认识口语交际的第一步。关于口语交际的内涵，有研究者认为口语交际是人们根据某种社会交往的需要，运用口头语言进行信息传递和思想情感的交流的言语活动。[①] 还有研究者认为口语交际是指交际者出于某种社交需要，运用连贯标准的有声语言传递信息、表情达意的社会活动。[②] 《课标（2011年版）》则指出，口语交际是听与说双方的互动过程。[③] 从研究者对于口语交际内涵的界定不难发现，不论是认为口语交际是言语活动还是社会活动，都指向的是根据社会需要运用口语进行传递交流的活动。

（二）口语交际的特点

根据已有研究者对于口语交际的内涵界定，一般认为口语交际具有口语性、交际性、实践性等特点。把握口语交际的特点对于教师正确认识口语交际、进行口语交际教学有很大的帮助。

1. 口语性

口语交际的口语性主要是相对于书面语而言的。书面语用词相对严谨、正式，句子结构严谨、规范、复杂，长短句均有，在表达语气方面多用语气词和标点符号。口语在用词上通俗易懂、新鲜活泼。口语，在语句运用上句子结构大多较为简单，一般以短句为主，但是句式灵活多变，随意性强；在语气情感表达上，多借助面部表情、并结合语速、语调、重音等来表达语气情感。因此，要注意把握口语交际的口语性特点，注重训练规范的口语表达能力，避免把口语交际中的口语训练变成读课文、背课文的书面语训练。

2. 交际性

在以往的语文教学中大家往往注重语文的听说读写能力的培养，尤其注重读写能力的培养。培养听说能力的时候，听的能力和说的能力的培养也是分割开的，语言的交际性没有体现出来。但是从口语交际的内涵来说，只有单纯地听和说是完成不了交际的，因此口语交际虽然离不开听和说，但是其中的核心是口语的交际性。可见口语交际教学不等同于过去的听说教学，口语交际教学的目的不应仅仅是培养听、说能力本身而且要培养学生通过听、说与人进行交际的能力，这种运用口语进行交际的能力才是口语交际教学的重心之所在。[④]

[①] 崔凤琦，等.小学语文教学活动设计与案例分析[M].北京：科学出版社，2015：156.
[②] 陶群.从听说训练到口语交际[D].上海：华东师范大学，2003：12.
[③] 中华人民共和国教育部.义务教育语文课程标准（2011年版）[S].北京：北京师范大学出版社，2017：24.
[④] 王晔.口语交际教学的价值取向与实践[J].当代教育科学，2007(19)：58+60.

3. 实践性

目前口语交际教学现状和效果不容乐观。有研究表明,口语交际教学还存在着相当的盲目性和随意性,主要体现在教师对于对小学语文口语交际教学的重要性认识不足,对其教学的实质缺乏深入探究,对小学语文口语交际教学内容的理解和把握不准确,教学过程存在着很大的随意性等。① 笔者在日常教学活动中同样发现,教师对小学语文口语交际教学的重要性认识不足,有时还会出现为数不多的口语交际课还被其他语文学习内容挤占的现象。因此,除了提高对口语交际的正确认识之外,还应该正确把握口语交际的实践性特点。须知,要培养学生良好的倾听、表达和应对的能力,能够文明和谐地进行人际交流非得拓展各种途径,增加学生口语交际的实践机会不可。

二、口语交际教学的意义

在相当长的一段时期里,语文教学的重点都是阅读和写作,语文的口语教学处于一种边缘化甚至被排挤出语文教学目标之外的尴尬境地。2000 年以来,口语交际教学逐渐引起重视,并取得了应有的历史地位。口语交际能力是现代公民的必备能力,应培养学生倾听、表达和应对的能力,使学生具有文明和谐地进行人际交流的素养。因此口语交际教学具有重要的意义。

(一) 有助于提高学生的口语表达能力

以往的语文听说读写训练中,相对于听和说的训练,大家主要是把精力投入读和写中,这和我们现在的升学考试等有关,也和我们长久以来重视文章的学习而轻视口头语言表达的学习习惯有关。值得说明的是,即使是在语文听说读写能力的培养中的说和读也主要是进行书面语的说和读,比如我们在大量的课文朗读中其实朗读的都是书面语言,关于口语的学习训练长久以来是缺失的。因此在口语交际教学中通过各种情景创设,注重学生口语的表达训练必将提高学生的口语表达能力。

(二) 有助于提高学生的交际能力

语言是人们进行交流和沟通的最重要工具。和以往听说不同的是,口语教学的取向应该指向交际,即培养学生运用口语进行交际的能力,口语是工具,交际是目的。② 单纯地进行听、说的训练是完成不了语言的交际要求的,听可以要求听得认真、听得明白,说可以要求说得清楚、说得透彻,但是如何根据不同的情景、不同的事件、不同的人去说,而且说得要得体、大方,这就需要培养学生的交际能力。口语交际教学不仅培养学生听的能力、说的能力,而且培养学生如何委婉地说、得体地说,根据不同情境、不同人、不同事说。这样,口语交际教学就会有助于提高学生的交际能力。

(三) 有助于帮助学生阅读与写作内容的学习

口语交际不仅存在于单纯的口语交际训练课上,也存在于学生们的日常生活中。

---

① 王琼武. 小学语文口语交际教学现状及应对策略探究[J]. 语文建设,2013(24):11-12.
② 王晔. 口语交际教学的价值取向与实践[J]. 当代教育科学,2007(19):58+60.

学生们在学校里需要与教师打交道,与同学打交道,在家里需要与家人打交道,在社会上需要与社会上的人打交道,可以说交际无处不在。在阅读后,大家进行心得交流有助于学生更进一步地认识作品,加深理解;在写作前进行口头作文,可以降低对写作的畏惧感,降低写作坡度,写作后进行交流还可以起到查漏补缺的作用,可见进行口语交际教学对于其他语文内容的学习还是有帮助的。

三、口语交际教学的目标

课标对于口语交际的总目标为:学会倾听与表达,初步学会用口头语言文明地进行人际沟通和社会交往。下面针对小学阶段口语交际教学目标,我们根据课标和已有的研究文献做具体解读。

(一)第一学段口语交际教学目标

(1)学说普通话,逐步养成说普通话的习惯,有表达交流的自信心。

(2)能认真听他人讲话,努力了解讲话的主要内容。听故事、看影视作品,能复述大意和自己感兴趣的情节。能较完整地讲述小故事,能简要讲述自己感兴趣的见闻。与他人交谈,态度自然大方,有礼貌。积极参加讨论,敢于发表自己的意见。

从第一学段的口语交际教学目标来看,关于说的要求主要是学习普通话、简单的讲故事、讲见闻;对于听的要求主要是能认真听讲话、听故事、看音像,理解讲话内容,并简要复述;对于交际的情感态度要求主要是讲交际时对外和对内的要求,对外要求自然大方有礼貌,对内要求有自信,积极主动发表意见。总的来说,低年级学段课标重点关注的是学生对于口语交际的态度和口语交际良好习惯的养成,鼓励学生能积极自信的进行口语交际。

(二)第二学段口语交际教学目标

(1)乐于用口头、书面的方式与人交流沟通,愿意与他人分享,增强表达的自信心。

(2)能用普通话交谈,学会认真倾听,听人说话时能把握主要内容,并能简要转述。能就不理解的地方向人请教,就不同的意见与人商讨。

(3)能清楚明白地讲述见闻,说出自己的感受和想法。讲述故事力求具体生动。能主动参与日常生活中的文化活动,根据不同的场合,尝试运用合适的音量和语气与他人交流,有礼貌地请教、回应。

第二学段延续了第一学段的听、说、交际的要求,并做了适当的提高,如在听别人讲话时不仅仅需要认真听,了解讲话的内容还要"能就不理解的地方向人请教,就不同的意见与人商讨",听话时在听懂大意的基础上把握主要内容,能转述,说的时候要求说得清楚明白,讲故事能具体生动。

(三) 第三学段口语交际教学目标

(1) 听人说话认真、耐心,能抓住要点,并能简要转述。乐于表达,与人交流能尊重和理解对方。注意语言美,抵制不文明的语言。

(2) 表达有条理,语气、语调适当。参与讨论,敢于发表自己的意见,说清自己的观点。能根据对象和场合,稍作准备,作简单的发言。

第三学段延续了第二学段的听、说、交际的要求,并继续提高要求。如在听的方面要求从"把握主要内容,并能简要转述"到"认真、耐心、能抓要点,简要转述";在说的方面对于表达的条理性、语气语调做了要求,并能根据不同的场景,不同的人做不同的发言,另外还在口语交际的情感态度方面要求抵制不文明用语,在交际礼貌方面要求"尊重和理解对方"。

第二节 口语交际教学设计

一、口语交际教学的内容与方法

口语交际教学内容根据《课标》和统编小学语文教科书关于口语的内容安排为依据,根据已有的文献和教科书梳理出口语交际的教材内容,并根据相应的教学内容给出教学方法设计。

(一) 口语交际教学内容

据统计,统编小学语文教材从一年级到六年级专门口语交际练习共有 48 次。从训练的次数上可以看出,专门口语交际教学训练的次数并没有随着年级的升高而增多,而是呈平均分布,每学期均有 4 次专门练习;根据交际主体参与的形式,可以把教材内容大体分为对话类、独白类、演讲类、表演类等。具体教材梳理内容如表 7 – 1 所示:

表 7 – 1 统编小学语文口语交际专题整理表[①]

册次	话题	内容	要求
一上	1. 我说你做	一个人发指令,其他人做动作	1. 大声说,让别人听得见 2. 注意听别人说话
一上	2. 我们做朋友	做个自我介绍	说话的时候,看着对方的眼睛

[①] 陈先云. 国家统编小学语文教科书教学指导:与其他版本教科书对比研究[M]. 北京:语文教育出版社,2019:394 – 408.

(续表)

册次	话题	内容	要求
一上	3. 用多大的声音	根据情景练习说话	根据具体情景,大声说话和小声说话
一上	4. 小兔运南瓜	1. 小兔可以用哪些方法把南瓜运回家 2. 你喜欢哪种方法?为什么?	大胆说出自己的想法
一下	1. 听故事,讲故事	一边看图,一边听老师讲《老鼠嫁女》的故事。然后自己讲讲这个故事	1. 听故事,可以借助图画记住故事内容 2. 讲故事声音要大一些,让别人听清楚
一下	2. 请你帮个忙	根据不同情境,请求别人的帮助	使用礼貌用语,如:请、请问、您、您好、谢谢、不客气
一下	3. 打电话	打电话约同学踢球;打电话向老师请假等	1. 给别人打电话时,要先说自己是谁 2. 没听清时,可以请对方重复
一下	4. 一起做游戏	邀请小伙伴一起做游戏	一边说一边做动作,这样别人更容易明白
二上	1. 有趣的动物	说一说自己喜欢哪种动物。它哪有趣	1. 吐字清楚 2. 有不明白的地方要有礼貌地提问
二上	2. 做手工	介绍一个自己的手工作品,说说你做的是什么,怎么做的	1. 按顺序说 2. 注意听,记住主要信息
二上	3. 商量	和别人商量事情	1. 用商量的语气 2. 把自己的想法说清楚
二上	4. 看图讲故事	看图了解内容,再连起来讲故事。思考:接下来会怎样?	1. 按顺序说清楚意图 2. 认真听,知道别人讲的是哪幅图的内容
二下	1. 注意说话的语气	遇到下面的情形,你会怎样说?用什么样的语气?	1. 说话的语气不要太生硬 2. 避免使用命令的语气
二下	2. 长大以后做什么	交流自己的愿望	1. 清楚地表达想法,简单说明理由 2. 对感兴趣的内容多问一问
二下	3. 图书借助公约	讨论班里的图书应该怎样管理	1. 主动发表意见 2. 一个人说完,另一个人再说
二下	4. 推荐一部动画片	推荐一部自己印象最深刻的动画片,也可以讲最吸引自己的人物或片段	1. 注意说话的速度,让别人听清楚 2. 认真听,了解别人讲的内容

(续表)

册次	话题	内容	要求
三上	1. 我的暑假生活	把自己暑假经历的新鲜事讲清楚	1. 选择别人可能感兴趣的内容讲 2. 借助图片或实物讲
三上	2. 名字里的故事	交流名字的含义或来历	1. 把了解的信息讲清楚 2. 听别人讲话的时候,要礼貌地回应
三上	3. 身边的"小事"	交流身边的不文明行为,或者令人感到温暖的行为,再谈谈对这些行为的看法	1. 清楚地表达自己的看法 2. 汇总小组的意见时,尽可能反映每个人的想法
三上	4. 请教	和同学交流,向别人请教应该注意什么	1. 有礼貌地向别人请教 2. 不清楚的地方及时追问
三下	1. 春游去哪儿玩	选一个地方,说说这个地方有什么好玩的,可以开展哪些活动	1. 说清楚想法和理由 2. 耐心听别人把话说完,尽量不打断别人
三下	2. 该不该实行班干部轮流制	讨论该不该实行班干部轮流制	1. 一边听一边思考,想想别人讲的是否有道理 2. 尊重不同的想法
三下	3. 劝告	如果遇到同学违反交通规则、整天玩电脑游戏,你会怎样劝说他们?	1. 注意说话的语气,不要用指责的口吻 2. 多从别人的角度着想,这样别人更容易接受
三下	4. 趣味故事会	讲故事	1. 运用适当的方法,把故事讲得更吸引人 2. 认真听故事,记住故事的主要内容
四上	1. 我们与环境	交流:我们身边存在哪些环境问题?怎样保护环境?	1. 判断别人的发言是否与话题有关 2. 围绕话题发表看法,不跑题
四上	2. 爱护眼睛,保护视力	了解本班视力情况,分析原因,交流如何保护视力	1. 小组讨论时,注意说话的音量,避免干扰其他小组 2. 不重复别人说过的话。如果想法接近,可以先表示认同,再继续补充
四上	3. 安慰	朋友遇到不顺心的事,怎么安慰他?	1. 选择合适的方式进行安慰 2. 借助语调、手势等恰当地表达自己的情感
四上	4. 讲历史故事	讲一个自己喜欢的历史故事	1. 用卡片提示讲述内容 2. 使用恰当的语气和肢体语言,让讲述更生动

(续表)

册次	话题	内容	要求
四下	1.转述	根据情境练习转述事情	1.弄清楚要点,转述时不要遗漏主要信息 2.注意人称的转换
四下	2.说新闻	说明新闻的来源、把新闻讲清楚,不要随意更改内容。还可以说说自己的看法	1.准确地传达信息 2.清楚、连贯地讲述
四下	3.朋友相处的秘诀	讨论和朋友相处,最重要的是什么。至少提出三条最重要的意见	1.根据讨论的目的,记录重要信息 2.分类整理小组的意见,有条理地汇报
四下	4.自我介绍	根据不同情况做自我介绍	对象和目的不同,介绍内容有所不同
五上	1.制定班级公约	提出班级建设的目标,分组讨论,形成小组意见,全班表决,形成公约	1.发言时要控制时间 2.讨论后做小结,既总结大家共同意见,也说明不同意见
五上	2.讲民间故事	把故事讲得生动、有吸引力	1.讲清楚故事的细节 2.讲故事的时候,可以配上相应的动作和表情
五上	3.父母之爱	谈谈对事例中爸爸妈妈的行为的看法,以及遇到类似经历时,自己的做法	1.选择恰当的材料支持自己的观点 2.尊重别人的观点,对别人的发言给予积极的回应
五上	4.我最喜欢的人物形象	介绍自己喜欢的文学或影视作品中的人物,说清理由	1.分条讲述,把推荐的理由说清楚 2.听人说话能抓住重点
五下	1.走进他们的童年岁月	了解不同对象的童年,提出恰当的问题,记录并整理,与同学交流	1.根据提问对象提出恰当的问题 2.认真倾听,在交流时能边听边记录
五下	2.我们都来演一演	课本剧表演	1.主持讨论时,要引导每个人发表意见 2.尊重大家共同的决定
五下	3.我是小小讲解员	选择情境,做一名小小讲解员	1.选择合适的材料并恰当地组织在一起 2.列提纲,按照一定顺序讲述
五下	4.我们都来讲笑话	搜集各种笑话,从中选择最精彩的,讲给家人听,根据建议改进。组织一次讲笑话比赛。看谁最会讲笑话	1.避免不良的口语习惯 2.用心倾听,做一个好的听众

（续表）

册次	话题	内容	要求
六上	1. 演讲	拟定题目，写好演讲稿，开展一次演讲活动	1. 语气、语调适当，姿态大方 2. 演讲时利用停顿、重复或者辅以动作强调要点，增强表现力
六上	2. 请你支持我	根据情境，说服别人支持我们做一件事	1. 先说想法，再把具体的理由说清楚 2. 设想对方可能的反应，恰当应对
六上	3. 意见不同怎么办	根据材料，选择一个角色，阐述对这个问题的看法，学会换位思考	1. 准确把握别人的观点，不歪曲，不断章取义 2. 尊重不同意见，讨论问题时，态度要平和，以理服人 3. 表达观点时，要简洁明了，要有根据
六上	4. 聊聊书法	课前搜集资料，结合图片、实物讲述	1. 有条理地表达，可以分点说明 2. 对感兴趣的话题深入交谈
六下	1. 共读一本书	围绕同一本书交流读书心得，分享阅读的收获	1. 引用原文说明观点，使观点更具有说服力 2. 分辨别人的观点是否有道理，讲的理由是否充分
六下	2. 即兴发言	准备一些即兴发言的题目，抽签做即兴发言	提前打腹稿，想清楚重点说什么，先说什么，后说什么
六下	3. 辩论	开一次辩论会	1. 听出别人说话中的矛盾或者漏洞 2. 抓住漏洞进行反驳，注意用语的文明

1. 对话类

对话类的口语交际教学内容较多，比如统编小学语文一年级下册的"请你帮个忙""打电话"，二年级上册的"商量"，三年级上册的"名字里的故事""身边的小事""请教"等，三年级下册的"该不该实行班干部轮流制"，四年级下册的"朋友相处的秘诀"，五年级上册的"制定班级公约"，五年级下册的"走进他们的童年岁月"，六年级下册的"共读一本书"等。可以看出，从低年级到中高年级，对话类口语交际教学比较常见。对话类口语交际教学相对于独白类较容易达到口语交际的交际性需求，因此教师在此类训练时要把握好不同的场景，充分发挥学生的积极性，以达成教学目标。

2. 独白类

独白类可以是自我介绍类，如一年级上册的"我们做朋友"，可以是介绍自己喜欢的人物形象，可以是讲述类如一年级下册的"听故事、讲故事"，二年级上册的"看图讲故事"等。像此类型的口语交际训练主题，学生由于心理年龄特点，容易走神、分心，所以教师应该把握学生的心理年龄特点，引导学生说得清楚、听得明白，不懂的可以提出自己的疑问，以达到交际的目标，切忌变成一个人口语表达的独角戏。

3. 演讲类

演讲类出现在小学高年级阶段，如六年级上册的"演讲"，要求学生"拟定题目，写好演讲稿，开展一次演讲活动"，要求"语气、语调适当，姿态大方。演讲时利用停顿、重复或者辅以动作强调要点，增强表现力"。演讲类主题出现的次数不多，但是要求比较高、难度较大。像此类口语交际训练主题，教师可以以教材中的训练要求明确训练任务、训练要点，并适当地传授一些演讲的技巧，但是不要过分拔高，不要幻想通过一次演讲训练把学生训练成演说家。

4. 表演类

表演类口语交际场景性比较强，学生容易产生学习兴趣。比如五年级下册的"我们都来演一演"，这个时候进行课本剧表演，可以激发学生的口语交际热情。值得注意的是，在参与表演类的口语交际训练时，教师应该做好分组、分角色等工作，协调学生之间的合作关系，避免发生矛盾，管好演出秩序，争取给每一个学生参与的机会。表演的目的在于口语交际训练，教师在处理好分组分角色等工作的同时，心中应该有目标意识，避免为活动而活动，为表演而表演。

根据对教材内容的分析梳理，我们还可以从听和说两个方面展开口语交际教学内容的阐述。听的教学内容主要可以分为听话的态度和听话的能力。听话能力又包括语音辨识能力、记忆整合能力、理解语义能力、评判话语能力。说的教学内容可以分为说话的态度和说话的能力。说话的能力又包括组织内部语言能力，快速语言编码能力，运用语音、语速、语调、语体和态势语的能力。[①] 听和说训练不同角度的要求可以让我们更加清楚口语交际教学时具体的课堂教学目标要求。

（二）口语交际教学方法

1. 情景创设法

真实的交际往往是在真实的场景中发生的，而现在教学一般都在课堂上进行，因此为了使口语交际训练达到较好的训练效果，教师可以模拟或创设真实的口语交际情景。情景创设可以激发学生的口语交际兴趣，点燃热情，比教师单纯地讲授口语交际的训练要点、知识点，效果要好得多。现行的统编小学语文教材中设置了不同场景的训练，如对话类的"请你帮个忙""打电话"，讲述类的"听故事，讲故事""看图讲故事""我的暑假生活"，以及演讲类、表演类的场景等，这些不同的情景类型往往和学生的具体生活场景关系密切，有不少是我们的生活中常见的。我们可以根据教材上的具体场景类型营造情景，分角色扮演，使得学生快速进入情景，进行口语交际训练。

---

① 汪潮. 小学语文名师培训课程[M]. 杭州：浙江大学出版社，2012：100-102.

案例 7-1：

《讲名人故事》教学设计片段[①]

二、创设情境，访谈互动——名字里的真情和智慧

1. 创设情境，营造交际氛围

你的名字是怎么来的，里面又有什么故事呢？今天，就让我们来到"说出你的故事"节目现场，一起聊聊名字里的故事。

2. 个人展示——热心观众的真情讲述

（1）讲述自己名字的来历，分别出示对讲话者和听讲者的要求。（要求一：说清楚、乐表达；要求二：认真听、用心记）

（2）刚才听了这么多同学名字里的故事，你最喜欢谁的名字，想对他（她）说什么？

3. 访谈互动——小主持人的现场采访

（1）邀请学生作为"说出你的故事"栏目主持人，借助视频通话即时采访家长。（出示访谈要求：主动问、有礼貌）

（2）家长现场讲述孩子名字里的故事，教师同时用手机录制下学生连线采访的视频。

4. 回看评点——小导演即时的指导评点

邀请学生作为"说出你的故事"栏目小导演，回看小主持人的采访视频，针对访谈要求，师生评点。

（提示学生，主持人有没有在合适的时机，有礼貌地提出自己进一步想了解的内容。聆听过程中，可以借助微笑点头、眼神赞许等方式回应对方。）

教师小结：我们的名字有的包含着出生的时间、地点或自然现象，有的来自古代诗词或经史典籍，有的则包含着某种美德或良好的希望。名字虽短小，但其中蕴含着丰富的知识，无穷的智慧；每一个名字都充满了长辈的爱与期待，饱含着浓浓的真情。

2. 多向互动法

口语交际的动态生成性、临场性、交际性特点决定了口语交际必须采取双向互动的策略。[②] 教师在进行口语交际训练的时候，除了营造好情境，确定好课堂教学目标，还需调动学生的积极性，努力使得学生之间、师生之间有交流互动，这种口语交际性质的交流互动可以双向互动，也可以多向互动。为此教师应该营造好轻松愉悦的课堂氛围，实行课堂教学民主，给学生发言权，尊重学生的学习主体地位，鼓励他们大胆发言。

[①] 姜苏娟. 口语交际"讲名人故事"教学设计[J]. 语文教学通讯，2014(Z3)：32-33.
[②] 吴忠豪. 小学语文课程与教学[M]. 2版. 北京：中国人民大学出版社，2015：250.

案例 7-2:

《我喜欢的小动物》教学设计片段[①]

二、放开大步走,"酒会式"交流练口才

1. "酒会式"口语交际

教师:当然,你与动物的精彩生活肯定不只是喂它吃食那么简单,了解一个动物,还有很多其他的习性,比如它们怎样嬉戏、怎样睡觉、怎样休息……今天我们就来一个酒会式的口语交际会,怎么样?

出示要求:

"酒会式"口语交际

A. 请用5分钟时间准备好你想交流的某一个内容。(如:嬉戏、睡觉、运动……)

B. 拿着口语交际单去找任意一位同学进行一对一的交流;交流完后再找另外一位同学交流。在10分钟时间内,尽量拿到更多的交际分数。

(1) 学生准备。

(2) 教师发下口语交际单(见表7-2)。

表7-2 口语交际单

	交际内容			交际口才		
	动物名称	颁发奖项 (满分5分)	颁奖依据 (满分5分)	口齿清楚 (满分5分)	态度大方 (满分5分)	认真倾听 (满分5分)
组员1						
组员2						
组员3						
备注	为节约时间,直接打上分数即可。					

2. 学生自由寻找口语交际伙伴。教师随机指导。

3. 教师总结:同学们都聊得特别尽兴,老师看到很多孩子已经与别人交流了两三次,得到了大家的帮助,也把自己喜欢的小动物的特点与同学做了尽可能多的交流。大家都了解到哪些动物的奖项?

最顽皮奖,健康小姐奖,淑女奖,成长最快奖……

4. 大家对哪个奖项拥有者最好奇?指名交流,给出建议。

[设计意图]"酒会式"口语交际是笔者在我校口语训练班上常常采用的一种极得学生喜欢的交流方式,在有限的时间内,学生可以找任意一个或几个同学发表自己的观点,获得同伴的意见或建议,学生兴趣高,交流范围广。到此环节,学生已经从"扶着走"到可以"自由飞"了,他们运用学到的"抓特点,说清楚"的方法,与尽可能多的小

[①] 许海琴. 口语交际"我喜欢的小动物"教学设计[J]. 语文教学通讯,2014(Z3):99-100.

伙伴进行随机的交流,了解到不同动物的个性特点,提高了认识,也进一步培养了学生的实际口语应对能力。

3. 示范反馈法

由于小学阶段学生的年龄较小,他们关于口语交际的听说能力、交际能力还很有限,因此在口语交际教学过程中,即使教师营造好情景,学生积极大胆发言,由于口语交际水平的限制,他们依然可能达不到所规定的教学目标。这个时候就需要教师进行指导示范,教师不仅仅需要教授给学生一些必备的口语交际知识、技巧,还要临场示范,以达到较好的效果,另外教师还可以通过查阅图书资料、影像资料等给学生进行示范展示。除了示范展示外,及时的评价也必不可少,口语交际由于动态性、临场性特点,教师及时的形成性反馈评价对于学生的口语交际训练来说效果较好。在进行口语交际的评价时,可以按照学生不同学段的要求,综合评价学生的参与意识、情意态度和表达能力。

二、口语交际教学的过程设计

口语交际教学的过程设计要根据本次课程改革的基本理念,充分发挥学生的主体作用和教师的主导作用,同时根据口语交际的特点、小学生心理发展特点、具体课堂目标而设计,结合已有的研究成果,我们可以把口语交际过程分为"创设情境,激发兴趣""确定任务,模拟交际""及时反馈,拓展延伸"这几个环节,当然在具体的口语交际教学过程中这几个环节还可以根据需要灵活应用。

(一) 口语交际教学过程设计流程

1. 创设情境,激发兴趣

口语交际是特定情境中听说双方言语互动的过程,是一种动态的语言实践活动,常以"对话"的形式出现,情境性和互动性是口语交际的基本特征。[①] 因此,若想使口语交际训练达到一个比较好的效果,创设情境是必不可少的一步。教师在口语交际课开始时就为学生创设一个较好的口语交际情境能拉近口语交际与学生的距离,克服学生的畏难心理,激发学生口语交际训练的动力,这对于教师开展教育教学活动有很大的帮助。

2. 确定任务,模拟交际

从《课标》上我们可以看到,学生的口语交际训练目标是有梯度性的。作为口语交际训练的重要载体,现行的统编小学语文教材为口语交际训练做了不少话题设计,这样设计可以把课标中的目标细化、落实。综合课标的要求和现行的统编口语交际教学话题设计情况,教师在训练口语交际时应该确定课堂上要交际的话题,这类话题可以是教材上的,也可以根据需要自行设计。值得说明的是,选择的话题要能激发学生的兴趣,要能体现语文学习的特色。确定好话题后需要明确课堂口语交际训练目

---

① 汪潮.小学语文名师培训教程[M].杭州:浙江大学出版社,2012:97.

标,引导学生根据口语交际的具体话题进行口语交际训练。

3. 及时反馈,拓展延伸

学生进行口语交际训练后及时的反馈评价必不可少。在具体评价时,一方面可以采取多元评价的方式,把教师评价、学生评价结合起来,进行学生自评、互评和师生互评,这样能够调动学生的积极性和主动性,发挥学生的主体地位;另一方面还可以进一步鼓励学生进行大胆示范,进一步提升口语交际训练效果。除了在课堂上进行模拟训练,教师可以在布置作业时进行拓展延伸,鼓励学生将在口语交际课堂上学到的知识本领运用于实践生活中,将学到的知识技能转化为能力。

(二)口语交际教学案例评析

案例 7-3:

《有趣的动物》教学设计[①]

一、学习目标

1. 基础目标

(1)围绕"有趣",把看到的或了解到的动物清楚、完整地讲述给同学听,并能吸引他人的注意力。

(2)通过课堂交际实践,进一步提高语言表达能力,养成良好的听说态度。

2. 特色目标

(1)借助本次练习,养成对自己不明白的地方有礼貌地提问的习惯。

(2)通过实践演练,明白讲述之前先想好要讲的内容的重要性。

3. 发展目标

在口语交际的准备与实施过程中,激发对动物世界的探究热情。

二、核心内容

表 7-3 核心内容一览

项目	具体内容
语言内容	(1)围绕"有趣",把看到的或了解到的动物清楚、完整地讲述给同学听 (2)在真实的交际场景中,有礼貌地提问或补充
思维内容	在听别人讲述的同时,思考如何提问与补充
文化内容	(1)口语交际前,对相关内容有较多的了解 (2)感受交际过程中礼貌态度的作用
方法内容	(1)向别人讲述之前,充分熟悉自己要讲述的内容 (2)在实际交流中,把握向讲述人提问或补充的时机

---

① 汪潮. 小学语文部编教材文本解读及学习设计:二年级上册[M]. 福州:福建教育出版社,2017:23-28.

三、学习设计

一课时
板块一　创设情境

1. 揭示话题。

(1) 回顾旧知。师：同学们，我们学习过《小蝌蚪找妈妈》这篇课文，你喜欢文中的小蝌蚪和青蛙吗？喜欢他们的什么呢？

(2) 揭示新课。师：今天这节课，我们进行口语交际，内容就是《有趣的动物》。板书题目。

2. 明确要求。

(1) 进入角色。师：课前同学们都收集了自己喜欢的动物的资料，还做了头饰，现在就拿出头饰戴上吧，戴上什么头饰，你就变成什么动物喽！

(2) 创设情境。

① 师生互动。师：(教师戴上长颈鹿头饰)看看老师变成什么动物了？对了，我就是长颈鹿阿姨，欢迎大家来参加一年一度的动物联欢会。(跟各种动物有礼貌地打招呼，如×××，好久不见！×××又见到您了，真高兴！)

② 生生互动。师：今年的联欢会来的朋友真多啊！赶快跟你身边的朋友打个招呼吧，注意要有礼貌哦！

③ 汇报交流。师：刚才你都跟谁打招呼了？是怎么说的？

(3) 提出要求。

① 激发兴趣。师：这么多朋友，怎样才能让大家记住自己，交到更多的朋友呢？(指名说说)

② 提出要求。师：对啊，如果我们能把自己特别有趣的地方介绍给他人，让他们能很快地记住自己，就能交到更多的朋友了。那么，在联欢会之前，我们先来个自我介绍，让大家来了解一下你最有趣的地方吧。

[设计意图]创设"动物联欢会"的情境，让学生扮演自己喜欢的小动物，向他人介绍自己最有趣的特点，体现了"教学活动主要应在具体的交际环境中进行"的理念，激发学生强烈的表达愿望，对交流话题更加感兴趣。

板块二　示范引路

1. 样子有趣

(1) 教师示范。师：长颈鹿阿姨也想交到更多的朋友，让我先来向大家介绍一下我自己，可以吗？听我讲完以后，大家对我特别感兴趣的或有疑问的地方可以向我提问，我会很乐意地回答大家的。

师：大家好，我是长颈鹿。我可是陆地上最高的动物哦，尤其是脖子特别长，所以叫"长颈鹿"。我站在这里，从头到脚有六米高呢！你们知道吗？我刚出生时就有一米五高了！朋友们，你们记住我了吗？

师：你们还有什么问题想问我的吗？(互动交流)

(2) 发现方法。师：你记住了长颈鹿的什么特点？(很高，脖子很长，刚出生时就很高)为什么这么快就记住了长颈鹿的样子呢？(因为抓住了最有趣的地方介绍，而

不是什么都说。最有趣的地方也就是最有特点的地方)

(3) 尝试练习。师:朋友们,你们最有特点的地方是什么?能不能向我们介绍介绍你自己呢?先好好准备一下,再跟同桌说一说,听完同桌的介绍,你也可以提问。

(4) 汇报交流。指名展示,互动交流,评议改进。

(评议要点:有没有把自己的特点说清楚?说得有趣吗?交流有礼貌吗?)可以视展示情况确定是否再加以练习与展示,做到人人落实。

[设计意图]把自己想象成自己喜欢的动物,围绕"有趣"把自己介绍给他人,又要吸引听者的兴趣,是有一定的难度的,该片段通过导学、独学、合学与展示评议,提供了台阶,降低了难度,规范了语言。

2. 习性有趣

(1) 自主尝试。师:朋友们,我们除了样子有趣,还有哪些特点也很有趣呢?根据回答板书:吃饭、睡觉、活动……这些都可以称为动物的习性。(板书:习性)把你觉得自己最有趣的习性说一说。

(2) 展示评议。师:谁来向大家介绍一下自己最有趣的生活习性?注意要让我们听得清楚,又能很快地记住你哦。(评议要点同上:有没有说清楚?怎样说会更有趣?有没有礼貌?)

(3) 同桌互练。师:经过交流,我们就更清楚怎样介绍自己了,跟你的同桌介绍一下自己最有趣的生活习性吧,注意听完后可以提问,还可以把你知道的特点也说出来,这样你的朋友会因为你对他的了解而感到高兴的。

(4) 再次展示。

[设计意图]由扶到放,先让学生自主尝试,再展示,在展示评议中肯定学生表现好的方面,提出需要改进的地方,从而掌握如何清楚、熟练地介绍动物有趣的特点。

板块三 充分实践

1. 提出要求

师:朋友们,你们都能很好地把自己有趣的特点介绍给他人了,下面就请大家自由活动,找你喜欢的"动物"交朋友吧。看看你能不能吸引别人的注意力,让他们来听你的自我介绍。说的时候要有条理,可以先说说自己样子的有趣,再说说自己生活习性上的特点。有人找你介绍自己的时候,你也要有礼貌地倾听,听完后可以提问或补充哦。

2. 自主实践

学生离开座位互相进行自我介绍与互动交流,教师巡回观察,发现典型案例。(有待改进的或可以示范展示的)

3. 展示评议

选取典型案例进行展示,引导学生发现值得学习或有待改进的地方。

4. 再次实践

再去认识一些新朋友。

5. 拓展延伸

(1) 说说收获。师:同学们,今天大家不仅能够很好地向别人介绍你喜欢的动

物,还知道了很多其他动物有趣的地方,同时也学会了有礼貌地跟讲述者交流,收获真不小。

(2)课后延伸。师:回家以后,希望大家可以把自己了解到的有趣的动物介绍给爸爸妈妈。

(3)课后拓展。推荐书籍《有趣的动物》、电视节目《动物世界》。

[设计意图]① 口语交际要有交际对象。在全开放的交际环境中,学生可以找自己心仪的"动物"交朋友,既是对前面环节学习的巩固,又增加了情趣性,在仿真的情境中锻炼表达能力与交际能力。② 增加学习的外延。推荐的书籍和电视节目进一步激发学生向书本学习、向媒体学习、向大自然学习的兴趣。

板书设计:

有趣的动物

有趣 { 样子
习性(吃饭、睡觉、活动……)

本篇教学案例是统编小学语文二年级上册的第一次口语交际训练。

从教学目标上看,该教学设计目标层次从基础目标、发展目标到特色目标,目标层次清晰,目标内容具体且具有可操作性。从教学流程上看,本次教学过程分为三个板块,分别是板块一"创设情境"、板块二"示范引路"、板块三"充分实践",板块之间流程衔接有序,口语交际训练体现了由易到难,由课内到课外,由课堂到生活的逐步训练过程和达成课堂教学目标意识。从教学理念上看,本次教学设计较好地体现了以教师为主导、学生为主体的教学理念,教学设计中多处鼓励学生听、说,教师自己亲身示范,并对学生听和说做了具体的要求,充分发挥了师生各自的作用。从口语交际特点上来说,本次教学设计符合口语交际教学的特点,教学设计中注重交际场景的营造、交际主体的互动,以及口语交际的拓展延伸。总的来看,这是一篇较为优秀的教学设计。

第三节　口语交际教学设计案例赏析

一、口语交际教学设计案例—1

统编小学语文二年级上册
第一单元　注意说话的语气*

（一）教学内容

口语交际

注意说话的语气

说话的时候，使用恰当(qià)的语气，能让听的人感到舒(shū)服。
读(dú)下面的句子，注意语气，体会有什么不同的效果(xiào)。

我不是故意的！
我不是故意的。

阿姨，请您让一下。

阿姨，请您让一下好吗？

如果遇到下面的情形，你会怎样说？试(shì)一试，注意说话的语气。

◇ 妈妈让我学钢琴，我想学画画。我会跟妈妈说……
◇ 上学迟到了，老师批(pī)评了我。下课后我对老师说……
◇ 看到同学洗手后忘了关水龙头，我会跟他说……

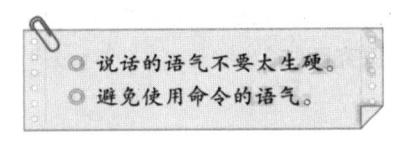

○ 说话的语气不要太生硬。
○ 避免使用命令的语气。

11

图 7-1　第一单元　注意说话的语气　教学内容

---

* 本片段案例来源于一师一优课，蒋婷老师——《注意说话的语气》。

（二）教学设计

【教材分析】

《课标》总目标明确提出："具有日常口语交际的基本能力,在各种交际活动中,学会倾听、表达与交流,初步学会文明地进行人际沟通和社会交往,发展合作精神。"口语交际能力,其实质就是听话和说话的能力。《注意说话的语气》是统编小学语文教材二年级下册中的口语交际内容。本节课让学生知道,在口语交际中即使是同样一句话,使用不同的语气,效果也是不一样的。所以要学会根据不同的对象不同的语言环境,用合适的语气,这样可以增强表达效果,逐步养成良好的口语交际习惯。

【学情分析】

生活中,学生处处需要与人交流。说话人人都会,但是怎样说话,才能让听的人感到舒服,学生却很少考虑。因此,教师在本课教学中,让学生感受到恰当语气魅力的同时,要引导学生学会说话,学会用不同的语气说话,并能够在跟别人说话时用恰当的语气表达,从而提高口语交际能力,给对方留下良好的印象。

【教学目标】

(1) 在口语交际中学会认真倾听,和别人说话时注意说话的语气,使用恰当的语气。

(2) 鼓励学生相互交流,敢于发表自己的看法。能在情境中对话。

(3) 明确说话时的语气要求,做到语气委婉不生硬,交流中避免使用命令的语气。

【教学重难点】

(1) 重点:在与人交流时,能注意对象和场合,注意说话的语气,使用恰当的语气。

(2) 难点:怎样在交流过程中真正做到语气恰当?

【教学过程】

启发谈法,目标导学

俗话说:"一句话能把人说笑,一句话也能把人说跳。"你能说说你对这句话的理解吗?

(学生回答)

积累名言:赠人以言,重于珠玉;伤人以言,甚于剑戟。

这节课我们一起来到口语交际,探讨如何用恰当的语气与别人交流。

(板书课题:口语交际:注意说话的语气)

说说想想,探究新知

1. 情境一

(1) 出示图片

(下课时,小明走过小东身旁,不小心把小东的文具盒碰倒了)

这时小明说:(请人说,根据标点符号说出不同的语气。)

我不是故意的!

我不是故意的。

(2) 练习说,并感受区别

A. 若小东听到小明说:"我不是故意的!"时感受是什么?（可能更生气）

B. 若小东听到小明说:"我不是故意的。"时感受又是什么?(对比第一句更舒服)

C. 那你是小明,还能说得让小东听了更舒服吗?(对不起,我不是故意的,请你原谅我……)

D. 是啊! 一年级口语交际中我们就学过运用礼貌用语词,这样表达使我们的语气更柔和不生硬,道歉更加真诚,别人听了更舒服。

(板书:对不起、请、不生硬)

2. 情境二

(1) 出示图片,小明放学回家乘坐公共汽车,下车时,被一位阿姨挡住了去路。小明说:"走开走开,你挡着我了,我要下车!"

(2) 从小明的行为中,你体会到什么?学生反馈。

(不礼貌的小明,不应该这样说话)

A. 听了大家的建议,小明改进之后说:"阿姨,请你让一下。"

B. 你能给小明更好的建议吗?

(语气温和、不命令、注意表情和语速)

C. 阿姨,请您让一下好吗?(二年级口语交际学过"用商量的语气")复习商量词:可以吗? 行吗? 是吗?(适时板书)

(3) 请同学上台演一演。

(4) 教师小结

对待长辈,要注意礼貌用语和运用商量词,我们应避免使用命令的语气,说话要和气。

3. 情境三

(1) 欣赏情景剧微课《小白兔送白菜》。

(2) 讨论小白兔为什么没有送白菜给要白菜的小猪,却给了小山羊呢?

(3) 感受不同的语气表达出不同的效果。

(4) 使用恰当的语气,能解决生活中很多问题也能让别人听起来舒服。只要我们和和气气,真诚对待,别人肯定也更加愿意和你交流。

练练演演,巩固提升

(1) 走进生活、现场采访。

A. 妈妈提出要你去上兴趣班,你想学什么,为什么?

B. 可是妈妈让你学钢琴。你会跟妈妈怎么说?

教师指名反馈给予恰当的评价和补充。

(示例:妈妈,我知道你让我学钢琴是想培养我高雅的气质,可是我更想学画画,画画也可以培养我的审美观念,请你答应我好吗?)

(2) 演一演。

表演小要求:

A. 声音洪亮,吐字清晰,表演大方,语气恰当。

B. 文明小听众,不打断、不影响别人表演。

C. 我们都是小评委。

下面两种情况,小组可以自选一种进行表演。
(1)上学迟到了,老师批评了我。下课后我对老师说＿＿＿＿＿＿＿＿＿＿。
(2)看到同学洗手后忘了关水龙头,我会跟他说＿＿＿＿＿＿＿＿＿＿。
(3)评一评。
颁奖,奖励最佳表演小组。

结合生活

让我们走进生活,看到一些不好的现象,你会如何劝阻?课后和小伙伴进行交流:
图一:小明挑食,真难吃,不吃了。小红会如何劝阻?
图二:红灯亮了,妈妈没看见仍旧过马路,你拉住妈妈会如何劝阻?

学后反思

小结:语气是有声语言最重要的表达技巧。在我们沟通的过程中,请注意我们说话的语气,不要太生硬,不用命令的语气,态度要诚恳,说话真诚,和和气气,多用礼貌用语和商量词。还要注意自己交流时的表情和语速哦!希望同学们在平时生活中做一个知书达理的好孩子。

(三)教学视频

本案例是统编小学语文教材一年级上册教材第一单元口语交际《注意说话的语气》的一节口语交际课案例。视频中,教师通过启发谈法进行目标导学,并创设了三个情境引导学生说说想想,探究本课新知,再通过练练演演,巩固提升,并结合生活情境尝试劝阻。教师遵循学生的认知规律,创设交流情境,以师生互动的方式激励每个学生积极参与,大胆表达。请扫二维码链接,观看本课时教学视频,并思考以下两个问题:

(1)教师在教学中体现了口语交际教学的哪些方法?
(2)教师是如何通过口语教学渗透思想教育的?

扫码获取
案例视频

(四)案例评析

本课是一年级上册教材第一单元口语交际中《注意说话的语气》的内容,教师通过情境创设、师生互动、拓展迁移起到了良好的训练效果。

1. 注重情境创设

《课标》提出课程实施应该从学生语文生活实际出发,创设丰富多样的学习情境,设计富有挑战性的学习任务,激发学生的好奇心、想象力、求知欲。教师在教学过程中创设了如小明不小心把小东的文具盒碰倒,小明下车时被一位阿姨挡住了去路等多个情境,这些生活化的情境学生并不陌生,它不仅降低了学生的畏难情绪,还为学生口语交际训练创设了良好的环境。另外在迁移过程中,教师结合生活情境引导学生如果在生活中看到一些不好的现象该如何劝阻,这样起到了学以致用,语文学习和生活实践相结合的效果。

2. 注重师生互动

口语交际教学应该避免过多的知识讲授,应该更加注重实践性与交际性。教师在教学中没有过多传授理论知识,而是鼓励学生相互交流,敢于发表自己的看法,能在情境中对话。比如教师引导学生在小明把小东的文具盒碰倒情境中体会不同标点符号说出不同的语气,在情景剧微课《小白兔送白菜》中讨论小白兔为什么没有送白菜给要白菜的小猪等,这样本课的教学目标就在一个个生动的交际情境、一次次口语交际训练中完成了。

二、口语交际教学设计案例—2

统编小学语文教材一年级上册
第八单元　小兔运南瓜

（一）教学内容

口语交际

xiǎo tù yùn nán guā
小兔运南瓜

xiǎo tù kě yǐ yòng nǎ xiē fāng fǎ bǎ nán guā yùn huí jiā
○ 小兔可以用哪些方法把南瓜运回家？
nǐ xǐ huan nǎ zhǒng fāng fǎ wèi shén me
○ 你喜欢哪种方法？为什么？

○ 大胆说出自己的想法。

111

图 7-2　第八单元　小兔运南瓜　教学内容

(二) 教学视频*

这是统编小学语文教材一年级上册第八单元口语交际课《小兔运南瓜》的教学视频。本课时教学要求学生与人交流能大胆说出自己的想法；积极参与讨论，能选出自己喜欢的方法并说明自己的理由。教师以学生猜谜语的方式自然导入本节课教学，以小兔子过生日，兔妈妈想请小兔去摘一个南瓜来邀请客人作为故事开头吸引学生。本课通过插图引导学生说出小兔子看到了什么样的南瓜，通过观察小兔子的表情引导学生说出小兔子为什么发愁。教师引导学生观察第一幅图和第三幅图并结合生活经验鼓励引导学生猜想小兔子是如何把南瓜运回家的，并对学生说的时候做了清晰大胆的要求，引导学生一起总结了小兔子搬运方法，并说说理由。在作业布置环节，通过画一画，讲一讲的形式进行课后巩固。请打开二维码链接，观看本课时教学视频，并思考以下两个问题：

(1) 教师选用了哪些教学方法？
(2) 课例中教师是如何创设口语交际情景的？

扫码获取
案例视频

---

* 本视频来自国家中小学智慧教育平台，刘红老师——《小兔运南瓜》。

三、口语交际教学设计案例—3

统编小学语文教材五年级上册
第一单元 制定班级公约

（一）教学内容

口语交际

制定班级公约

俗话说："没有规矩，不成方圆。"班级公约是同学们共同制定、认可的规则。制定班级公约，可以营造良好的学习环境，建设团结友爱的班集体。

◇ 提出班级建设的目标。

班级公约应该根据班级的实际情况来制定。针对学习、纪律、卫生等方面，全班讨论班级想要达到的目标。

◇ 分组讨论，形成小组意见。

根据班级建设的目标，每位同学在纸上写出两三条自己认为比较重要的公约内容。再分组讨论，去除不合理的和重复的部分，形成小组意见。公约内容要具体，便于落实。

◇ 全班表决，形成公约。

小组汇报讨论结果。全班同学逐条表决，形成班级公约。

把班级公约写下来并张贴在教室里。班里的每一位同学都要自觉遵守。

◇ 发言时要控制时间。

◇ 讨论后作小结，既总结大家的共同意见，也说明不同意见。

11

图 7-3 第一单元 制定班级公约 教学内容

(二) 教学视频*

本课时是五年级上册第一单元的口语交际《制定班级公约》的教学视频,本课学习目标是通过讨论能够制定班级公约,学生能合理控制发言时间,尊重不同意见。教师通过"最理想的班集体是什么样子"导入话题,逐步引导学生说说对于班集体的看法,进而引导学生了解班级公约,制定班级公约。请打开二维码链接,观看本课时教学视频,并思考以下两个问题:

(1) 教师是如何一步步引导学生制定班级公约的?
(2) 口语交际的交际性在本课时是如何体现的?

扫码获取
案例视频

[思考与练习]

1. 谈谈口语交际的理解,它与以往的"听说教学"有何区别。
2. 谈谈你对口语交际教学目标的认识?
3. 口语交际的主要内容与方法有哪些?

[参考文献]

1. 崔凤琦,等.小学语文教学活动设计与案例分析[M].北京:科学出版社,2015.
2. 陶群.从听说训练到口语交际[D].上海:华东师范大学,2003.
3. 中华人民共和国教育部.义务教育语文课程标准(2011年版)[S].北京:北京师范大学出版社,2011.
4. 中华人民共和国教育部.义务教育语文课程标准(2022年版)[S].北京:北京师范大学出版社,2022.
5. 王晔.口语交际教学的价值取向与实践[J].当代教育科学,2007(19):58+60.
6. 王琼武.小学语文口语交际教学现状及应对策略探究[J].语文建设,2013(24):11-12.
7. 姚林群,王苏丫,胡小玲.小学生口语交际能力:要素、水平层次及评价指标[J].教育测量与评价,2022(5).
8. 陈先云.国家统编小学语文教科书教学指导:与其他版本教科书对比研究[M].北京:语文教育出版社,2019.
9. 汪潮.小学语文名师培训课程[M].杭州:浙江大学出版社,2012.
10. 姜苏娟.口语交际"讲名人故事"教学设计[J].语文教学通讯,2014(Z3):32-33.

---

* 本视频来自国家中小学智慧教育平台,刘金辉老师——《制定班级公约》。

11. 吴忠豪.小学语文课程与教学[M].2版.北京:中国人民大学出版社,2015.

12. 许海琴.口语交际"我喜欢的小动物"教学设计[J].语文教学通讯,2014(Z3).

13. 胡瑛.小学语文口语交际能力评价指标体系的构建[J].教育导刊,2006(8).

14. 汪潮.小学语文名师培训教程[M].杭州:浙江大学出版社,2012.

15. 汪潮.小学语文部编版教材文本解读及学习设计:二年级上册[M].福州:福建教育出版社,2017.

16. 付海.口语交际《安慰》教学设计:一课时[J].小学教学参考,2019(28).

第八章
梳理与探究教学

[内容提要]

　　教育界有"语文的外延与生活的外延相等"的教学观念,长期以来,我国的语文教育多局限于语言文字的工具性功能里,将语文教育与生活割裂、与实践活动分离,使得学生总在读死书、死读书里打转,创新实践能力反而逐渐弱化。《课标》首次提出"梳理与探究"这个关键词,旨在通过梳理和整合,将积累的语言材料和学习的语文知识结构化,将言语活动经验逐渐转化为具体的学习方法和策略,并能在语言实践中自觉地运用。以期加强语文课程、其他课程以及生活的联系,促进学生语文核心素养的全面协调发展。

[学习目标]

1. 了解梳理与探究的概况及意义。
2. 熟悉梳理与探究各学段的教学目标与内容。
3. 明确语文梳理与探究的基本理念。
4. 掌握梳理与探究教学过程设计步骤。
5. 参与梳理与探究实践,能够进行梳理与探究活动方案设计与分析评价。

第一节　梳理与探究概述

　　《课标》中明确提出,要"以促进学生核心素养发展为目的,以识字与写字、阅读与鉴赏、表达与交流、梳理与探究等语文实践活动为主线,综合构建素养型课程目标体系"。其中的"梳理与探究"首次在小学阶段提出,旨在引导学生观察语言文字现象,寻找语言文字的运用规律,学会发现问题、解决问题,从而提升语言运用能力,发展思维能力,加强实践运用。

　　《课标》从语文实践活动角度构建了总目标和分学段目标。其中梳理与探究课程目标既将课程总目标具体化,又与识字与写字,阅读与欣赏,交流与表达,形成互补关系。在教学中,梳理与探究课程目标的落实,要根据其特点采用合宜的实施策略。

一、梳理与探究的目标解读

"梳理"是经过归纳、分类、整理后将学过的零散知识和积累的语言材料结构化、程序化、自动化的过程。"探究"即探索追究,是对这些知识和方法技能进行"观察、聚焦、放大、辨别、想象、预测、推理、判断"等的操作。具体而言包括开发利用学习资源,在学习活动中观察、记录、参观、体验;提出不懂的问题,并尝试解决问题;根据需要收集、整理资料,提炼、呈现学习成果等。

梳理与探究作为一个整体,指向整合、融通、关联、优化等学习目标,指向主动、个性、探究、建构,指向知识的情境化、结构化。梳理与探究更强调学习活动的主动性、实践性、综合性与开放性。它以现有教材作为学生探究的基本内容,引导学生充分表达自己的疑惑、想法以及情感,通过答疑解惑、互助交流、集体评价等方式,实现学生核心素养的有效培养。具体到教学设计中,就是要准确把握对应梳理与探究的主要教学环节,合理配置教学资源,重塑课堂教学形态,实现学生语文核心素养的有效培养。

作为教学目标,梳理与探究吸纳了综合学习与探究学习的新课程观,进一步拓展了2011版《课标》中梳理与探究的范围,旨在强化学生的语文实践,深化语言运用和思维创造的链接,从而在学生语言形象思维的基础上,促进学生抽象思维的发展,整合学习内容,形成语文大观念。

(一)《课标》对梳理与探究目标的规定

任何一项学习活动,都必须有明确的目标指向,这才是提高学习效率的前提。《课标》对各学段梳理与探究提出了具体目标,详见表8-1:

表8-1 梳理与探究的阶段目标

学段目标	第一学段（一、二年级）	1. 观察字形,体会汉字部件之间的关系。梳理学过的字,感知汉字与生活的联系。 2. 观察大自然,热心参加校园、社区活动,积累活动体验。结合语文学习,用口头或图文等方式整理、表达自己在活动中的见闻和想法。 3. 对周围事物有好奇心,能就感兴趣的内容提出问题,结合其他学科的学习和生活经验交流讨论,尝试提出自己的看法。
		建议:在落实以上要求过程中,注重引导学生关注中华优秀传统文化在日常生活中的表现,初步感受中华优秀传统文化的重要价值;初步懂得幸福生活是革命前辈浴血奋战、艰苦奋斗换来的,激发对革命领袖、革命家、英雄人物的崇敬之情。
	第二学段（三、四年级）	1. 尝试分类整理学过的字词,尝试发现所学汉字形、音、义和书写的特点,帮助自己识字、写字。 2. 学习组织有趣味的语文实践活动,在活动中学习语文,学会合作。结合语文学习,观察大自然,观察社会,积极思考,运用书面或口头方式,并可尝试用表格、图像、音频等多种媒介,呈现自己的观察与探究所得。 3. 能提出学习和生活中的问题,有目的地搜集资料,共同讨论,尝试运用语文并结合其他学科知识解决问题。

(续表)

学段		内容
		建议：在落实以上要求过程中，注重感悟国家通用语言文字的文化内涵，初步认识中华优秀传统文化蕴含的思想和智慧；感悟革命英雄、模范人物的爱国主义情怀和高尚品质，激发向英雄模范学习的意愿和行动，培养对中国共产党和中华人民共和国的朴素情感，增强民族自豪感。
第三学段（五、六年级）		1. 分类整理学过的字词，发现所学汉字形、音、义和书写的特点，发展独立识字能力和写字能力。 2. 感受不同媒介的表达效果，学习跨媒介阅读与运用，初步运用多种方法整理和呈现信息。 3. 初步了解查找资料、运用资料的基本方法。利用图书馆、网络等渠道获取资料，解决与学习和生活相关的问题。尝试写简单的研究报告。 4. 策划简单的校园活动和社会活动，对所策划的主题进行讨论和分析，学写活动计划和活动总结。对自己身边的、大家共同关注的问题，或影视作品中的故事和形象，通过调查访问、讨论演讲等方式，开展专题探究活动，学习辨别是非、善恶、美丑。
		建议：在落实以上要求过程中，注重了解中华优秀传统文化的源远流长、丰富多彩，提升自身中华优秀传统文化修养；感受先贤志士的人格魅力，感悟老一辈无产阶级革命家的英雄气概、优良作风和高尚品质，体会捍卫民族尊严、维护国家利益和世界和平的伟大精神。

从纵向的角度来看，小学阶段的梳理与探究主要分成三大学段，学段间要求层级鲜明，具有明显的梯度性，各方面教学目标要求随学生的学段和年龄呈螺旋上升样式。如第一学段要求有好奇心，能就感兴趣的内容提出问题；第二学段要求有目的地搜集资料，共同讨论；第三学段则要求初步了解查找资料、运用资料的基本方法……尝试写简单的研究报告，这明显具有进阶的要求。

（二）梳理与探究的分项目标

小学语文课程梳理与探究目标分三个学段，每个学段可以分三个学习项目。第一个学习项目是知识整理，第二个学习项目是活动体验，第三个学习项目是问题解决。我们将这三个学习项目按学段列表，以更清晰地呈现，便于探讨，详见表8-2：

表8-2 梳理与探究的分项目标

学段目标		
	知识整理	1-1 观察字形，体会汉字部件之间的关系，梳理学过的字，感知汉字与生活的联系。 1-2 尝试分类整理学过的字词，尝试发现所学汉字形、音、义和书写的特点，帮助自己识字、写字。 1-3 分类整理学过的字词。发现所学汉字形、音义和书写的特点，发展独立识字能力和写字能力。
	活动体验	2-1 观察大自然，热心参加校园、社区活动，积累活动体验。结合语文学习，用口头或图文等方式整理、表达自己在活动中的见闻和想法。 2-2 学习组织有趣味的语文实践活动，在活动中学习语文，学会合作。结合语文学习，观察大自然，观察社会，积极思考，运用书面或口头方式，并尝试用表格、图像、音频等多种媒介，呈现自己的观察与探究所得。

(续表)

	2-3 策划简单的校园活动和社会活动,对所策划的主题进行讨论和分析,学写活动计划和活动总结。对自己身边的、大家共同关注的问题,或影视作品中的故事和形象,通过调查访问、讨论演讲等方式,开展专题探究活动,学习辨别是非、善恶、美丑。感受不同媒介的表达效果,学习跨媒介阅读与运用,初步运用多种方法整理和呈现信息。
问题解决	3-1 对周围事物有好奇心,能就感兴趣的内容提出问题,结合其他学科的学习和生活经验交流讨论,尝试提出自己的看法。 3-2 能提出学习和生活中的问题,有目的地搜集资料,共同讨论,尝试运用语文并结合其他学科知识解决问题。 3-3 初步了解查找资料、运用资料的基本方法,利用图书馆、网络等渠道获取资料,解决与学习和生活相关的问题。尝试写简单的研究报告。

(三) 对梳理与探究目标的把握

1. 内容、目标、方法的多维综合

梳理与探究的目的是促进学生各个要素的整合,实现学生整体素质的提高。目前分科教学的基础上,进行学科式的梳理与探究,可以有效促进学生将各个学科的融会贯通,同时将所学知识与生活实践更好地结合。总的来说,包括听说读写的综合,语文学科与其他学科的综合,语文学科与生活的综合。

梳理与探究从内容目标和方法角度来选题,大致可以分成三类:

第一类,基本上在语言、文字的学习和阅读与鉴赏、表达与交流的课堂教学范围内将"听说读写"整合在一个题目之下,如有的教科书设计了围绕汉字展开的梳理与探究活动等,学习内容和目标都在语文学科范围之内。第二类,从语文教科书和课堂教学延伸出去开展语言、文字、文学方面的学习活动。如"社会用字情况调查",组织学生选定各自的任务,走出校门展开调查研究。这些活动内容一般都会超出教科书,"超越课堂教学"相比前一种,活动范围比较广,耗费的时间多,还要做较多的组织工作。第三类,即课题选自生活或其他方面的学习领域,内容超越语文学科。例如,在学习一组关于自然科学方面内容的诗文之后,从其中的一篇课文延伸出去,开展"探索月球奥秘"的梳理与探究。这类课题有的贴近生活,适应社会的需要,有的满足学生的兴趣,开展得好会很出彩。但是另一方面,这类课题偏离语文课程基本目标的风险也比较大,师生需要投入的时间和精力也比较多。[①]

2. 在综合中凸显鲜明的学科特点

梳理与探究可以与相关学科进行融合,甚至在需要的时候与广域的学科进行整合,但要始终保持语文学科的语文性,所开展的各项综合性活动都是为了使学生的语文素养全面提高。同时,梳理与探究可以采用多样综合的方式进行,但要突出语文的特点,不同的活动方式是为了促进学生语文课程核心素养的提高。总之,梳理与探究目标的完成,要持有"大语文观"整合拓展,但也要始终注意保持其"语文性"。

---

① 巢宗祺. 语文综合性学习的价值与目标定位[J]. 人民教育,2005(5).

3. 自主、合作、探究能力的螺旋上升

《课标》在各个学段的阶段目标中都注重自主、合作、探究能力的整合,加强语文与生活的练习,着力提高学生的实践和探究能力,如下表8-3。因此,梳理与探究教学中,为达到学生自主合作探究能力的提高,可多采用学生喜闻乐见的"活动"的形式开展,并在各环节教学设计中,为学生留有充足的余地进行选择和探索。

表 8-3 自主合作探究能力不同学段的要求

能力	学段		
	第一学段	第二学段	第三学段
自主方面	观察大自然	结合语文学习,观察大自然,观察社会	对自己身边的、大家共同的问题,或电影电视中的故事和形象用心观察
合作方面	结合其他学科的学习和生活经验交流讨论	能提出学习和生活中的问题,有目的地搜集资料,共同讨论	策划简单的校园活动和社会生活,对所策划的主题进行讨论和分析
探究方面	能就感兴趣的内容提出问题	尝试运用语文并结合其他学科知识解决问题	解决与学习和生活相关的问题

二、梳理与探究的基本理念

(一) 自主性

在梳理与探究教学中,应突出学生的自主性,重视学生参与的主动性和积极性,主要由学生自行设计和组织活动,特别注重探究和研究的过程,要加强教师在各环节中的指导作用。教师应该相信学生,放手让学生自主选题、自主设计、自主参与、自主体验、自主评价,学生是主体设计参与者,教师是指导者,教师只在适当的场合出现,给学生更多的时间和空间。

(二) 实践性

梳理与探究本身就是从语文实践角度提出的,其具体的学习目标也体现了鲜明的实践性特点。据此,教师要根据课堂教学内容的需要,把教学过程合理安排为指导学生参与语文实践活动的过程。如梳理与探究教学时,可参考上表8-2,设计在识字与写字方面,引导学生进行汉字的观察、梳理、整理。活动体验方面,引导学生观察并表达观察所得,用多种媒介丰富表达效果;指导学生尝试策划活动,学写活动计划和活动总结;组织讨论、专题演讲,学习跨媒介阅读与运用,运用多种方法整理和呈现信息。问题解决方面,学生能提出问题、搜集资料、共同讨论、撰写研究报告等。

对梳理与探究而言,实践性强调的是学生的亲身经历、直接体验,去发现问题、解决问题,从而促进学生语文核心素养的全面提高。特别重视学生积极主动的参与精神,在实践活动过程中,获得自己的独特感受经验,激发其自主合作探究的学习愿望。教师在设计活动时要注意根据学生已有知识和能力以及当地的教学资源进行选择,

注重引导学生进行体验性的实践活动,丰富学生的精神世界,重视学生的情感激发和牵引,把情感的价值引导和学生的独特感受有机地结合起来。

(三) 融通性

首先,梳理与探究的课程目标与核心素养和总目标保持一致,是核心素养和总目标的具体化。

其次,与六个学习任务群相配套,六个语文学习任务群都隐含着梳理与探究课程的目标要求。如语文学习任务群"语言文字积累与梳理"任务中强调"通过观察、分析、整理,发现汉字的构字组词特点,掌握语言文字运用规范"。具体内容方面,如第三学段强调按照汉字字形结构等规律梳理学过的汉字,开展校园内外讲普通话、写规范字、正确使用标点符号情况的调查、整理、分享自己的发现,诵读优秀诗文,分主题梳理自己积累的成语典故、格言警句、对联等语言材料。从中均可见梳理与探究课程目标在语文学习任务群中的具体体现。

最后,梳理与探究课程目标还与语文学习任务群、语文学业质量要求形成互补关系。如梳理与探究关于知识整理方面的目标,乍一看,似乎只有识字方面课程目标要求,在阅读与鉴赏、表达与交流方面则未涉及。事实上,仔细审视语文学习任务群、语文学业质量要求后我们会发现,其中确有阅读与鉴赏、表达与交流知识方面的梳理与探究。如"实用性阅读与交流"任务群学习就要求:学习记笔记、列大纲、写脚本、画思维导图等整理和呈现信息的方法。从中可见,梳理与探究关于知识课程的目标并不只是对识字方面提出了要求。事实上,在语文学业质量要求中,第三学段提出能用文字、结构图等方式梳理作品的行文思路,能发现不同类型文本的结构方式和语言特点,感受作品内容、形式上的不同,足见梳理与探究关于知识课程目标的要求还包括阅读、写作以及口语交际等方面的知识要求。这样,"梳理与探究"在目标方面就与学习任务群以及学业质量要求之间形成了互补性融通关系。

总的来说,从横向角度看,如果说识字与写字,阅读与鉴赏,表达与交流是对言语交际领域语文课程目标分类别具体描述的话,梳理与探究则是对上述三类课程目标具体要求的进一步升华,是对这些课程目标的进一步分类、梳理、归纳,从而获得具有普遍意义的语文知识与技能,获得具有结构化特质的大观念。因此,梳理与探究的学段要求,既相对独立,有着明晰的阶段性学习任务和目标,又与其他三个板块相互联结,共同支撑,形成合力,指向语文学科核心素养的培养。

(四) 开放性

梳理与探究的开放性表现在时间、空间和资源的开放。时间上不拘泥于课堂,空间上不拘泥于教室,资源上不拘泥于课本。课标强调,加强语文课程内部诸多方面的联系,加强与其他课程以及与生活的联系,促进学生语文核心素养全面协调的发展。具体来说,开放性包括三方面,一是听说读写等自身课程的融合;二是语文学科与其他学科的融合;三是语文学科与生活的融合。梳理与探究打破原有传统教学的局限,将语文的听说读写和实践运用相联系,将书本知识与生活实际相结合,将语文课程与其他课程相整合,重在引导学生综合运用知识经验去分析解决问题,促进学生核心素

养的整体提升。

在教学中，教师可以从教学目标的取向考虑，即在课堂教学中反映语文学科核心素养四大构成要素的相关要求，在教学内容上能综合体现文化自信、语言运用、思维能力和审美创造等方面的相关要求。如在完成梳理象形、指事类汉字的识字任务时，既要注意梳理出造字类型，也要思考古人造字的思维方式，还要探索其中蕴含的造字审美倾向及其文化韵味。最后，将梳理与探究任务与不同的课程目标以及学习任务群的相关要求进行有机整合，并综合运用于同一篇课文或专题的学习中。

第二节　梳理与探究教学设计

一、梳理与探究教学的内容与方法

(一) 梳理与探究教学主题内容选择

1. 来源于教材学习

小学语文教材中，会设计一些语文梳理与探究的专门板块，在课文或单元练习等不同地方出现。有助于帮助学生理解学习教材知识内容，来源于教材的梳理与探究是在学生学习过程中，抓住学生感兴趣并乐于探究的问题进行拓展延伸，不仅巩固了知识学习内容，而且拓宽了学习面，加深了学生对知识整合运用的实践能力。如：

在教学《蝙蝠与雷达》时，学生提出："有很多科技发明都是受到动物的启示，老师，我们课下可以再继续调查一下都有什么科学发明是有动物启发而来的吗？"教师紧抓住学生对问题的兴趣，引导学生确定"动物的启示"的梳理与探究主题内容。

统编版三年级上册第二单元的人文主题是"金秋时节"，学生学习该单元时，也是初秋之时，对课文的学习使学生对秋天产生了浓厚的兴趣，可确定"多彩的秋天"为梳理与探究的主题内容让学生去感受和体验秋天。

2. 来源于学生兴趣

兴趣是最好的老师，成功的教学，从来不是强制，而是激发学生的兴趣。对于梳理与探究内容的选择，很多可以根据学生的兴趣爱好，对事物的好奇心和兴趣是小学生的年龄特征，教师在平时教学生活中，多关注学生，多与学生沟通，发现和了解学生的兴趣爱好，以学生的兴趣为出发点的梳理与探究活动，往往使学生参与度更高，教学效果更好。如：

小动物喂养的利与弊
我喜欢的瓜果蔬菜
小学生形象设计

"闲书"闲不闲？

受欢迎的影视作品调查

3. 来源于日常生活

语言的学习与运用本身就离不开生活实践，生活中处处都在和语文相关的知识打交道。日常生活中有很多语文要素和语文知识学问的，不过是需要发现的眼睛。梳理与探究内容的选择就可以关注日常生活，从生活实践中寻找梳理与探究的主题，来源于生活，又为了生活的语文实践活动会更接地气，可提高学生参与度和学习热情。那么，教师和学生就可以共同探讨，善于发现，从丰富多彩但又司空见惯的日常生活中，选择、提炼、讨论、总结，归纳出适于梳理与探究的主题内容。如：

认识蔬菜

关注"一次性筷子"

妈妈的一天观察记录与调查

生活中的垃圾与回收状况调查

校园花草和树木的品种、布局和生长状况

教室环境布置与设计

班级学生零花钱及使用调查

手机娱乐对小学生学习影响的调查

4. 来源于社会热点

热点问题作为一种社会现象，总会引起人们的关注，学生作为社会人，也会对当前热点有自己的看法和思考。梳理与探究主张学生关注社会，走出课堂，与社会生活接触，了解社会民生，研究社会问题，通过对梳理与探究活动中社会热点问题的调查整理、思考分析、归纳总结中学问与人沟通、团队合作和问题解决能力。如：

"扶"还是"不扶"的态度调查

垃圾分类的执行情况

道路维修带来的利与弊

扶贫现状调查

红色文化建设对策

5. 来源于地方文化

中国是一个有五千年历史文化的国家，各个地区民族都有自己的文化特色，学校可以挖掘当地的风土民情，如北方的草原文化、北京的胡同文化、天津风情、河南剪纸和豫剧、河北沧州武术、湖南的皮影、安徽徽州的民居等，还可以从身边的文化名人、历史遗迹、革命文化基地、民族民风、饮食特色建筑特色等方面，寻找当地的传统文化，这类地方文化有着丰富的文化内涵和民族特色，不仅可以使学生了解和学习地方

文化,亲密接触社会,也可以继承和发扬中国传统文化,培养热爱家乡的情怀。

(二)梳理与探究教学的类型设计

梳理与探究教学在"大语文"思想的指导下,还应包含除课本之外的广泛的社会生活领域,如社会实践活动、校传统活动(诗歌朗诵会、艺术节)、学生同伴间交往活动、学生群体的文艺沙龙活动等。这些社会生活领域可与课内领域相结合,也可以单独开展。二者互为补充,共同构成丰富多彩的梳理与探究教学活动。据此,梳理与探究教学的实施类型主要有以下几种:①

1. 延伸关联式

(1) 课文阅读延伸型

课文阅读可以延伸出多种梳理与探究的形式,包括:第一,阅读与写作相联系,即通过课文阅读引发学生想象性地写作、编写故事、演课本剧或写倡议书、广告词等;第二,阅读成果交流,就是从阅读中概括出学生感兴趣的主题,分小组搜集资料,进行交流;第三,文本阅读与网上阅读相结合,等等。

(2) 学科关联型

这类梳理与探究让语文教学的"触须"伸进其他学科,其主题来自各学科,与《课标》中跨学科学习相呼应。如学习了《海底世界》一课后,学生们可能会对海洋鱼类产生兴趣。我们就可以开展"海洋鱼家族"的梳理与探究,通过自己养鱼,写观察日记,请教科学老师和查资料,解决一些养鱼的问题。

2. 自主体验式

自主体验式是指以丰富学生的社会阅历、生活积累为目标,通过动手操作、角色扮演、想象等体验性活动,达到情感和行为的内省体察,最终掌握知识,形成技能,养成行为习惯乃至形成特有的情感、态度与价值观。角色置换是自主体验的重要方面。学生在阅读、领悟、交往等生活中,从对方的角度去思考一下,都能将心比心地换位感受一番,从而获得新的感受与启迪。课文中有许多寓言、童话等文学作品,如《狐狸和乌鸦》《三袋麦子》《三打白骨精》等,这些作品故事性强,情节生动,很适合学生表演,可以将学生分成几个"剧组",让他们自编自演课本剧。这种自编自演,能将学生暂时置身于另一角色之中,增进对自我之外的其他社会角色的理解。

3. 应用设计式

应用设计式要求学生综合应用所学的各科知识和技能,围绕一定目的提出问题的解决方法或实施方案,能够锻炼综合运用所学知识解决实际问题的能力。应用设计型学习重点在于根据问题情境提出解决的方法、思路及过程,设计一种产品、一项服务、一个系统、一项活动、一次会议、一场演出等都是其常见形式。例如,可将"创作叶画,编故事"的梳理与探究教学过程设计为:捡一捡(到校园里捡不同类型的树叶,并试着认识他们);贴一贴(在教师的指导下进行贴画);说一说(展示作品的同时,根据落叶画编故事)。

---

① 黄朝霞.语文综合性学习的类型与指导方法[J].教学新思维,2014(2).

4. 实地观察式

实地观察式就是让学生了解社会，接触自然，增进学生对社会生活和自然环境的认识，积累并丰富人生经验，获得对社会文化和自然环境的认知、理解、体验和感悟。这类活动主要以丰富学生的社会阅历、生活经验和文化积累为目的，主要形式有观察家庭、学校、自然和社会，参观名胜古迹和科技活动场所等。

如对自然中植物和动物的观察记录，在活动中让学生观察时做好观察记录。可参照表 8-4：

表 8-4 对_____植物的观察记录表

班级：		姓名：	植物名称：	
日期	我做的工作	变化		备注
		语言描述	具体数据	

也可以在记录表上加上一些图片，使记录表设计更加生动，充满童趣。如表 8-5。

表 8-5 对_____动物的观察记录表

班级：	我的工作			我的发现
	记录人	换水	喂食	

5. 课题研究式

课题研究式主要指课题研究或主题探究，是以学生感兴趣的问题或主题为中心，遵循科学研究最基本的规范和步骤展开的研究性学习活动。确定适当的研究专题，通过调查、分析、文献资料收集等研究手段，对课题展开研究，解决问题，并撰写研究报告或研究文章。例如，目前教材中有很多内容都涉及人与动物，就可以根据这些内

容开展以"人与动物"为主题的研究专题。"人与动物"这一专题选题较大,所以又可以按层次分出这样几个小课题:第一,"蚂蚁(或其他常见小动物)生活习性探秘"(实地观察、交流介绍);第二,"生物的进化、人类的起源"(搜集资料、汇报成果);第三,"动物知识知多少"(知识竞赛);第四,编一个童话故事,想象人和动物之间可能发生的故事(写作),等等。开展课题研究式的梳理与探究,可以是全班同学一起参与,也可以小组为单位,组织形式灵活,学生参与积极性高。

除此之外,近几年作为热点的"研学旅行"也是一种梳理与探究的重要类型之一,中小学的研学旅行是作为学校教育之外的一种教育活动,由教育部门和学校有计划地组织安排,通过集体旅行、集中食宿等方式开展的研究性学习和旅行体验相结合的校外教育活动,是学校教育和校外教育衔接的创新形式,是教育教学的重要内容,也是综合实践育人的有效途径。①

二、梳理与探究教学过程设计

由于各学段梳理与探究目标有所不同,类型、主题侧重有差异,而且梳理与探究本身就是实践创生的过程。因此,梳理与探究教学的过程设计灵活多样,没有固定统一的模式。郑国民等探索总结出"三步式"语文梳理与探究指导的基本流程,即:师生合作确定学习主题—学生调查、实践、访问、查阅和手机资料等活动—总结、交流、分享。② 钱加清提出了"四步式"语文梳理与探究指导实施的基本过程:确立主题—制定方案—实践体验—发表交流。③ 参考以上学者的研究,结合语文课程标准的梳理与探究的学段目标,我们主要参考郭根福的观点,将梳理与探究教学概括为具体的项目来开展。

一项完整的梳理与探究教学活动,大致要经历"确定探究主题—制订学习方案—开展探究活动—交流探究的成果"这样四个阶段。

(一)确立活动主题

《课标》强调:学生在第一学段要"对周围事物有一定好奇心,能就感兴趣的内容提出问题。"在第二学段要"能提出学习和生活中的问题。"第三学段要"解决与学习和生活相关的问题。"这实际上为我们如何引导学生寻找探究的主题指明了方向。所以,梳理与探究活动的主题设计,不是先决定教师教些什么,学生学些什么,而是先要弄清学生关心什么,对什么感兴趣。因此,探究的主题设计要关注来自学生的问题。另外,我们应关注到《义务课标 2022 年版》的梳理与探究相较于《义务教育课程标准(2011 年版)》的语文综合性学习,非常明显的一点就是把梳理与探究汉字的相关知识增加进来,这就需要在整个小学阶段的梳理与探究教学过程设计中,注意螺旋上升式地设计关于"梳理与探究汉字知识"的主题活动。关于探究主题的选择,可以参考

---

① 教育部等 11 部门关于推进中小学生研学旅行的意见[EB/OL].(2016-12-19)[2023-5-12]. http://www.gov.cn/xinwen/2016-12/19/content_5149947.html.
② 郑国民,冯伟光,沈帼威.语文综合性学习的理论基础与基本特征[J].新理念,2002(4).
③ 钱加清.语文综合性学习教学模式的初步建构[J].语文教学通讯,2008(3B).

本章节的梳理与探究主题内容选择部分。

(二) 制订学习方案

梳理与探究活动主题一旦确定下来,接着教师要根据各学段学生的认知特点,教会学生制订学习方案,教师指导要由扶到放、扶放结合。引导学生了解并逐步掌握梳理与探究学习方案大致包括:项目名称、研究人员、研究目的、研究内容与方法、研究步骤与时间安排、预期的研究结果等内容。指导学生能够逐步自主制订学习方案,在方案的指导下展开活动,以增强学生梳理与探究的目的性和计划性。

(三) 开展活动

学习方案确定以后,教师要引导学生围绕学习方案开展梳理与探究活动,这也是梳理与探究教学过程展开的主体部分。在引导学生开展梳理与探究活动的过程中,其教学应体现"三性",即主体性、合作性、体验性。这个过程,既是学生认识能力发展的过程,也是丰富学生精神生活的过程。

小组可以采取多种方法进行梳理探究,如:一是观察式。如学习《找春天》这一梳理与探究活动主题后,可以让学生们观察大自然,感受自然美。二是动手式。如学习"中华灿烂的文化"这梳理与探究活动主题时,让学生做一做手工艺品,写一写手笔字,弹一弹乐器。三是调查走访式。如在进行"田园生活"的梳理与探究主题时,让学生到乡村去,调查当地人这些年生活发生的变化。四是上网查询。梳理与探究的资料现实中搜集毕竟有限,有些方面的资料我们可以通过网络查询了解。五是考察探究式。如学完《爬山虎的脚》《猫》等文章后,组织学生走近动物、植物或名胜古迹。考察它们的形状(外形或外貌)、特点等,并通过查资料论证,以开阔学生视野,增长社会经验。通过多种方式进行研究,小组里要对研究资料进行分析整理,形成研究报告。[①]

(四) 交流探究成果

活动一结束,教师应及时组织学生交流与分享探究成果。交流的目的不是评判探究成果多少与优劣,而是创造一个真诚倾听和启迪思维碰撞的机会,其交流的过程是全体学生共同探究学习、反思的过程。其交流内容,可以是报告建议、图片、资料等,交流形式可以是小组,也可以是个人。

汇报的方式多种多样,可以尝试以:一是采集创编式。学生可以编创各种报纸、剪报、动手绘画等,增强学生动手实践能力,丰富语文学习空间。二是图片展览式。将活动中的景、物直接拍摄,直观感受。三是实物展览式。如"田园生活"梳理与探究教学活动后,自己用麦秸编制的装蝈蝈的小笼子。四是表演介绍式。模仿研究中的情形进行表演或讲故事等。五是读写积累式。可以摘录名言、仿写片段、写读后感、写诗歌等,运用在阅读中学到的写作技能进行汇报等。这样的个性活动不但能激发学生的积极性,而且可以实现语文课程核心素养的整体提升。

---

① 王德春.小学语文综合性学习初探[J].当代教育论丛,2018(7).

第三节　梳理与探究教学设计案例赏析

一、梳理与探究教学设计案例—1

统编小学语文教材二年级下册
第三单元　"贝"的故事*

（一）教学内容

图 8-6　第三单元　"贝"的故事　教学内容

（二）教学设计

【设计思路】

故事对儿童有特殊的吸引力，几乎每个孩子都是听着一个个精彩的故事成长的。将识字任务与故事这种形式结合，枯燥的识字教学会变得妙趣横生，能够最大限度地激发学生的学习兴趣，使其感受到汉语言文字和中华文化的博大精深。

【教学目标】

（1）通过多种方式，认识"甲、骨、类、珍、饰"等16个生字，提高自主识字的能力。

---

*　本案例由长春市东北师范大学附属小学繁荣校区欧欣老师设计。

(教学重点)

(2)了解"贝"字的起源、演变过程、构字作用;感受偏旁与汉字意思之间的内在联系,发现汉字构成规律。(教学难点)

(3)字、义,由"贝"字推衍开去,感受中国语言文字和中华文化的博大精深。

【教学过程】

    任务一:观看视频,追根溯源,了解汉字发展的故事

  活动1:观看视频,激发兴趣

  师:同学们,咱们中国人说中国话,写中国字。中国字也叫汉字,至今已有六千多年的历史了,它是世界上最古老的文字之一,也是持续使用时间最长的文字。同学们都爱听故事,汉字的故事更动听。下面老师就邀请大家共同走进悠悠历史长河,了解汉字的故事。

  (视频内容主要讲述汉字的发展过程:结绳记事、伏羲发明八卦、仓颉造字……)

  活动2:交流体会,分享感受

  师:观看了这段视频,同学们有什么感受想要跟我们分享吗? 生:我没想到汉字有那么悠久的历史。生:我知道了关于汉字发展的传说。

  生:我对"结绳记事"的方法很感兴趣,古人都是怎样打结记事的呢?

  生:我以前觉得汉字笔画很多,写起来很麻烦,看了这段视频,我觉得我会写汉字很骄傲。

【设计意图】

  引导学生热爱汉字,增强中华文化认同感,建立文化自信是语文课程的重要使命。识字要采用形象直观的教学手段,创设丰富多彩的学习情境。学生通过观看影音资料,可以清晰地了解汉字的发展,产生书写汉字的自豪感。这一环节也为本节课的学习奠定了情感基调。

    任务二:聚焦"贝"字,借助图片,呈现汉字的演变故事

  活动1:初读课文,整体感知大意

  师:汉字是象形文字,一撇一捺都有故事。这也是汉字虽历尽沧桑仍焕发活力的原因。下面,我们一起走进"贝"的故事。

  (学生朗读课文,订正字音)

  活动2:借助插图,了解"贝"字的演变过程

  师:同学们,你见过贝壳吗?它是什么样子的? 生:贝壳硬硬的,可以保护软乎乎的身体。

  生:贝壳可以分成两半,左右各一半。

  师:文中是怎样介绍的?是这样的吗?(出示贝壳图片)古人写"贝"字是先仔细观察,再这样记录下来。(出示课文插图)观察书中的插图,你看懂了什么?

生：我看懂了"贝"字是怎么来的。生：我知道了"贝"这个字的演变过程。

师：老师告诉大家,这四幅图分别是贝的实物图,"贝"字的甲骨文、小篆和楷体书写样式。

活动3：看图猜字,学习"甲骨"二字

师：你觉得哪幅图是甲骨文的"贝"字？

生：我觉得第二幅图是甲骨文的"贝"字。师：为什么这么猜？

生：因为书中说,甲骨文中的"贝"字,画的就是贝类的两扇壳张开的样子。师：你真会读书。"甲骨"这两个字又是怎么写的呢？

（出示"甲骨"二字的字理图）

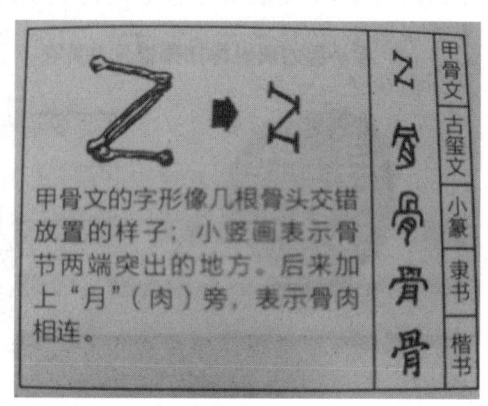

师：甲骨文是古代刻在龟甲和兽骨上的文字,内容多是商代王室占卜的记录。甲骨文是世界上出现最早的文字之一,现在的汉字就是从甲骨文演变而来的。

【设计意图】

以"贝"字的来源为主线,以"故事"贯串始终,教师继续带领学生读"贝"的故事。从课文引入,再让学生猜猜哪幅图展示的是甲骨文的"贝"字,回到课文中去,进而自然地完成了随文识字的任务。

任务三：偏旁归类,链接经验,讲述汉字的生活故事

活动1：小组学习,梳理要点

师：我们刚才大体了解了贝壳的样子,那么它有什么作用呢？请同学们在小组内说一说,写一写。

学生在小组交流,全班汇报。

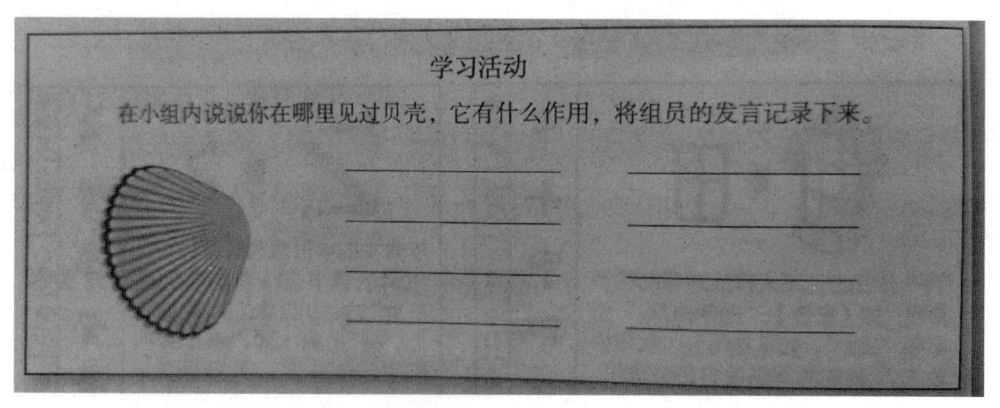

教师根据小组发言,梳理要点:漂亮、珍贵——当作饰品。

随身携带、不易损坏——当作钱币。

活动2:自主识字,学生讲解

师:老师的板书中有几个我们要学习的生字,谁想做小老师,选择一个生字,带大家学习?

教师板书:漂　珍　饰　品　随　易　币

学生做小老师,走到黑板前,带领同学学习7个生字。教师引导,小结识字方法:

(1)加一加:氵+票＝漂　王+㐱＝珍　日+勿＝易。

(2)借助图片:饰品、钱币。

(3)造句:用"随身"说一句话。

活动3:偏旁归类,发现规律

指名读句子:所以,用"贝"作偏旁的字大多与钱财有关,比如,"赚、赔、购、贫、货"。

师:观察老师写的这5个汉字,它们有什么共同的地方呢?

生:这5个字都带贝字旁。

师:为什么这些字都带有"贝"字呢?

生:它们都与贝壳有关。

生:它们都与钱有关。

师小结:是的,在古代,钱币还没有发明以前,人们是拿贝壳当货币使用的,因此跟财货有关的字,大多用"贝"作偏旁。你还知道其他贝字旁的字吗?

生:赐、赎、赌、账、贵、贺……

活动4:结合习题,拓展迁移

出示课后第3题,学生讨论分析加点字的偏旁与什么有关。

铜镜(金字旁的字与金属有关)、珠宝(王字旁的字与玉石有关)

【设计意图】

《课标》提出:"尝试发现汉字的一些规律""根据学生的年龄特点和认知规律,紧密联系学生的生活实际。"此环节的设计,在归类识字的基础上,激活学生的生活经验:说作用、找同偏旁的字,举一反三。

任务四：自主探究，制作小报，汇总汉字的研究故事

活动1：交流收获，归纳梳理

师：学完这篇课文，同学们有什么收获？生：我知道了有关"贝"字的文化。

生：我知道了"贝"字是怎么来的。

师：其实汉字的故事远不止这些呢！课前老师请同学们也搜集了一些汉字的故事，和小组同学分享一下吧！老师也在黑板上为大家张贴了三份小资料，感兴趣的同学可以到前面来阅读。（汉字主题故事：日、月、水）

活动2：分享资料，制作小报

师：走进汉字的故事，同学们收获满满，下面请将你的收获用自己喜欢的方式呈现出来，一起来做故事小达人吧！

学生制作小报，预计20分钟。

活动3：组内交流，展示分享

完成的同学将自己的作品张贴在教室前面的黑板上，同学们自主欣赏、交流。

（三）教学视频*

本节课是统编小学语文教科书二年级下册的一节识字课，在识字教学中，怎么把识字与生活相链接，如何让学生识字不枯燥是比较难的，教师不仅要注重"听说读写"汉字的能力培养，更要注重让学生喜欢识字，对识字有兴趣。课堂教学要激发学生的识写兴趣，并激活学生已有的生活背景知识，课堂活动的设计也要符合学生的学习和

---

* 本视频来自千课万人在线课堂，曹爱卫老师——《"贝"的故事》。

发展要求。本视频教学中,教师巧用各种支架,引导学生进行梳理与探究,促进学生语文核心素养的发展。请打开二维码链接,观看本课时的教学视频,并思考以下两个问题:

(1) 围绕对汉字的梳理与探究,本课时是如何设计学生进行课堂自主合作探究学习的?

(2) 本课时在课堂教学反思中,教师反思说未加入写字教学,如果是你,该怎样设计加入呢?

扫码获取案例视频

(四) 案例评析

本节课以儿童认知逻辑为出发点,立足语文核心素养发展的需求,开展了丰富多彩的教学实践活动,以学生喜闻乐见的形式,引导学生在熟悉的生活情境中追溯汉字起源,感受字形、字义蕴含的文化内涵。

教师立足教材,自然地创设多种学习情境。《课标》指出:"识字与写字教学应结合学生的生活经验,采用形象直观的教学手段,创设丰富多彩的学习情境,综合运用随文识字、集中识字、注意识字、字理识字等多种识字方法,逐步发展学生的识字、写字能力。"一、二年级是认字的高峰期,学生已在生活中有意或无意地积累了一定的识字量,在课堂上创设适宜的情境,可以使学生将已有经验有效连接。从而达到教师用教材教、学生用教材学的目标。

教师活用教材,巧妙地将汉字分类识记。例如,将"甲骨""饰品"这两个词一起出示,汉字相互呼应,有效降低了识记难度;再如,集中识记贝字旁的字,字与金钱有关,初步掌握构字规律,教给学生识字的方法。

教师拓宽教材,挖掘更多的识字方法。教育学家卡罗琳说:"孩子们的工作就是游戏,在游戏中激发他们的思维是他们最愿意接受的。"如翻开教材插图猜一猜、出示字理图看一看、观看视频后说一说、围绕"贝"的作用议一议、搜集资料说一说……学生在课堂上积极地参与着,互动着,探究着,兴味盎然,也能使识字效果事半功倍。

学生是课堂的主体,教师充分尊重学生,顺应学生的自然本性与成长规律带领学生从一个汉字想象一幅画,了解一段历史,经历一个美好的学习过程。

二、梳理与探究教学设计案例—2

统编小学语文教材三年级上册
第三单元 童话世界

（一）教学内容

图 8-7 第三单元 童话世界 教学内容

（二）教学视频*

本案例是统编小学语文教材三年级上册第三单元的童话单元，本单元的人文主题与语文要素均指向"想象"，可将本单元设置为"奇妙的童话王国"主题的梳理与探究教学，"走进奇妙的童话世界"为总任务，引导学生结合童话的整本书阅读，从讲故事、探秘密、编故事三个方面设计教学为"童话故事我来讲""童话秘密我发现""童话创作我来试"，在语言实践中实现语言运用，从而激发学生沉浸到梳理与探究主题教学之中的积极性。由于梳理与探究主题活动多为一系列的教学，本案例选取"奇妙的童话王国"系列主题的"童话故事我来讲"部分，请打开二维码链接，观看本课时教学视频，并思考以下两个问题：

扫码获取
案例视频

---

* 本视频来自王林波老师——《在那奇妙的王国里》。

（1）教师是如何引导学生结合自己的阅读体验，梳理、总结童话特点的？

（2）本课时课堂活动设计是如何做到让学生探究童话故事中相似的情节变化，欣赏其中奇妙的想象的？

三、梳理与探究教学设计案例—3

（一）教学内容

统编小学语文教材六年级上册
第七单元　书戴嵩画牛

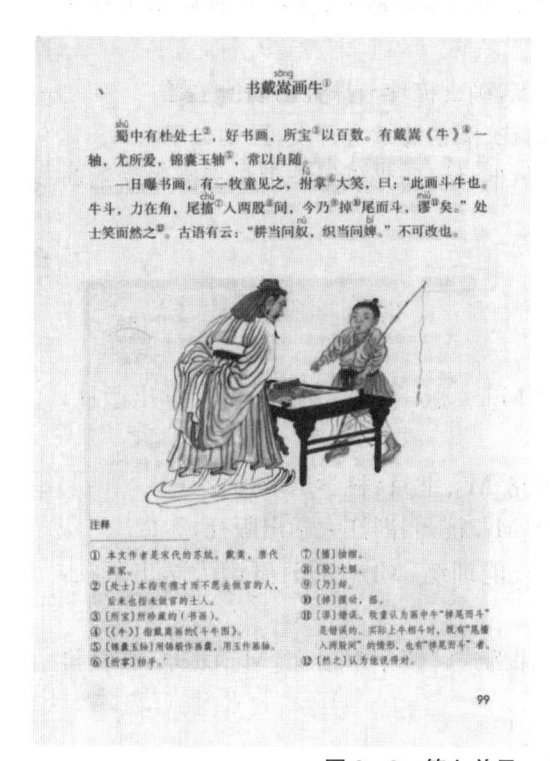

图 8-8　第七单元　书戴嵩画牛　教学内容

（二）教学视频*

本案例是统编小学语文教材六年级上册《书戴嵩画牛》，参考清华大学附属小学自主构建的苏轼年度主题系列教学活动之高年级学段教学设计，由窦桂梅老师执教。该系列教学活动按照低、中、高三个学段的特点，呈现了三个阶段的学习任务概况。《书戴嵩画牛》立足文本，从文本中的文字生发，从儿童的思辨冲突点切入，以语用为载体，通过课堂真实的语言实践，促进思维的螺旋上升，同时介入真实可感的工具，承上启下，撬动儿童梳理与探究能力的真实发生与生长，最终实现学生核心素养的全面提升。请打开二维码

扫码获取
案例视频

---

* 本视频来自千课万人在线课堂，窦桂梅老师——《书戴嵩画牛》。

链接,观看本课时视频,并思考以下两个问题:

(1) 本课时是如何导入教学,如何聚焦对"题跋"的了解,为后续学习"题跋"奠定认知基础的?

(2) 本课时哪些教学活动设计体现了以理解到思辨,再到学生语言实践运用这一理念的?

[思考与练习]

1. 以小组为单位,设计一次梳理与探究活动并实施教学,并在实施后写出教学反思,要求:

(1) 根据小学语文教科书中某一课的特点,确立梳理与探究活动的主题;

(2) 利用同一主题,进行编演表、辩论、讨论、阅读等综合开发,互动分享。

2. 访问本地一名优秀小学语文教师,了解他(她)所带班级梳理与探究教学活动的开展情况以及教学实践后的感受和体会。

[参考文献]

1. 吴忠豪,丁炜. 小学语文课程与教学[M]. 4版. 北京:中国人民大学出版社,2023.

2. 夏家发. 小学语文教学设计与案例研究[M]. 北京:科学出版社,2012.

3. 包建新. 语文综合性学习案例教学论[M]. 杭州:浙江大学出版社,2012.

4. 林晖,陈建伟. 语文综合性学习教学技能训练[M]. 广州:暨南大学出版社,2010.

5. 徐鹏. 义务教育课程标准:2022年版课例式解读小学语文[M]. 北京:教育科学出版社,2022.